Carlo Goldoni

dargestellt von Hartmut Scheible

Rowohlt

**rowohlts monographien begründet von Kurt Kusenberg
herausgegeben von Wolfgang Müller**

Redaktionsassistenz: Katrin Finkemeier
Umschlaggestaltung: Walter Hellmann
Vorderseite: Carlo Goldoni. Zeitgenössisches Porträt von A. Longhi
Rückseite: Eintrittskarte ins Theater
(Beide Vorlagen: Museo Correr, Venedig)
Frontispiz: «Opere di Carlo Goldoni», Venedig 1761

Originalausgabe
Veröffentlicht im Rowohlt Taschenbuch Verlag GmbH,
Reinbek bei Hamburg, September 1993
Copyright © 1993 by Rowohlt Taschenbuch Verlag GmbH,
Reinbek bei Hamburg
Alle Rechte dieser Ausgabe vorbehalten
Satz Times PostScript Linotype Library, PM 4.2
Langosch Grafik + DTP, Hamburg
Gesamtherstellung Clausen & Bosse, Leck
Printed in Germany
1090-ISBN 3 499 50462 6

Inhalt

Carlo Goldoni. Kupferstich von G. M. Pitteri nach einem Gemälde
von Giambattista Piazzetta

Venedig im 18. Jahrhundert:
Sein und Schein

Venedig im 18. Jahrhundert: eine «alte Hure, die ihre Möbel verkauft»[1].
So ungalant und drastisch wie der französische Staatstheoretiker und
Philosoph Montesquieu drückt sich zwar kaum ein anderer der zahlreichen Reisenden aus, die der ehrwürdigen Republik während der letzten
Jahrzehnte ihres Bestehens einen Besuch abstatten, aber in der Sache
sind sich alle einig: daß die Stadt abgewirtschaftet hat und seit langem
von der eigenen Substanz zehrt. Als Rousseau, der sich zu Beginn der
vierziger Jahre zwölf Monate lang als Sekretär des französischen Botschafters in Venedig aufgehalten hatte, zehn Jahre später seine Abhandlung über den «Gesellschaftsvertrag» schreibt, nennt er in einer
Anmerkung die Serenissima bereits, ohne weiteren Kommentar, einen
«seit langem in Auflösung begriffenen Staat»[2].

Während die Republik mit der glorreichen Vergangenheit erst gegen
Ende des Jahrhunderts ruhmlos untergeht, bemerken die Besucher
schon wesentlich früher, daß Anspruch und Wirklichkeit immer weiter
auseinandergetreten sind. Je stärker Venedig sich in wirtschaftlichen
Schwierigkeiten verstrickt, desto kostspieliger werden die Festlichkeiten
aus Anlaß der Amtseinführung eines neuen Dogen: Nach der Wahl von
Carlo Ruzzini (1732) belaufen sich die Kosten auf 34 473 venezianische
Pfund, für den letzten Dogen, Lodovico Manin (1789–1797), müssen
nicht weniger als 189 192 Pfund aufgebracht werden.[3] Noch immer stellt
der Aufwand, den die Signoria für ausländische Staatsgäste oder auch
nur beim Einzug eines neuen Botschafters treibt, alles in den Schatten,
was das übrige Europa bei vergleichbaren Anlässen zu bieten hat, aber es
ist kein Segen mehr dabei: auf ihre alten Tage trumpft die tausendjährige
Republik mit geradezu neureich anmutender Taktlosigkeit auf. Als im
Frühjahr 1740 der sächsische Kurprinz Friedrich Christian zu Gast ist,
sucht man ihn mit einem Ball von solcher Pracht zu unterhalten, daß ein
aus Frankfurt am Main gebürtiger Beobachter noch tagelang damit beschäftigt ist, seine Eindrücke zu verarbeiten. Aber, so fügt er in seinem
(in Briefform abgefaßten) Bericht hinzu, «E. H. werden von der Schwäche wissen, an der dieser Prinz von der Hüfte abwärts bis zu den Füßen
leidet, so daß man ihn stets tragen oder stützen muß. Wie kann man da

glauben, daß ihm eine solche Unterhaltung, so glanzvoll sie ansonsten auch sein mag, Freude bereiten könnte? [...] Einen verkrüppelten jungen Mann auf einen Ball einzuladen, das kommt mir genauso vor, als würde man einen Tauben in ein Konzert oder einen Blinden zu einer Stierhetze führen.»[4] Wie es um die Stadt als militärische Macht steht, hält Montesquieu fest, der sich von den ausgedehnten Anlagen des weltberühmten Arsenals nicht beeindrucken läßt, sondern nüchtern feststellt, daß nicht 1500 Arbeiter hier am Werk sind (wie man ihm gesagt hatte), sondern allenfalls 400, von denen aber nur ein Bruchteil wirklich gearbeitet habe.

Wenn in Venedig also Prätention und Realität sich nicht mehr decken, so fließen andererseits Sein und Schein ineinander, und zwar so sehr, daß zuweilen sogar ein weltgewandter Mann wie der Präsident Charles de Brosses, der sich der eigenen Geistesgaben, aber auch der eigenen Nation stets gewiß ist, vorübergehend die Orientierung verlieren kann. Als er sich einmal zu der berühmten Kurtisane Bagatina bringen läßt, trifft er sie zu dem verabredeten Zeitpunkt nicht an; ihre Herrin, so wird er durch die Zofe beschieden, habe sich zur «conversazione» bei einer hochgestellten Persönlichkeit begeben, er möge am nächsten Tag wiederkommen. De Brosses sieht sich um und findet, daß die großzügige und luxuriös ausgestattete Wohnung eigentlich den Status einer solchen «Prinzessin», wie er sie nennt, übersteige. Ob denn der Gondoliere nicht seine Botschaft an die Bagatina überbracht habe? Gewiß doch, aber ihre Herrin heiße nicht Bagatina, sondern sei eine Marchesa. Der Präsident wird deutlicher: Was habe ihre Herrin denn gedacht, was er, de Brosses, von ihr wolle? Ein Empfehlungsschreiben abgeben. Daraufhin gibt sich der Besucher erst einmal geschlagen und zieht verwirrt ab, nicht ohne den unfähigen Gondoliere zu beschimpfen; der hingegen beteuert, seinen Auftraggeber an die richtige Adresse gebracht zu haben. Nach einigem Zögern beschließt de Brosses, sein Glück noch einmal zu versuchen. Dieses Mal wird er von einer großen Dame von etwa fünfunddreißig Jahren empfangen, die kostbar gekleidet und mit zahllosen Juwelen geschmückt ist; mit hoheitsvoller Miene fragt sie, was ihn zu ihr führe. Der Besucher ist so verwirrt, daß er nur ein unverständliches Kompliment stammeln kann; endlich erbarmt die große Dame sich seiner Befangenheit, verzichtet auf weitere Förmlichkeiten und kommt ohne weiteres zur Sache, die de Brosses durch einige in italienischer Sprache zitierte Verse andeutet:

E poi che la sua mano alla mia pose
Con lieto volto, onde io mi confortai,
Mi mise dentro alle segrete cose.[5]

Es ist eine der erhabensten Stellen der «Divina Commedia», an der sich diese Worte finden: Mit heiterer Miene lädt Vergil den aus der Lebensbahn geratenen Dichter ein, ihn ohne Furcht beim Gang durch die

Schreckenswelt des Inferno zu begleiten. De Brosses macht aus diesen Versen eine Zote. Das ist seine Rache dafür, daß man in Venedig gewagt hatte, ihn über das Verhältnis von Sein und Schein eine kurze Weile im unklaren zu lassen. – Ein ganz ähnliches Erlebnis hat der Besucher aus Frankfurt. Nicht ohne sich vorher seiner moralischen Standfestigkeit versichert zu haben, begibt Johann Caspar Goethe sich zu einem jener «Bälle der untersten Klasse», von denen er weiß, daß sie «hauptsächlich für diejenigen sind, die mit den Freudenmädchen Bekanntschaft schließen und das Tanzen im Bett lernen oder üben wollen». Sein Erstaunen ist groß, als er «engelsgleiche Gesichter von zwölf bis dreißig Jahren» vorfindet, «eine Versammlung des schönes Geschlechts […], die äußerlich, in Betragen und Lebensart etc., keiner Zusammenkunft von Frauen aus den besten Kreisen nachstand». Da alle ein «sehr vornehmes Betragen» an den Tag legen, kommen ihm schließlich Zweifel, ob er über die Eigenart jenes Balles «richtig unterrichtet» worden sei; einem alten Bekannten aus seiner Leipziger Studienzeit, den er zufällig unter den Anwesenden entdeckt, vertraut er seine Gedanken an. «Warten Sie nur ein Stündlein, und Sie werden sehen, wie sie alle nach und nach verschwinden. Aber wehe denen, die ihnen unbedacht folgen. Es ist nicht alles Gold, was glänzt, und auch nicht jede ungetrübte Oberfläche zeigt eine reine Quelle an.» So geschieht es tatsächlich, eine der vornehmen Damen nach der anderen verschwindet mit ihrem Verehrer, «dessen Reue», wie der künftige Kaiserliche Rat düster anmerkt, «zu spät kommen wird».[6]

Wenn die beiden Juristen aus Dijon und Frankfurt auch darin übereinstimmen, daß dem schönen Schein in Venedig nicht zu trauen sei, so fällt es ihnen doch noch nicht ein, den venezianischen Staat ingesamt zu einer nur noch ästhetischen Illusion zu erklären. Als, mehr als vierzig Jahre später, der weimarische Minister Johann Wolfgang Goethe, der sich soeben bei Nacht und Nebel von seinem Dienstherrn abgesetzt hat, in Malcesine am Gardasee einen alten Turm zeichnet, muß er sich von dem zuständigen Amtsorgan die Frage gefallen lassen, was er mit dieser – nahe der Grenze zwischen Österreich und der Republik Venedig liegenden – «Festung» im Sinne habe. Die Antwort des Fremden ist, daß er «dieses Gemäuer» keineswegs als Festung «anerkennen» könne. «Ich machte ihn und das ganze Volk aufmerksam auf den Verfall dieser Türme und dieser Mauern, auf den Mangel an Toren, kurz auf die Wehrlosigkeit des ganzen Zustandes und versicherte, ich habe hier nichts als eine Ruine zu sehen und zu zeichnen gedacht.» Als daraufhin die Gefahr der Verhaftung noch immer nicht gebannt ist, macht sich der Besucher aus dem Norden mit Entschiedenheit daran, die Realität in ein Bild, das schon deutliche Anzeichen der beginnenden Romantik aufweist, zu transformieren: «Glücklicherweise setzte die Morgensonne Turm, Felsen und Mauern in das schönste Licht, und ich fing an, ihnen dieses Bild mit Enthusiasmus zu beschreiben. Weil aber mein Publikum jene belobten Gegenstände im

Francesco Guardi: La sala del Ridotto con maschere, um 1750

Rücken hatte und sich nicht ganz von mir abwenden wollte, so drehten sie auf einmal, jenen Vögeln gleich, die man Wendehälse nennt, die Köpfe herum, dasjenige mit Augen zu schauen, was ich ihren Ohren anpries, ja der Podestà selbst kehrte sich, obgleich mit etwas mehr Anstand, nach dem beschriebenen Bilde hin. Diese Szene kam mir so lächerlich vor, daß [...] ich ihnen nichts, am wenigsten den Efeu schenkte, der Fels und Gemäuer auf das reichste zu verzieren schon Jahrhunderte Zeit gehabt hatte.»[7] Obwohl das Ende der Republik erst ein Jahrzehnt später gekommen sein wird, werden in dieser Szene bereits ihre Liquidierung und ihr künftiges Schicksal voraussehbar: aus dem dereinst blühenden Gemeinwesen, das sich der Herrschaft über die Meere hatte rühmen können, wird ein von aller Geschichte losgelöstes ästhetisches Phänomen, aus der Handelsstadt, die sich ihr eigenes politisches System gegeben hatte, ein Stück Natur. So werden die Romantiker Venedig sehen: als eine Traumerscheinung, heraufgestiegen aus dem unergründlichen Labyrinth der Seele.

Diese romantische Verinnerlichung Venedigs hat Goethe noch nicht vollzogen; ihm, der vor allem aus der Enge eines zu bloßen Konventionen erstarrten höfischen Systems geflohen war, genügt es, daß in Venedig eine versinkende Gesellschaftsordnung bereits den Blick wieder freigibt auf die von ihr unterdrückte und entstellte Natur. «Was ist doch ein Lebendiges für ein köstliches, herrliches Ding!» ruft er aus, als er in Vene-

dig einiger Seeschnecken und Taschenkrebse ansichtig wird, die das Meer an den Strand gespült hat. «Wie abgemessen zu seinem Zustande, wie wahr, wie seiend!» Der Unterschied zwischen den Lebewesen aus dem Meer und den auf engstem Raume hausenden Menschen scheint ihm im übrigen so bedeutend nicht zu sein: «Du lieber Gott! was doch der Mensch für ein armes, gutes Tier ist!» Seine ihm gemäße künstlerische Form hat das Gewimmel jedenfalls in einer Komödie gefunden, die Goethe unmittelbar nach dem Erlebnis am Strand kennengelernt hatte. «Sie spielten heut' auf dem Theater St. Lukas ‹Le Baruffe Chiozzotte›, welches allenfalls zu übersetzen wäre: ‹Die Rauf- und Schreihändel von Chiozza›. Die Handelnden sind lauter Seeleute, Einwohner von Chiozza, und ihre Weiber, Schwestern und Töchter. Das gewöhnliche Geschrei dieser Leute im Guten und Bösen, ihre Händel, Heftigkeit, Gutmütigkeit, Plattheit, Witz, Humor und ungezwungene Manieren, alles ist gar brav nachgeahmt. Das Stück ist noch von Goldoni, und da ich erst gestern in jener Gegend war und mir Stimmen und Betragen der See- und Hafenleute noch im Aug' und Ohr widerschien und widerklang, so machte es gar große Freude [...]. Aber auch so eine Lust habe ich noch nie erlebt, als das Volk laut werden ließ, sich und die Seinigen so natürlich vorstellen zu sehen. Ein Gelächter und Gejauchze von Anfang bis zu Ende. [...] Großes Lob verdient der Verfasser, der aus nichts den angenehmsten Zeitvertreib gebildet hat.»[8] Goldonis Komödie ist die Welt des einfachen Volkes noch einmal, sie kennt den ästhetischen Schein nicht und bedarf seiner auch nicht, ebensowenig einer geistreichen Intrige oder einer Idee, nach der die Wirklichkeit sich zu orientieren oder durch die sie sich zu läutern hätte: der Inhalt des Stückes ist eigentlich «nichts». Aus dem Kunstwerk ist wieder ein Stück Natur geworden. Goldonis Komödie weist also nicht über die Wirklichkeit hinaus, sondern führt gerade in sie hinein. Nicht eine andere Wirklichkeit will diese Kunst den Zuschauern vorführen – in dieser zutiefst antirevolutionären Haltung treffen sich Goldoni und Goethe –, vielmehr will sie ihnen zur Anschauung bringen, daß es möglich sei, das eigene Dasein «abgemessen zu seinem Zustande» und damit als «wahr» und «seiend» zu erleben. Goethes Äußerungen über Goldoni reagieren auf eine Welt, die sich anschickt, das Verhältnis der individuellen Existenz zu ihren äußeren Lebensbedingungen, auch zu sich selbst, nurmehr als Dissonanz zu erleben.

Vor und nach der Romantik

Die Rede von Goldonis «Realismus» ist so allgemein verbreitet, daß die Annahme unvermeidlich ist, hier handle es sich um einen leicht zugänglichen Autor, der dem Verständnis keine besonderen Schwierigkeiten entgegensetze. Dagegen ist die Frage zu stellen, ob denn die Welt, in der Goldoni lebte und die er in seinen Stücken gestaltete, für ein Denken und Empfinden, das durch die Erfahrung der Romantik hindurchgegangen ist, in Wahrheit nicht sehr fremd geworden sei. Den Bruch zwischen dem 18. Jahrhundert und dem Zeitalter der Moderne markieren mit besonderer Deutlichkeit die Goldoni stark abwertenden Urteile der Romantiker. In seinen kurz nach 1800 erschienenen «Vorlesungen über die dramatische Literatur» urteilt August Wilhelm Schlegel stellvertretend für seine Zeitgenossen: «Um die Mitte des vorigen Jahrhunderts erschien als Reiniger des Lustspiels Goldoni [...]. An theatralischer Einsicht fehlt es ihm gewiß nicht, nur [...] an Gehalt, an Tiefe der Charakteristik [...]. Seine Sittengemälde sind wahr, aber zu wenig aus dem Geist des Alltäglichen herausgespielt; er hat das Leben von der Oberfläche abgeschöpft.»[9] In diesem Sinne urteilt auch der bedeutende Literaturhistoriker Francesco de Sancti der wenige Jahre nach der Gewinnung der nationalen Einheit Italiens seine «Geschichte der italienischen Literatur» vorlegt. Goldoni «geht immer rasch und direkt vor, nie denkt er längere Zeit nach, er sammelt sich nicht und vertieft nichts; zu seinen Inhalten, die ihm eigentlich gleichgültig sind, verhält er sich gutgelaunt und gedankenlos, immer ganz äußerlich [...]; in seinem Bestreben, aller Rhetorik aus dem Wege zu gehen, stürzt er in die Gewöhnlichkeit ab.» De Sanctis schließt mit dem Urteil, das berühmt und für etliche Jahrzehnte der italienischen Geistesgeschichte kanonisch werden sollte: «Es fehlt ihm jene göttliche Ironie, die die Idealität des Lustspielautors ist und die ihn über seine Welt sich erheben läßt.»[10] Tatsächlich sind der seit der Romantik gerügte und noch von Benedetto Croce bestätigte Mangel an Tiefe und metaphysischer Abgründigkeit, die Absenz des Bösen und die Indifferenz dem Tode gegenüber in Goldonis Werk so offensichtlich, daß darüber auch die ihm eigentümliche Art, die Welt wahrzunehmen und in ihr Erfahrungen zu machen, der Nichtachtung verfiel und schließlich vergessen wurde.

Einer der wenigen, die im Zeitalter der Romantik nicht in den Chor der Verächter Goldonis einstimmten, ist Stendhal, der Meister des illusionslosen, die Welt mit kalter Intelligenz zergliedernden Romans des 19. Jahrhunderts. Während er in der Sache, daß Goldoni aus dem Gewöhnlichen nicht «herausspiele», mit Schlegel übereinstimmt, gelangt er doch zu einer entgegengesetzten Bewertung: «Hätte man einem Komödiendichter verboten, die Welt zu verklären, so wäre dem keiner besser gerecht geworden als Goldoni [...]. Seine Werke kaufen und darin das Natürliche studieren.»[11] Von Goldoni zu lernen, das bedeutet für Stendhal, die eigene Subjektivität, die gleichsam schon auf dem Sprung ist, in den literarischen Produktionsprozeß gewaltsam einzubrechen und die Wirklichkeit zu verzerren, in die Schranken zu weisen. Goldonis Komödien sollen das Gegenmittel sein zu einem romantischen Ich, das danach drängt, sich die Realität zu unterwerfen, mit einem Herrschaftsanspruch, der sich nie zufriedengeben wird. Wenn Schlegel fordert, daß die dichterische Phantasie die Realität zu transzendieren habe, so macht Stendhal die Gegenrechnung auf: der Preis für die ästhetische Überwindung der Wirklichkeit ist ihre Vernichtung, in dem Augenblick nämlich, da das romantische Ich nicht umhin kann, sie mit den Vorleistungen, die die Phantasie erbracht hatte, zu vergleichen. Je aufwendiger diese am Werk war, desto kläglicher bleibt die Wirklichkeit zurück. Der Anblick von Paris, den Stendhal mit den höchsten Erwartungen besetzt und lange ersehnt hatte, dreht ihm den Magen um, von den Phantasien, die sich einst mit der Liebe verbunden hatten, bleibt nicht mehr viel übrig als ein enttäuschtes «Quoi! n'est-ce que ça!». Die «Enttäuschung», die ihn «fast das ganze Leben lang» begleitet hat[12], läßt Stendhal jenen illusionslosen Realismus ausbilden, dessen Funktion es ist, der Vernichtung der Welt durch die Phantasie entgegenzuwirken. Goldoni wird zum Vorbild, weil er von den verheerenden Konsequenzen der romantischen Wahrnehmungsweise noch am weitesten entfernt zu sein scheint.

Um zu erkennen, daß die durch die Romantik geprägte Wahrnehmungs- und Erlebniswelt von der des 18. Jahrhunderts grundsätzlich unterschieden ist, braucht man nur zu vergleichen, wie Stendhal und Goldoni die erste Begegnung mit der Peterskirche in Rom festhalten. «Den Besucher, der in Sankt Peter alles in Augenschein nehmen will, ergreift ein toller Schwindel, und alsbald machen Überdruß und Schmerz ihm jeden Genuß unmöglich», schreibt Stendhal (1827). «Es handelt sich hier um die schönste Kirche der schönsten Religion der Welt. Betrachten Sie die beiden herrlichen Brunnen des Petersplatzes. [...] Suchen Sie in der Kirche das Grabmal von Clemens XIII. auf, von Canova. [...] Vielleicht allerdings war Canovas Seele nicht düster und stark genug, um sich das Oberhaupt der katholischen Religion vorzustellen; vielleicht auch gemahnen die eleganten Formen [...] schon ein wenig an die moderne Selbstgefälligkeit. [...] Neben dem Grab der Stuarts befindet sich die Tür

Giambattista Piranesi: Petersplatz, Peterskirche und Vatikan.
Kupferstich, 1748

zu der Treppe, die auf die Dächer von Sankt Peter führt. […] Den Blick,
den man von dort nach unten in das Kircheninnere hat, läßt einen erschauern. Geht man bis zur Fassade, so sieht man […] in der Ferne die
Berge von Albano. Nach diesem schönen Ausblick steigen Sie hinab in die
unterirdischen Räume, wo Sie das Grabmal des niederträchtigen Alexander VI. finden, des einzigen Menschen, den man für einen Teufel hat halten können. Wenn Sie Sankt Peter verlassen, […] wenden Sie sich einem
völlig anderen Gegenstand zu, begeben Sie sich zur Villa Borghese oder
zur Villa Lanto. Ohne diese Methode würden Sie sich vollständig veraus-
gaben und umso schneller dem Überdruß der Bewunderung anheim-
fallen.»[13] Die Passage läßt erkennen, daß Stendhal dem nüchternen Goldoni wohl nicht in gleichem Maße hätte Gerechtigkeit widerfahren lassen

können, wäre nicht auch er selbst von dem Gift infiziert, gegen das der ältere Autor das Heilmittel sein soll: Der Tonfall des Cicerone, den Stendhal angenommen hat, entspricht der zerrissenen und zerfahrenen Wahrnehmungsweise des modernen Reisenden. Der Blick irrt ruhelos von einem prominenten Anblick zum anderen, von den Brunnen des Petersplatzes ins Kircheninnere zum Werk des berühmten zeitgenössischen Bildhauers, dessen klassizistische Glätte der Erwartung des Beschauers allerdings nicht ganz gerecht werden kann. Überhaupt ist, aller gegenteiliger Beteuerungen ungeachtet, die überwiegende Empfindung eine Enttäuschung, die nur mit Hilfe künstlich inszenierter, extremer Perspektiven in Schach gehalten werden kann: nur der Blick in die äußere Ferne und in den Abgrund zählt, dem Aufstieg in die Höhe muß sofort der Absturz in die Tiefe folgen, die wiederum sogleich zur Hölle stilisiert wird, denn selbstverständlich ist es das Grabmal eines «Teufels», das in der Krypta allein wahrgenommen wird. Anschauung wird verdrängt von optischen Drogen. Wie von Furien gehetzt erscheint hier ein Subjekt, das eine Mitte weder in sich hat noch sie außerhalb seiner selbst zu finden vermag: in der Wahrnehmung erscheint auch die Kirche als ein leeres Gehäuse, das sein Zentrum, den Altar, verloren hat. Wollte man sich anschaulich vergegenwärtigen, was romantische Subjektivität und Ich-Besessenheit sei, so brauchte man nur die Punkte, an denen Stendhals exzentrischer Besucher kurz innehält, miteinander zu verbinden, und man erhielte eine bizarre Skulptur, die nicht ahnen ließe, auf welchen Gegenstand sich diese nervösen Bewegungsabläufe eigentlich bezogen haben; Subjektivität und Außenwelt sind nicht mehr miteinander vermittelt, sie berühren sich nur noch an ganz wenigen extremen Punkten.

Ganz anders fiele ein solches Diagramm bei Goldoni aus, der sich im Jahre 1758 zum erstenmal in Rom aufhält: *Ich stand eben in meinem zweiundfünfzigsten Jahr, als ich diesen Tempel zum ersten Male sah. Von meiner Kindheit an bis jetzt hatte ich immer mit Enthusiasmus davon sprechen hören: ich hatte die Geschichtsschreiber und Reisebeschreiber durchlaufen*

[...] und glaubte, wenn ich ihn selbst zu sehen bekommen sollte, so würde die gar zu große Erwartung das Erstaunen und die Überraschung schwächen, aber – gerade das Gegenteil: Alles, was ich davon gehört hatte, blieb weit unter dem, was ich jetzt sah. Alles, was ich in der Ferne für übertrieben gehalten hatte, vergrößerte sich noch unendlich unter meinen Augen. Ich bin kein Kenner der Baukunst [...], aber ich bin überzeugt, daß es die Wirkung der genau beobachteten Verhältnisse bei aller ungeheuren Ausdehnung war. So sehr die vortreffliche Bauart und die Zierate des Gebäudes Bewunderung hervorbringen, so sehr regt das Heiligtum dieser Hauptkirche zur Andacht an. In den Souterrains des Hauptaltars ruhen die Körper des heiligen Petrus und des heiligen Paulus, und so wenig andächtig die Römer auch sind, so begeben sie sich doch sehr häufig hierher, den Fürsten der Apostel ihre Verehrung zu bezeigen.[14] Ein genaueres Gegenbild zu romantischem Erleben ist schwerlich denkbar. Goldonis Phantasie ist unerschöpflich, wenn es darum geht, Situationen und Dialoge, Pointen und Charaktere zu erfinden; weil er weiß, daß er sich auf sie verlassen kann, war es ihm, einige Jahre zuvor, möglich gewesen, auf die erste große Kampagne gegen seine Theaterreform mit der Ankündigung zu reagieren, er werde innerhalb eines Jahres sechzehn neue Komödien hervorbringen. So vielfältig aber auch die Formen sind, in der seine Einbildungskraft sich äußert, so selbstverständlich ist es für Goldoni doch, daß sie die Außenwelt nicht überflutet. Darin wohl vor allem ist sein oft beschworener Optimismus, sein glückliches Naturell begründet: daß die Welt ihm immer noch etwas mehr zu sagen hat, als er sich in seinen kühnsten Vorstellungen gedacht hätte. Trotzdem wird die unendliche Vielfalt der Welt nicht als inkommensurabel erfahren; zwar ist die Wirkung der Kirche auf den Betrachter sehr stark, da sie aber ihre Ursache in den *genau beobachteten Verhältnissen bei aller ungeheueren Ausdehnung* hat, verweist sie letzten Endes nicht auf eine Transzendenz, die nur dem Glauben zugänglich ist, sondern auf den Menschen, in dessen Wahrnehmung alle Proportionen und Formen sich erst zur Einheit zusammenschließen. Deshalb ist auch bei Goldoni nicht der Altar (immerhin wird er bei ihm erwähnt) der Mittelpunkt des Kirchenraumes, sondern der Besucher, der dem Hausherrn zwar allen schuldigen Respekt erweist, dabei allerdings von einer recht distanzierten, eher kühlen Höflichkeit ist: Der Hinweis, daß die Stätte zur Andacht anrege, umgeht elegant die naheliegende Frage, wie es denn mit der eigenen Andacht bestellt gewesen sei, und es bleibt auch offen, ob der konziliante Gast sich tatsächlich die Mühe gemacht habe, zu den Apostelgräbern hinabzusteigen; wahrscheinlicher ist, daß er es, für seine Person, mit dem Gedanken an den frommen Eifer der Römer hat genug sein lassen.

Der Mensch ist das Maß aller Dinge. Mit dieser Überzeugung steht Carlo Goldoni in der Peterskirche. So versteht er sich selbst in seinem Zeitalter.

«San Marco!»

Als sich im 19. Jahrhundert der italienische Nationalstaat herausbildet, werden Venedig und Venetien das letzte größere Territorium sein, das noch fremder Herrschaft untersteht. Während Österreich die Lombardei schon 1859, nach dem verlorenen Krieg gegen Piemont und Frankreich, herausgeben muß, kann es sich in Venedig noch bis 1866 halten. Verglichen mit den übrigen Staaten in Italien aber ist die Zeit der Fremdherrschaft in Venedig eine der kürzesten: nach dem Sturz der Republik (am 14. Mai 1797) gehört die Stadt seit dem Frieden von Campo Formio (1798) zu Österreich, von 1805 bis zum Wiener Kongreß ist sie Teil des napoleonischen «Königreichs Italien». Dadurch unterscheidet sich die Republik von San Marco von sämtlichen anderen Staaten und Städten auf italienischem Boden, daß sie fast ein Jahrtausend lang, seit der Eroberung durch die Karolinger, keine fremden Heere gesehen, keine Plünderungen erlebt und keine kriegsbedingten Verwüstungen hatte hinnehmen müssen. Von den die oberitalienischen Städte seit dem 13. Jahrhundert heimsuchenden Kämpfen zwischen den Guelfen (der Anhängerschaft des Papstes) und den Ghibellinen (der Partei des Reiches) bleibt Venedig unberührt. Während in den anderen Stadtrepubliken einzelne Familien um die alleinige Macht kämpfen – die Visconti und Sforza in Mailand, Doria und Fieschi in Genua, Malatesta in Rimini, die Medici in Florenz –, werden in Venedig die wenigen Umsturzversuche in kürzester Zeit erstickt. Die Verschwörung des Baiamonte Tiepolo (1310) scheitert ebenso wie der schlecht geplante Versuch des siebzigjährigen Dogen Marino Falier, der am 17. April 1355 enthauptet wird.

Das Volk von Venedig zeichnet sich ohnehin durch notorische Sanftmut und Fügsamkeit aus. Schon nach der schweren Niederlage von Agnadello (1509) hatte es allgemeines Aufsehen erregt, daß die Bewohner der Terraferma nicht daran dachten, sich von Venedig loszusagen, sondern sich weiter als Untertanen der Serenissima fühlten, obwohl Venedig seine Besitzungen auf dem Festland eher wie eine unterworfene Provinz, jedenfalls nicht als gleichwertigen Teil der Republik behandelte.[15] Seitdem rühmen alle Besucher der Stadt die Freundlichkeit und Duldsamkeit ihrer Bewohner; ihr Blut sei so «sanftmütig», bemerkt de Brosses, daß pro Jahr nicht mehr als vier Morde vorkämen, obwohl es durch die Masken, die engen Gassen und vor allem durch die Brücken ohne Geländer sehr leicht sei, einen Menschen zu beseitigen.[16] Aus dieser Stadt geht kein Cola di Rienzi hervor, der die Erneuerung der römischen Republik fordert, aber auch kein eifernder Mönch wie Savonarola, der in Florenz verbrannt wird, weil die radikale religiöse Umkehr, die er predigt, natürlich auch den Sturz des weltlichen Regiments bedeutet hätte. Venedig bringt überhaupt keine Tribunen hervor. Wenn sie ihr Amt antreten, sind die Dogen bereits alte Herren, denen man nicht mehr zutraut, daß sie langfristige Pläne zur Befriedigung ihres persönlichen Ehrgeizes entwickeln werden.

«Veni etiam – Da kommen ja noch welche.» Bei dieser – zuerst durch Francesco Sansovino, 1658, überlieferten – Erklärung des Namens der Stadt dürfte es sich zwar eher um eine späte Frucht mittelalterlicher Gelehrsamkeit mit ihrem Hang zu abenteuerlichen Etymologien handeln, als daß sie Bestand haben könnte vor moderner sprachgeschichtlicher Forschung, aber sie bewahrt doch die Erinnerung daran auf, daß Venedig in seinen Ursprüngen ein letzter Ort der Zuflucht ist, der immer dann aufgesucht wird, wenn vor dem Eroberungsdrang fremder Eindringlinge – Hunnen, Goten, Langobarden – nur noch die kleinen und fast unzugänglichen Inseln in der Lagune Sicherheit bieten. Ob mit der Wahl eines ersten Dogen überhaupt (im Jahre 697) bereits die «Gründung Venedigs» erfolgt sei, oder ob sie auf den fünfundvierzig Jahre später erfolgten Amtsantritt des Deusdedit Ypatus, des ersten in der dann nicht mehr unterbrochenen Reihe der Dogen, zu datieren sei, ist wohl nicht von ausschlaggebender Bedeutung. Ein markantes Ereignis aber ist die Verlegung des Regierungssitzes von Malamocco nach Rialto (811), der einzigen Insel, die sich für die Franken unter König Pippin von Italien, dem Sohn Karls des Großen, als uneinnehmbar erwiesen hatte. Als im Jahr darauf die Franken die von ihnen eroberten Gebiete in Venetien, Istrien und Dalmatien an den oströmischen Kaiser zurückgeben, wird damit, nach Jahrzehnten der Unklarheit, ausdrücklich bestätigt, daß Venedig dem Herrschaftsbereich Konstantinopels und damit dem Osten, dem «Orient» angehört.

Die frühe Bindung an den Osten seit dem 9. Jahrhundert ist Venedig zum Schicksal geworden, nicht nur deshalb, weil nach der Verlegung des Regierungssitzes auf die Rialto-Inseln «die venezianische Baukunst als ein Zweig der byzantinischen» beginnt. «Die Staatskirche S. Marco ist bekanntlich eine freie Kopie der Justinianischen Apostelkirche in Konstantinopel, einer Kreuzkuppelkirche mit fünf großen Kuppeln.»[17] Durch ihre Lage am äußersten Rande des byzantinischen Herrschaftsbereichs wird die Stadt zum Umschlagplatz für den gesamten Levantehandel, insbesondere für den besonders gewinnträchtigen Import von Gewürzen nach Europa. Andererseits ist der tatsächliche Einfluß des Kaisers in

Venedig so gering, daß die Stadt sich schon bald als selbständige Macht versteht und bei ihren Geschäften keinerlei Rücksichten mehr nehmen zu müssen glaubt. So gestattet schon im 10. Jahrhundert ein durchaus eigenwilliges Verständnis ihrer Mittlerrolle zwischen Morgen- und Abendland es den venezianischen Kaufleuten, zum Nachteil ihres obersten Landesherrn die Sarazenen mit Waffen aus Kärnten und der Steiermark zu beliefern. Wird der Fall Konstantinopels später den unaufhaltsamen Niedergang Venedigs zur Folge haben, so gilt einstweilen noch, daß jeder Erfolg Venedigs in der Regel ein weiteres Stück Machtverlust für das byzantinische Kaisertum bedeutet. Ihren Höhepunkt erreicht diese Bewegung zu Beginn des 13. Jahrhunderts durch den ungewöhnlichen Verlauf, den der große Doge Enrico Dandolo dem vierten Kreuzzug zu geben vermag. Im April 1201 hatte Venedig mit Gottfried von Villehardouin, dem Bevollmächtigten der künftigen Kreuzfahrer, ein Transportabkommen für ein Heer von 30 000 Männern geschlossen, und zwar zu einem Preis von 85 000 Mark Kölner Gewicht (etwa 20 000 Kilogramm Silber).[18] Der Vertrag wurde zwar von Venedig, nicht aber von seiten der Kreuzritter eingehalten, die in weit geringerer Anzahl als vorgesehen erschienen waren, so daß für die bereitgestellten Schiffe die ausgehandelte Summe nicht bezahlt werden konnte. Auf Betreiben des neunzigjährigen blinden Dogen erklärte Venedig sich daraufhin bereit, auf den Restbetrag verzichten zu wollen, falls das Heer, vor Beginn des eigentlichen Kreuzzuges, sich an der Wiedereroberung der Stadt Zara beteiligen werde. Nach der (kampflosen) Einnahme und Plünderung der Stadt trat der Doge mit dem – vermutlich schon seit längerem geplanten – Vorschlag hervor, für den Weg ins Heilige Land die günstige Route über Konstantinopel zu wählen. Die Vermutung, daß die Ritter weniger aus frommem Eifer oder aus strategischen Überlegungen auf dieses Ansinnen eingingen, daß sie vielmehr, auf den Geschmack gekommen durch die leichte Inbesitznahme des reichen Zara, sich leiten ließen vom Gedanken an die legendären, unermeßlichen Reichtümer der Kaiserstadt, wird bestätigt von der mit unvorstellbarer Grausamkeit durchgeführten Plünderung, die nach dem Fall der Stadt (1204) einsetzte. Durch die Errichtung des sogenannten Lateinischen Kaiserreichs (das bis zur Rückeroberung Konstantinopels durch Kaiser Michael VIII. Palaiologos im Jahre 1261 bestehen wird) wird Venedig, das drei Achtel der Kaiserstadt sowie Kreta und zahlreiche andere wertvolle Stützpunkte an sich gebracht hat, zur unbestrittenen Hegemonialmacht im Mittelmeer.

Die Verbindung von politischem Weitblick, strategischem Denken und taktischer List, mit der Venedig die endgültige Emanzipation von der byzantinischen Herrschaft vollzogen hatte, ist exemplarisch für die Art und Weise, wie es diesem in quantitativer Hinsicht eher unbedeutenden Staatsgebilde immer wieder gelingt, die eigenen Interessen gegen eine Übermacht durchzusetzen. Vier Kriege werden geführt, bis endlich die

Macht der Republik Genua, der ältesten und gefährlichsten Rivalin auf italienischem Boden, gebrochen ist. Nach dem Erwerb von Korfu (1386) wendet Venedig sich seinem Hinterland zu und bringt in den ersten Jahrzehnten des neuen Jahrhunderts die Städte Vicenza, Bassano, Padua, Verona, Belluno, Feltre und Udine in seinen Besitz. Mit ihrer Terraferma ist die Republik von San Marco nun einer der fünf großen Territorialstaaten in Italien.

Um 1420 ist Venedig auf dem Höhepunkt seiner Macht und seines Reichtums angekommen. Über welche Mittel die Stadt verfügt, wird an der Verschönerung des Stadtbildes ablesbar; die Ca' d'oro entsteht, errichtet durch die Familie Contarini (1421–1440). Noch deutlicher sprechen die Zahlen der Statistik. Mit jährlichen Gesamteinkünften von 1 615 000 Dukaten steht Venedigs Etat an erster Stelle aller europäischen Staatshaushalte. «Und zwar mit noch größerem Abstand, als es zunächst den Anschein hat. Denn wenn man [...] für Venedig samt Terra ferma und Kolonialreich eine Bevölkerung von maximal eineinhalb Millionen und für Frankreich unter Karl VI. das Zehnfache, also 15 Millionen Einwohner ansetzt, müßte Frankreich bei gleichem Reichtum einen zehnmal höheren Staatshaushalt als die Signoria, [...] einen Etat von 16 Millionen aufweisen. Das faktische französische Budget von nur einer Million unterstreicht also die ungeheure Überlegenheit der Stadtstaaten über die Volkswirtschaft der ‹Territorialstaaten› [...].»[19] Die Ursache dieses Vorsprungs liegt in den extrem hohen Gewinnen, die der Fernhandel einbringt – der Doge Tommaso Mocenigo beziffert sie auf 40 Prozent[20] –, sowie in dem eifersüchtigen Zwang, mit dem Venedig die strikte Respektierung seiner Monopolstellung durchsetzt. So ist der Fondaco dei Tedeschi, das deutsche Geschäftszentrum in der Nähe der Rialtobrücke, für die deutschen Kaufleute nicht etwa ein Stück Heimat in der Fremde, vielmehr handelt es sich um einen Zwangsaufenthalt, der den alleinigen Zweck hat, die Kontrolle über alle Transaktionen zu gewährleisten und zugleich sicherzustellen, daß die dabei erzielten Erlöse sogleich zum Kauf venezianischer Waren verwendet werden. «Der gesamte Handelsverkehr mit der Terra ferma wie der Export der venezianischen Levanteinseln oder der Städte an der Adria muß (selbst wenn die Ausfuhrgüter für Sizilien oder England bestimmt sind) über seinen Hafen abgewickelt werden. Auf diese Weise beschneidet Venedig den von ihm abhängigen Volkswirtschaften, darunter auch der deutschen, zu seinem eigenen Vorteil den Bewegungsspielraum, saugt sie aus und hindert sie an einer ihren eigenen Bedürfnissen gemäßen, freien Entfaltung.»[21] Wahrscheinlich ist es die Gewöhnung an diesen einträglichen Zustand, der Venedig in der Zeit seines Niedergangs daran hindern wird, die zur Belebung des Handelsverkehrs eigentlich dringend benötigten Freihäfen einzurichten.

In der berühmten Rede, die der abtretende Doge Tommaso Mocenigo im Jahre 1423 vor dem Senat hält, um die Wahl des Francesco Foscarini zum Nachfolger zu verhindern, kommt zum Ausdruck, daß Venedig auf dem Höhepunkt seiner Entwicklung zum klaren Bewußtsein seiner selbst und seiner einzigartigen Stellung gekommen ist. Wer Foscarini wählt, sagt der alte Doge, wählt den Krieg. «Wer 10 000 Dukaten hat, wird bloß noch tausend vorfinden, wer zehn Häuser besitzt, nur eins behalten [...], und so fort in allen anderen Dingen.» Kein Friedensfürst spricht hier, sondern ein Kaufmann, der sich von einem Zustand des Friedens ungestörten Handel und damit größtmöglichen Gewinn erwartet: «Befolgt ihr meinen Rat, so werdet ihr Herren und Meister des Goldes der Christen sein.»[22] Obwohl Mocenigo also die einzige Sprache spricht, die seine Landsleute wirklich verstehen, folgen sie seinem Rate nicht, sondern entscheiden sich für Foscarini. Die sinnlosen Kriege in Oberitalien, in die Venedig sich wenig später verstricken läßt, sind die Folge; ein Ende finden sie erst nach drei Jahrzehnten mit dem Frieden von Lodi (1454). Für Italien, das noch bis zum Ende des Jahrhunderts ein «‹hochentwickeltes›, reiches Land»[23] bleibt, beginnen noch einmal vierzig friedliche Jahre, bevor mit dem Einfall des französischen Königs Karl VIII. (1494) das Zeitalter beginnt, in dem das Land zum Aufmarschgebiet fremder Heere wird.

Venedig allerdings muß schon ab 1463 einen langwierigen Krieg gegen die Türken führen, der erst sechzehn Jahre später, eigentlich aber erst im Jahre 1718 beendet sein wird. Er ist die Folge des ersten der drei für Venedig schicksalhaften Ereignisse, die sich in der zweiten Jahrhunderthälfte zutragen. 1453 haben die Türken Konstantinopel erobert und damit den Handlungsspielraum Venedigs entscheidend eingeengt. Nach der Entdeckung Amerikas, 1492, bilden sich alsbald die Schwerpunkte eines neuen Welthandels heraus; von einer Vorherrschaft Venedigs in Westeuropa kann keine Rede mehr sein. 1498 kann Vasco da Gama in Lissabon von der Entdeckung des Seewegs nach Indien berichten; die Monopolstellung der Republik im Gewürzhandel ist damit zu Ende. Schon sechs Jahre später, 1504, kehren venezianische Galeeren ohne Ladung aus Alexandrien und Beirut zurück, da dort kein Pfeffer mehr aufzutreiben ist.[24] 1515 muß Venedig selbst den Eigenbedarf in der portugiesischen Hauptstadt decken, und nach der Eroberung Portugals durch Spanien (1580) erlebt es die Schmach, daß Philipp II. der Republik anbietet, das Monopol des Gewürzhandels wieder zu übernehmen – von Lissabon aus.

Noch hat Venedig die Kraft, in einer sich verändernden Welt seine Stellung zu behaupten: 1489 zwingt die Republik Caterina Corner, die (einer venezianischen Familie entstammende) Witwe König Jakobs II. von Zypern, zur Abdankung und gliedert sich die strategisch wichtige, von ihr schon seit längerem kontrollierte Insel nun auch offiziell an. Daß der französische König Karl VIII. sein Ziel nicht erreicht, das Königreich Neapel zu erobern, sondern einen ruhmlosen Rückzug antreten muß

(1495), ist im wesentlichen das Verdienst Venedigs. Dann aber scheint das Ende gekommen, als die Republik völlig isoliert der Liga von Cambrai gegenübersteht, zu der sich Papst, Kaiser und die Könige von Frankreich und Spanien verbunden haben; nach der Niederlage von Agnadello (1509) ist die Terraferma von französischen und kaiserlichen Truppen besetzt. In dieser aussichtslos scheinenden Situation bewährt sich die venezianische Diplomatie, indem sie die Allianz der Gegner zersetzt und in ein virtuoses Spiel mit wechselnden Koalitionen auflöst. Mit dem Friedensschluß ist der frühere Zustand wiederhergestellt.

Aber ist er es wirklich? Nach den Zeugnissen der Kunst zu urteilen, wäre das Goldene Zeitalter für Venedig erst im Cinquecento angebrochen. Giovanni Bellinis Porträt des Leonardo Loredan, der in jenen schweren Jahren Oberhaupt der Republik war, ist nicht nur das physiognomisch und psychologisch getreue Abbild eines herausragenden Individuums, sondern zugleich, mit seiner wachen Klugheit, seiner natürlichen und zugleich hoheitsvoll distanzierten Würde das Bildnis des Dogen schlechthin, in dem sich die Staatsidee der Republik zu verkörpern scheint; so sehr, daß der Eindruck entsteht, aus ihm müßte sich die gesamte Geschichte Venedigs rekonstruieren lassen, sollten alle anderen Dokumente verlorengegangen sein. Das Zentrum der Republik erhält nun erst seine abschließende Gestalt mit der Loggetta (1537–1540), der Libreria (1536–1554) und der Zecca (1537–1545), sämtliche nach Entwürfen Sansovinos. Mit dem neuen Prokuratorenpalast von Vincenzo Scamozzi findet der Markusplatz seine endgültige Form. An der Ausgestaltung des Dogenpalastes sind alle großen Maler des Cinquecento beteiligt, vor allem Tizian, Veronese und Tintoretto. Allerdings beginnt jetzt die sachliche Darstellung der venezianischen Geschichte zurückzutreten hinter ihre «Verklärung [...] ins Mythische». Die Allegorie der Venezia erfreut sich zunehmender Beliebtheit; zu ihren Füßen sieht man noch bei Palma Giovane (in der Sala dello Scrutinio) Kriegsgerät, einen Schiffsbug, Gefangene und weinende Frauen, während schon in Veroneses Monumentalgemälde «Triumph der Venezia» (1581, Sala del Maggior Consiglio) alle Hinweise auf die Wehrhaftigkeit und die kriegerische Vergangenheit der Republik fehlen.[25] Das ist das Zeichen an der Wand, das mit der Liga von Cambrai erschienen ist und das auch von den ersten Meistern des Jahrhunderts nicht mehr unsichtbar gemacht werden kann.

In einem Sonett, das ganz auf den Ton freundlicher, fast zärtlicher Ironie gestimmt ist, versichert der große französische Dichter Joachim du Bellay, der sich in den Jahren 1553 bis 1557 in Italien aufgehalten hatte, wie sehr er die Venezianer liebe, die in ihrer kleinen Welt mit unveränderlicher Treue an ihren alten und verschrobenen Gewohnheiten und Bräuchen festhielten, zum Beispiel am «Ballottieren» und an der symbolischen Vermählung des Dogen mit dem Meer: «Sein Gatte ist er wohl, doch gleich darauf / Setzt ihm der schlaue Türke Hörner auf.»[26] Das Gedicht

Giovanni Bellini: Der Doge Leonardo Loredan.
Ölgemälde, 1501/05

ist vielleicht das früheste Zeugnis, in dem die Verwandlung von politisch sinnvollen Ritualen und Symbolen zu bloßer Folklore zum Thema gemacht ist. Tatsächlich liegt um diese Zeit die letzte größere Reform der politischen Struktur in Venedig bereits um zweieinhalb Jahrhunderte zurück. Hatte es bis ins 13. Jahrhundert die Möglichkeit gegeben, den Dogen durch Akklamation der Volksversammlung zu wählen, so wird ab 1268 ein extrem kompliziertes Verfahren eingeführt, dessen Beschreibung in Johann Heinrich Zedlers Universallexikon von 1745 eine ganze Spalte einnimmt. «Alle Nobili, welche über 30 Jahre alt sind, versammeln sich in dem St. Marcus-Pallaste, da man denn in einen steinernen Krug so viel Kugeln einlegt, als Personen vorhanden, worunter 30 verguldete sind. Es werden solche Kugeln eine nach der andern durch einen dazu bestell-

Paolo Veronese: Triumph der Venezia.
Deckengemälde im Dogenpalast, 1581

ten Edel-Knaben herausgenommen, und einem jedweden nach seiner
Ordnung übergeben; welcher nun eine übergüldete bekommt, der verfügt sich in ein besonderes Zimmer, worauf dessen Freunde und Verwandten allesammt abtreten müssen. Diejenigen aber, welche weisse oder

silberne bekommen, treten gantz und gar ab.» Durch dasselbe Verfahren wird die Zahl der im ersten Gang ausgelosten Wahlmänner nun auf neun vermindert, woraufhin diese ihre Zahl durch Zuwahl auf vierzig ergänzen. Diese Ratsherren, die sich sofort von den übrigen zu isolieren haben, verringern ihre Zahl auf zwölf, die ihrerseits fünfundzwanzig Wahlmänner wählen, von denen neun übrigbleiben, die sofort wieder 45 Ratsmitglieder zu bestimmen haben; von diesen bleiben elf übrig, «und diese erkiesen endlich die rechten Wahl-Herren, an der Zahl 41, welche nach der von dem grossen Rathe empfangenen Confirmation den Dogen wählen [...].»[27] Dieses Verfahren, das den Zweck hat, sowohl plebiszitäre Elemente als auch die Möglichkeit von Absprachen innerhalb des Großen Rates zu verhindern, ist Teil der letzten größeren Reform, mit der die Republik ihre politischen Strukturen einer veränderten Situation angepaßt hatte. Nach einem letzten, fehlgeschlagenen Versuch, einen Dogen per Akklamation der Volksversammlung zu bestimmen (1289), wird am 1. März 1297 auf Betreiben des Dogen Pietro Gradenigo der Große Rat geschlossen: ihm gehört künftig nur noch an, wer von der Quarantia (einer Versammlung von vierzig Mitgliedern angesehener Familien) durch Ballotage bestätigt worden ist; das Ergebnis dieses Ausleseprozesses wird im «Libro d'Oro» festgehalten, die Mitgliedschaft gilt auf Lebenszeit und ist erblich. Schließlich wird, nach der mißglückten Verschwörung der Querini, Tiepolo und Badoer (1310), der Rat der Zehn eingeführt, aus dem die berüchtigten Inquisitori di Stato hervorgehen; sie sind zu geheimen Verhören ohne Zeugen berechtigt und können nicht zur Verantwortung gezogen werden. Ihrem Beschluß, dem keine Verhandlung, nicht einmal eine offizielle Anklageerhebung vorangehen muß und der auch nicht in Form eines Urteils verkündet wird, wird zum Beispiel Casanova seine Verhaftung und Einschließung unter den Bleidächern des Dogenpalastes zu verdanken haben.

Hatte diese Reform, neben der Ausschaltung populistischer, unberechenbarer Momente und der Etablierung einer überschaubaren und funktionstüchtigen Elite, vor allem den Zweck, dem Streben einzelner Familien nach Alleinherrschaft von vornherein einen Riegel vorzuschieben und die Stabilität der bestehenden Verhältnisse zu gewährleisten, so ist dieses Vorhaben zweifellos in einem nicht vorhersehbaren Ausmaß gelungen. Hier liegt der Schlüssel zum Verständnis des ironischen Tons, den du Bellay anschlägt. Venedig war groß, solange die Stadt als politische und wirtschaftliche Einheit den nur von einer schwachen Zentralgewalt zusammengehaltenen Flächenstaaten überlegen war. Ist die Macht der Lehnsherren aber erst einmal gebrochen und hat, wie dies vor allem im Frankreich des 16. Jahrhunderts geschieht, die absolute Monarchie sich durchgesetzt[28], so tritt eine Umkehrung des Kräfteverhältnisses ein, die die Städte zur Ohnmacht verurteilt. Obwohl Venedig mit seinem ansehnlichen Territorium auf der Terraferma theoretisch dazu die Möglichkeit gehabt hätte, hat es nie die Umwandlung in einen modernen Einheitsstaat erwogen, sondern ist bei der Form der mittelalterlichen Stadtrepublik stehengeblieben. Auf den Rückgang des Handels und die unsicher gewordenen Gewinnchancen reagiert das Patriziat, indem es seit der zweiten Hälte des 15. Jahrhunderts Kapital aus den Geschäften abzieht und in Grundstücke auf der Terraferma investiert; die in prunkvollen Villen angelegten Gelder fehlen den Industrien (Wolle, Seide, Glas), durch die neue Einkommensquellen erschlossen werden sollen, zumal das venezianische Patriziat kommerzielle Tätigkeiten zunehmend für unvereinbar mit seiner Würde hält und voller Verachtung auf seine geschäftstüchtigen Standesgenossen in Genua blickt. Dieser Hang zur kostspieligen «villeggiatura», den auch das Bürgertum ohne Rücksicht auf die wirtschaftlichen Folgen kultivieren wird, wird eines der großen Themen in den Komödien Goldonis sein.

Seit dem Vertrag von Château-Cambrésis (1559) ist Italien praktisch eine spanische Kolonie. Die nach dem Konzil von Trient einsetzende Gegenreformation und die Inquisition zerschlagen die Kultur der Renaissance und führen zur Ausbreitung jenes «spanischen» Stils, der im 18. Jahrhundert als Unnatur, Schwulst und Vernunftfeindschaft kritisiert wird: Der «Glaube hat die Künste wieder hervorgehoben, der Aberglaube hingegen ist Herr über sie geworden und hat sie abermals zugrunde gerichtet»[29].

Als mit den Friedensschlüssen von Utrecht (1713) und Rastatt (1714) der Spanische Erbfolgekrieg zwischen Frankreich und Österreich nach dreizehn Jahren endlich beendet wird, hat Frankreich nicht mehr die Kraft, die von Ludwig XIV. exzessiv betriebenen, völkerrechtswidrigen Raub- und Eroberungskriege fortzusetzen; Spanien ist definitiv keine Großmacht mehr. Österreich erhält die spanischen Niederlande und tritt in Mailand, Neapel, Mantua und Sardinien die Nachfolge Spaniens an. Trotzdem verhält es sich nicht so, daß nur die eine Fremdherrschaft durch eine andere abgelöst würde. Zwar hat Italien noch einen langen Weg zur nationalen Einheit vor sich – einstweilen ist Piemont der einzige italienische Staat, der absolutistisch regiert wird und eine halbwegs selbständige Politik betreiben kann –, aber es gewinnt im 18. Jahrhundert wieder den Anschluß an den Entwicklungsstand der Künste und Wissenschaften in Europa, auch wenn sein Beitrag zur Philosophie der Aufklärung zunächst vor allem in Popularisierung und gefälliger Aufbereitung besteht: charakteristisch für die Form, in der sich in Italien aufklärerisches Gedankengut durchsetzt, ist das Buch von Francesco Algarotti, des in Europa bekanntesten italienischen Gelehrten der ersten Jahrhunderthälfte, «Neutonianismo per le Donne» (1733). Eher als in der Philosophie findet sich der spezifisch italienische Beitrag zur Kultur der Aufklärung in Wirtschaftswissenschaften und Jurisprudenz; Antonio Genovesi (1712–1769) wird in Neapel Inhaber des ersten Lehrstuhls für Volkswirtschaft, der in Europa eingerichtet wird; mit der Reform des Rechts verbunden sind die Namen des früh verstorbenen Gaetano Filangieri in Neapel und von Cesare Beccaria in Mailand, dessen Buch «Über Verbrechen und Strafen» europäische Beachtung findet.

Für das von Fremdherrschaft noch immer verschonte Venedig allerdings bricht spätestens mit dem Jahr 1718 die Zeit an, da es – wie der spätere Kardinal und französische Außenminister de Bernis einmal bemerken wird – sich für die europäischen Staaten nicht mehr lohnt, erstklassige Diplomaten als Botschafter nach Venedig zu entsenden. Nach wie vor gibt es keine inneren Unruhen, die für die fortschreitende Schwäche der Republik verantwortlich zu machen wären; während im Herbst 1747 in Genua ein gefährlicher Volksaufstand losbricht, der die Regierung in schwerste Bedrängnis bringt[30], findet das Volk von Venedig noch immer nichts dabei, daß im Theater die Reichen und Vornehmen ihm von den Rängen aus zum Zeitvertreib auf die Köpfe spucken.[31] Auch die strikte Trennung von Staat und Kirche ist noch im 18. Jahrhundert unangetastet. Im Kirchenstaat «lohnt es sich» noch immer, «Neffe des Papstes» zu sein: «ein einziges Pontifikat» genügt den Nepoten, ihre Familie in den erblichen Fürstenstand erheben zu lassen und ungeheure Reichtümer zusammenzuraffen.[32] Dagegen wird das Finanzgebaren des Dogen bis ins Detail – ob zum Beispiel die Dienerschaft regelmäßig ihren Lohn erhält – kontrolliert und nach seinem Tode noch einmal einer Revision unterzogen. Wer nur die geringste kirchliche Würde innehat, ist von sämtlichen staatlichen Ämtern ausgeschlossen; wer die Republik einmal als Botschafter beim Heiligen Stuhl vertreten hat, kann nicht mehr Kardinal oder Prälat werden. Bischofskirche ist noch immer San Pietro in Castello, nicht etwa die Markuskirche, die vielmehr eine Art Hauskapelle des Dogen ist. Wo die Kirche mit dem Staat zusammentrifft, übt sie ausschließlich eine repräsentative Funktion aus, die Staatsmacht sieht in den kirchlichen Festen vor allem die Möglichkeit der Selbstdarstellung; Religion und Frömmigkeit im eigentlichen Sinne sind zwar nicht offiziell, wohl aber den tatsächlichen Gegebenheiten nach Privatsache. Trotz des ungeheuren Drucks, den die Gegenreformation in der Folge des Konzils von Trient (1545–1563) ausübt, kann die Inquisition auch während des 17. Jahrhunderts, als der düstere Schatten Spaniens über dem Land liegt, in Venedig nicht Fuß fassen. Hexenprozesse sind hier so gut wie unbekannt. Venedig, seit den Ausgaben antiker Klassiker durch Aldus Manutius (1449–1515) und seinen Sohn Paulus (1512–1574) die führende Stadt des Buchdrucks im Zeitalter von Humanismus und Renaissance, widersetzt sich lange der Einführung des «Index librorum prohibitorum», durch den die Gegenreformation das geistige Leben der Zeit ihrer Kontrolle zu unterwerfen versucht. Nach dem Konzil ist für einige Jahrzehnte Venedig der letzte Ort in Italien, wo die Freiheit des Denkens noch nicht vollständig unterdrückt ist.

POLIPHILO INCOMINCIA IL SECONDO LIBRO DI
LA SVA HYPNEROTOMACHIA. NEL QVALE PO
LIA ET LVI DISERTABONDI, IN QVALE MODO ET
VARIO CASO NARRANO INTERCALARIAMEN-
TE IL SVO INAMORAMENTO.

NARRA QVIVI LA DIV·A POLIA LA NOBILE ET
ANTIQVA ORIGINE SVA. ET COMO PER LI PREDE
CESSORI SVI TRIVISIO FVE EDIFICATO. ET DI QVEL
LA GENTE LELIA ORIVNDA. ET PER QVALE MO·
DO DISAVEDVTA ET INSCIA DISCONCIAMENTE
SE INAMOROE DI LEI IL SVO DILECTO POLIPHILO.

E MIE DEBILE VOCE TALE O GRA
tiose & diue Nymphe absone peruenerano &
inconcine alla uostra benigna audiétia . quale
la terrifica raucitate del urinante Esacho al sua
ue canto dela piangeuole Philomela . Nondi
meno uolendo io cum tuti gli mei exili cona·
ti del intellecto, & cum la mia paucula sufficié
tia di satisfare alle uostre piaceuole petitione,
non ristaro al potere. Lequale semota qualúque hesitatione epse piu che
si congruerebbe altronde, dignamente meritano piu uberrimo fluuio di
eloquentia, cum troppo piu rotunda elegantia & cum piu exornata poli
tura di pronútiato, che in me per alcuno pacto non si troua, di cóseguire
il suo gratioso affecto. Ma a uui Celibe Nymphe & adme alquáto, quan
túche & confusa & incomptaméte fringultiéte haro in qualche portiún·
cula gratificato assai. Quando uoluntarosa & diuota a gli desii uostri &
postulato me prestaro piu presto cum lanimo nó mediocre prompto hu·
mile parendo, che cum enucleata tersa, & uenusta eloquentia placédo. La
prisca dunque & ueterrima geneologia, & prosapia, & il fatale mio amore
garrulando ordire. Onde gia essendo nel uostro uenerando conuentuale
conspecto, & uederme sterile & ieiuna di eloquio & ad tanto prestáte & di
uo ceto di uui O Nymphe sedule famularie dil acceso cupidine. Et ítan·
to benigno & delecteuole & sacro sito, di sincere aure & florigeri spirami·
ni afflato. Io acconciamente compulsa di assumere uno uenerabile auso,
& tranquillo timore de dire. Dunque auante il tuto uenia date, o bellissi·
me & beatissime Nymphe a questo mio blacterare & agli semelli & terri·
geni, & pusilluli Conati, si aduene che in alchuna parte io incautamente

A

Aldus Manutius. Venedig. Francesco Colonna:
Hypnerotomachia Poliphili. 1499

Im 18. Jahrhundert hat Venedig diese Ausnahmestellung innerhalb Italiens verloren; sofern seine innere Freiheit nicht durch ein maßlos aufgeblähtes, aber auch ziellos gewordenes Spitzelsystem beeinträchtigt wird, hat sie sich zu einer Beliebigkeit ausgeweitet, von der nichts mehr zu erhoffen ist. «Freiheit» bedeutet in Venedig, «am hellichten Tage die Freudenmädchen aufzusuchen; sie zu heiraten; nicht zur Kommunion gehen zu müssen; bei allem, was man treibt, vollkommen unbekannt und unabhängig zu bleiben [...]. Aber man muß auf Widerstand stoßen: der Mensch ist wie ein Uhrwerk, das umso besser funktioniert, je schärfer es angezogen ist.» Wo der Alltag zum Fest geworden ist, wird das Fest alltäglich und als Ausdruck einer tiefsitzenden Verzweiflung und Perspektivlosigkeit erkennbar: «Meine Augen sind sehr zufrieden in Venedig; mein Herz und mein Geist überhaupt nicht. Ich mag eine Stadt nicht, in der nichts uns dazu nötigt, liebenswürdig und tüchtig zu sein. Selbst die Vergnügungen, die man uns bietet als Ersatz für das, was man uns nimmt, beginnen mir zu mißfallen.»[33] Diese innere Schwäche ist nur Ausdruck der äußeren. Seit dem unrühmlichen Frieden von Passarowitz (1718), der für Venedig den endgültigen Verlust des erst zwei Jahrzehnte zuvor mit Hilfe der Österreicher erworbenen Peloponnes gebracht hatte, sieht die Republik, die keine Verbündeten mehr hat, ihr Heil allein noch in einer Neutralität, die um jeden Preis aufrechterhalten und damit zum einzigen Inhalt ihrer Politik wird. Herr von Montaigu, der französische Botschafter, läßt, ohne daß dies in Versailles auffiele, die Depeschen aus Frankreich schon beantworten, bevor sie in Venedig eingegangen sind.[34]

Allmählich lähmt der ängstliche Neutralismus der venezianischen Politik das gesamte öffentliche Leben; während in den habsburgisch regierten Ländern (zu denen nach dem Tod des letzten Medici, 1737, auch die Toskana gehört) eine konsequente Reformpolitik den wirtschaftlichen Aufschwung vorbereitet, sitzen die venezianischen Patrizier in ihren Brenta-Villen und verachten alle Erwerbstätigkeit als Ausweis «plebejischer» Gesinnung. Sofern sie sich für ein öffentliches Amt hergeben, tragen sie einen aufgeblasenen Dünkel zur Schau, der mit den venezianischen Tugenden nichts mehr zu tun hat. Graf Carlo Gozzi, der später eine Art Kreuzzug gegen Goldoni führen wird, hat während seiner Dienstzeit in Dalmatien die Ankunft des neuen Militärgouverneurs Querini staunend beobachtet: «Dieser Kavalier, den ich wohl schon zehn Mal in seinem Palast besucht hatte, und der mich immer mit jener scherzenden, liebenswürdigen und vertraulichen Freundlichkeit empfangen hatte, die für fast alle venezianischen Patrizier charakteristisch ist, trat hier [...] mit einem äußerst hochmütigen Gesichtsausdruck sowie einem würdevollen Gebaren auf, das mir ganz neu war. Von den anderen Offizieren erfuhr ich, daß man bei diesem Auftritt schweigend eine tiefe Verbeugung zu vollführen habe, ganz anders, als es in Venedig üblich ist, wenn dort ein Patrizier in seiner Amtstracht erscheint.»[35] Freihäfen in

Graf Carlo Gozzi.
Kupferstich von
Hans Rudolf Denzler
nach Antonio Bertoldi,
um 1825

Triest und Ancona sowie die Messe von Senigaglia[36] schädigen die ohnehin stark reduzierte Handelstätigkeit Venedigs aufs schwerste, ohne daß
die Republik eine Antwort auf die Einkreisungspolitik Österreichs zu
geben vermöchte. Statt dessen breitet sich die Überzeugung aus, daß es
lange so nicht mehr weitergehen werde und daß es darauf ankomme, die
schwindende Zeit «Tag für Tag» zu genießen und im übrigen zu versuchen, sich dem «Stachel des Denkens» zu entziehen.[37]

Wer, wie Carlo Goldoni, in dieser Zeit in Venedig aufwächst, ist Zeit-
genosse in einem doppelten Sinn: er hat teil an der Aufklärung und ihrem
noch ungebrochenen Optimismus, aber er ist auch geprägt durch die Erfahrung eines unaufhaltsamen Niedergangs. Einstweilen plädiert der
Advokat Goldoni für einen neuen Anfang – auf dem Theater.

«Ich war glücklich geboren»

Mein Leben ist nicht interessant; aber es könnte geschehen, daß man später einmal, in irgendeinem Winkel einer alten Bibliothek, auf eine Ausgabe meiner Werke stößt. Vielleicht wird man neugierig sein zu erfahren, wer dieser merkwürdige Mann war, der versucht hat, das Theater seines Vaterlandes zu reformieren, der hundertfünfzig Komödien [...] auf die Bühne gebracht und zum Druck befördert hat, und der achtzehn Ausgaben seiner Stücke erlebt hat.[38] Carlo Goldoni hat viel über sein Leben und seine Arbeit geschrieben; zunächst verstreut und bruchstückhaft in den Widmungen und Vorworten seiner Stücke, dann in den Einleitungen zu den einzelnen Bänden der Ausgabe, die ab 1761 bei dem Verleger Pasquali zu erscheinen beginnt. In den ersten vier Bänden (1761/62) sind die autobiographischen Ausführungen eher knapp gehalten, sie beschränken sich im wesentlichen auf die Erklärung des beigefügten Kupferstichs, der eine besonders markante Episode aus dem Leben des Autors illustriert; erst als Goldoni seine Heimat verlassen hat und sich bereits einige Zeit in Frankreich aufhält, lösen sich die autobiographischen Bemerkungen von den Stichen und gehen in einer zusammenhängenden Erzählung auf, die allerdings mit dem Jahre 1743 (Band XVII) abbricht. Die in französischer Sprache abgefaßte dreiteilige Autobiographie schließlich erscheint 1787 in Paris: *Mémoires de M. Goldoni, pour servir à l'histoire de sa vie, et à celle de son théâtre.*

Schon durch ihren scheinbar schwerfälligen und umständlichen Titel geben sich Goldonis *Memoiren* als ausdrückliches Gegenstück der wenige Jahre zuvor (1782) erschienenen «Bekenntnisse», in denen Rousseau von der ersten Seite an zu erkennen gibt, daß er weder den Leser noch sich selbst zu schonen gedenkt: «Hier ist das genau nach der Natur und in seiner ganzen Wahrheit gezeichnete Bild eines Menschen, das einzige, das es gibt und wahrscheinlich jemals geben wird. Wer Ihr auch sein mögt, den das Schicksal oder mein Vertrauen zum Richter über das Los dieses Heftes berufen hat, ich beschwöre Euch bei allem Unglück, das mir widerfahren ist, bei Eurem Leben und im Namen des gesamten menschlichen Geschlechts, dieses einzigartige und nützliche Werk nicht zu vernichten [...] und der Ehre meines Andenkens nicht das einzig sichere Zeugnis meines Charakters vorzuenthalten, das einzige, das nicht entstellt ist von meinen Feinden.»[39] Der zugleich anmaßende und flennende Stil ist das genaue Gegenteil des Tonfalls, in dem der alte Venezianer seine Erinnerungen vorträgt. Goldoni will vor seinem Leser nicht die Beichte ablegen, sondern sich mit ihm unterhalten *(causer): Ich plaudere mit dir in meinem Kabinett, wie ich in einer Gesellschaft plaudern würde. Der Inhalt meiner Memoiren verdient, denke ich, nicht mehr Eleganz und nicht mehr Sorgfalt. Es gibt Leute, die sagen: «Man muß den Ton erheben und Achtung gegen das Publikum bezeigen.» Ich glaube, ihm am besten meine Achtung zu erweisen, wenn ich ihm die Wahrheit ganz nackt und ohne Schminke vorlege.*[40] Der Tonfall ist vertraulich, aber nicht zudringlich; und wenn Goldoni von der «nackten Wahrheit» spricht, so meint er Aufrichtigkeit, nicht jene Selbstentblößung, durch die Rousseau den Leser zwingt, die intimsten Geheimnisse seines Charakters und seiner Triebe zur Kenntnis zu nehmen. Der Auseinandersetzung mit den Feinden, die in den «Confessions» immer breiteren Raum einnimmt, bis sie schließlich alles andere überschwemmt, geht Goldoni von Anfang an aus dem Weg; selbst seine ärgsten Widersacher, Pietro Chiari und Carlo Gozzi, werden kein einziges Mal genannt. Von Schicksalsschlägen anders als in Andeutungen zu reden, wäre ein Zeichen von schlechtem Geschmack und liefe auf den unwürdigen Versuch hinaus, die Verantwortung für das eigene Leben auf andere abzuwälzen: *Ich war glücklich geboren, und bin ich es nicht immer gewesen, so ist es einzig meine Schuld.*[41] Den modernen Kult des Ich kann Goldoni nicht zuletzt deshalb geringschätzen, weil er Wichtigeres mitzuteilen hat: die *Reform des Theaters in meinem Vaterland.* Die autobiographischen Notizen sollen zeigen, *wie viele unterschiedliche Wege mein Stern mich geführt hat und wie viel ich der Vorsehung verdanke, die mir immer beigestanden hat, trotz aller Rückschläge und ungeachtet mancher Fehler, die ich begangen habe.*[42] Mit noch größerer Entschiedenheit hält Goldoni dann in den *Memoiren* daran fest, daß seine theatralische Sendung dem Leben Einheit und Sinn gegeben habe: Die Perspektive auf seine zukünftige Mission ist es, die allen Geschehnissen in seinem Leben erst ihren Rang und ihre Bedeutung zuweist.

Mit der Andeutung, daß die schicksalhafte Bestimmung für das Theater bereits vor Beginn des eigenen Lebens, in der Gestalt des Großvaters, angelegt gewesen sei, wird bereits im ersten Kapitel der Autobiographie die perspektivische Sichtweise zielstrebig aufgebaut. Geboren ist Carlo Goldoni am 26. Februar 1707 in Venedig, und zwar *in einem großen und schönen Hause,* in der Cà cent'anni. Der Vater, Giulio Goldoni, entstammt einer Familie, die ursprünglich in Modena zu Hause war, nun aber schon seit längerer Zeit in Venedig ansässig ist. Carlo Goldoni, der Großvater, hatte während des Studiums an der Universität Parma zwei venezianische Patrizier kennengelernt und sich von ihnen überreden las-

Das Geburtshaus
Carlo Goldonis

sen, nach Venedig zu übersiedeln; hier erhält er eine gutbezahlte Stelle
an der Handelskammer und heiratet ein Mädchen aus der angesehenen
Familie Barilli; zwei Brüder stehen als Staatsräte in den Diensten des
Herzogs von Parma. Aus dieser Verbindung geht Giulio Goldoni hervor.
– Nach dem frühen Tod seiner ersten Frau hat Carlo Goldoni das Glück,
eine wohlhabende Witwe mit zwei Töchtern kennenzulernen; kurzent-
schlossen heiratet er die Mutter und bestimmt die ältere Tochter für seinen Sohn, was den Vorzug hat, daß die vermutlich besonders üppige Mitgift – die Braut hinkt ein wenig – in der Familie bleibt: *Ihr ganzes Vermögen kam in die Hände meines Großvaters,* für den es eine Selbstverständ-
lichkeit gewesen zu sein scheint, über dieses Geld, das ihm nicht gehörte,
nach Belieben verfügen zu können: *Er liebte das Vergnügen und stimmte
sehr gut zu der venezianischen Munterkeit. Er hatte ein schönes Landhaus
[…] gemietet und lebte da unter beständigen Lustbarkeiten. […] Er gab
Opern und Komödien in seinem Hause: die besten Schauspieler, die be-*

33

rühmtesten Virtuosen standen in seinem Sold. Von allen Seiten strömten ihm Besucher zu. In diesem Geräusch, in diesem Überfluß bin ich geboren. Konnte ich da die Schauspiele verachten und ein Feind der Fröhlichkeit werden?

Meine Mutter brachte mich fast ohne Schmerzen zur Welt und liebte mich deshalb nur desto mehr. Als ich das Licht zum erstenmal erblickte, kündigte ich mich nicht durch Schreien an. Dieses sanfte Wesen verriet gleich anfangs meinen friedfertigen Charakter, der sich in der Folge auch niemals verleugnet hat. Ich war der Liebling des Hauses. […] Meine Mutter sorgte für meine Erziehung, mein Vater für mein Vergnügen. Er ließ ein Marionettentheater bauen […], und ich fand in einem Alter von vier Jahren diesen Zeitvertreib ganz köstlich.

Im Jahr 1712 starb mein Großvater. […] Dies ist der Zeitpunkt einer schrecklichen Veränderung in unserer Familie, die auf einmal aus dem besten Wohlstand in die unbehaglichste Mittelmäßigkeit herabsank. Mein Vater hatte nicht die Erziehung erhalten, die er hätte erhalten sollen. […] Er war nicht imstande, das Amt seines Vaters zu behalten […]. Die freien Güter in Modena waren längst verkauft, die substituierten verpfändet. […] Zum Übermaß des Unglücks brachte meine Mutter ein zweites Kind zur Welt, meinen Bruder Giampaolo Goldoni. Mein Vater geriet hierüber in nicht geringe Verlegenheit […]. Er tat, um sich zu zerstreuen, eine Reise nach Rom. Meine Mutter blieb allein mit ihrer Schwester und ihren beiden Kindern an der Spitze des Hauses. Den jüngeren Sohn gab sie in Pension und beschäftigte sich einzig mit mir.[43]

Es sind also ziemlich chaotische Verhältnisse, in denen der junge Carlo Goldoni aufwächst; aber das allgemeine Durcheinander bewegt sich doch in einer bestimmten Richtung: mit der Familie geht es kontinuierlich bergab, und das Chaos hat ein Zentrum, den Großvater. Obwohl Carlo Goldoni der Ältere das gesamte Vermögen der Familie verschleudert, hinterläßt er ein Erbe, in das sich Sohn und Enkel gleichermaßen teilen können: fröhlichen Leichtsinn und naive Verantwortungslosigkeit. In bewußtem Gegensatz zu Rousseau, der vom Augenblick der Geburt an von Schuldgefühlen gepeinigt wird – «ich kam schwächlich und krank zur Welt; ich kostete meiner Mutter das Leben, und meine Geburt war das erste meiner Mißgeschicke»[44] –, genießt Goldoni, dem nach dem frühen Tod zweier älterer Geschwister die ganze Liebe und Fürsorge der Mutter gilt, in vollen Zügen seine Sonderstellung innerhalb der Familie. Sein Leben lang wird er den jüngeren Bruder Giampaolo als liederliche und nichtsnutzige Existenz darstellen und ihn schließlich in seiner Komödie *L'Impostore (Der Betrüger)* als willfähriges Instrument eines Betrügers verewigen, ohne auch nur einen Anflug von Verständnis zu zeigen oder ihm jemals seine benachteiligte Stellung zugute zu halten. Die Behauptung, seine Geburt sei *fast ohne Schmerzen* verlaufen, ist wohl vor allem als der Versuch zu verstehen, die besondere Innigkeit zwischen der

Mutter und ihm von jeder Beeinträchtigung freizuhalten. Ein weiteres Motiv aber mag immerhin eine Rolle gespielt haben. Goldoni enthält sich zwar jeder Kritik an der christlichen Religion, und er ist auch alles andere als ein philosophischer Kopf, aber er ist doch von den antimythologischen Tendenzen aufklärerischen Denkens soweit durchdrungen, daß ihm der Gedanke einer metaphysischen Schuld des Menschengeschlechts fremd bleiben muß. Nach dem Zeugnis der Bibel ist der Geburtsschmerz nicht ein Teil des ursprünglichen Schöpfungsplans, sondern er wird der Menschheit erst nach dem Sündenfall auferlegt, als untilgbare Erinnerung an die Erbsünde, deren jeder Mensch teilhaftig ist. Einen solchen, über das einzelne Individuum hinausreichenden Schuldzusammenhang hätte Goldoni zweifellos nicht akzeptiert; daher dürfte ihm auch die verdeckte Spitze gegen die religiöse Überlieferung, die in seinem Privatmythos von der schmerzlosen Geburt zweifellos auch enthalten ist, weder entgangen noch unerwünscht gewesen sein. Mögen die übrigen Menschen denken und glauben, was sie wollen – er jedenfalls, Carlo Goldoni, läßt sich von derart trübseligen Lehren nicht beeindrucken.

Der Verfasser der *Memoiren* leugnet zwar nicht, daß die Familie nach dem Tod des Großvaters in ernsthafte finanzielle Schwierigkeiten gerät, aber er relativiert die Mißwirtschaft des alten Goldoni durch den Hinweis auf die Begeisterung für die Bühne, den Enthusiasmus für alle Arten von Spektakel, die der künftige Autor auf diese Weise schon habe entwickeln können. Das ist die Perspektive, in der Goldoni sein Leben sehen will – aber sie entspricht nicht den Tatsachen. In Wirklichkeit ist Carlo Goldoni der Ältere bereits seit vier Jahren tot, als der Enkel geboren wird; dieser hat ihn also nicht gekannt, seinen Theateraufführungen niemals beigewohnt. Entfernt man aber aus der Kindheitsgeschichte, wie sie in den *Memoiren* erzählt wird, den Großvater, so ist es, als gingen auf der Bühne plötzlich alle Lichter aus: Nicht erst seit 1712, schon wesentlich früher befindet sich die Familie in desolaten Verhältnissen; von allem Glanz bleibt nicht mehr übrig als das Marionettentheater, das der Vater, der seine Stellung wegen Unfähigkeit verloren hat und seitdem offenbar keiner geregelten Beschäftigung nachgeht, zusammen mit einigen Kumpanen aufgebaut hat, um seinen Sohn zu *amüsieren*; ihn auch zu *erziehen*, dazu ist er, der selbst vernachlässigt worden ist, nicht in der Lage. Trotzdem dürfte nicht nur individuelles Fehlverhalten die Familienmisere verursacht haben; Goldoni wird zu einer Zeit geboren, in der der wirtschaftliche Niedergang der Republik bereits zu Auflösungserscheinungen in weiten Kreisen der Bevölkerung geführt hat. Der Ruin seiner Familie ist insofern typisch für große Teile des Bürgertums wie des Patriziats. Auch Carlo Gozzi schildert, wie die wirtschaftliche Misere den Familienverband auflöst; die Kinder müssen frühzeitig das Elternhaus verlassen, das sie nicht mehr ernähren kann. Einer der Höhepunkte seiner «Unnützen Erinnerungen» ist, nach dem Ende der militärischen

Dienstzeit in Dalmatien, das Wiedersehen mit dem Stammsitz der Familie: «Nachdem wir eine breite Marmortreppe emporgestiegen waren, bot sich auf der letzten Stufe meinen Blicken das traurige Gespenst der Not. Das Pflaster des großen Saales wies tiefe Löcher auf; die zerschlagenen Fenster ließen dem Winde aus allen Himmelsrichtungen freien Zugang, von den Wänden hingen die Reste der Tapeten schmutzig und in Fetzen zerrissen herunter. Keine Spur mehr von der herrlichen, antiken Bildergalerie [...]. Ich fand nur zwei Bilder meiner Ahnen, eines von Tizian, das andere von Tintoretto. Ich sah sie an, und sie blickten traurig auf mich, als ob sie mich um den Grund der Einsamkeit und Verwahrlosung, in der sie zurückgeblieben, befragen wollten.»[45] Jedenfalls ist im Jahre 1712, das in den *Memoiren* als das Todesjahr des Großvaters angegeben wird, die Familie Goldoni bereits in voller Auflösung begriffen; sie wird auch später nur noch sporadisch zusammenfinden. Nur die Veränderung der Daten macht es möglich, die Kindheit so darzustellen, wie der Reformator des italienischen Theaters sie als die eigentlich ihm gemäße – und damit als die einzig «wahre» – versteht.

Eine Grundregel der vertraulich-geselligen Konversation, die Goldoni sich zum Vorbild für seine *Memoiren* genommen hat, ist es, das Selbstverständnis des Gesprächspartners nicht zu kritisieren und die Person, als die er sich darstellt, nicht in Zweifel zu ziehen. Aber indem Goldoni getreulich wiedergibt, wie die anderen Menschen sich selbst einschätzen und wie sie sich darstellen, kann er natürlich nicht verhindern, daß der Leser sich allmählich sein eigenes Urteil bildet: hieraus entspringt die diskrete, dabei aber höchst wirkungsvolle Ironie, die eines der wesentlichen Stilmerkmale der *Memoiren* ist. Das erste Opfer dieser Technik ist Giulio Goldoni. Was er über seine – angeblich mit der Promotion abgeschlossenen – medizinischen Studien in Rom während der vier Jahre seiner Abwesenheit berichtet, wird natürlich nicht in Zweifel gezogen, ebensowenig der Erfolg, den er zunächst in Perugia hat: *Er gebrauchte die Vorsicht, alle Krankheiten, die er nicht kannte, zu vermeiden: seine Patienten wurden gesund, und der venezianische Doktor war nun weit und breit der Modedoktor.* Aber es ist nicht zu vermeiden, daß der Sohn seine eigenen Beobachtungen macht: da ist die überstürzte Abreise aus Perugia, angeblich veranlaßt durch den Neid der anderen Ärzte. Genauere Einblicke in die Praxis bleiben nicht aus: *Ich besuchte den größten Teil seiner Kranken mit ihm, befühlte den Puls, betrachtete den Urin, untersuchte den Auswurf [...].*[46] Das sieht eher nach Quacksalberei aus als nach seriöser Medizin, auch wenn im 18. Jahrhundert beides noch kaum voneinander zu unterscheiden ist; immerhin erscheint schon in Machiavellis Komödie «La Mandragola» (erschienen 1518) die Urinschau als die bevorzugte diagnostische Methode der Scharlatane. Alles in allem ist Giulio Goldoni auch nach den Jahren des sogenannten Medizinstudiums derselbe geblieben: Er ist rücksichtslos aus Leichtsinn, und obwohl er den Kopf ständig voller Pläne hat, verhält er sich planlos, sprunghaft bis zur Konfusion. Als er in Perugia erfährt, daß sein Sohn eine Komödie verfaßt hat, ist er so geschmeichelt, daß er ihn augenblicklich zu sich ruft, ohne jedoch eine bestimmte Absicht damit zu verbinden und ohne einen Gedanken an die Mutter zu verschwenden. *Mein Vater beschloß, mich zu sich zu nehmen: das war ein Dolchstoß für meine Mutter; zuerst widerstand sie, dann zögerte sie, schließlich gab sie nach. [...] Meine Bündel sind geschnürt, der Augenblick der Abreise naht, nun heißt es scheiden. Ich sage nichts von den Tränen meiner zärtlichen Mutter; wer selbst Kinder gehabt hat, kennt diese grausamen Augenblicke.*[47] Die Art und Weise, in der der Vorgang geschildert ist, läßt allerdings erkennen, daß auch Sohn Carlo, hierin ganz der Vater, wenig Neigung verspürt, sich allzu lange bei den Gefühlen einer Frau aufzuhalten: nach dem Wort vom *Dolchstoß* kehren sehr rasch wieder Ruhe und Ordnung ein durch die rhythmische Reihung und Parallelisierung der folgenden Sätze, die im französischen Original noch deutlicher als in der Übersetzung die Vergeblichkeit des Widerstandes *(elle résista d'abord, elle hésita ensuite, et finit par céder)* wie die Zwangsläufigkeit des Geschehens *(Les paquets sont faits, l'instant arrive, il faut partir)* unmittelbar nachvollziehen, bevor abschließend der eine Fall als einer von vielen und damit stark relativiert erscheint. Das ist Frauenschicksal. Goldoni wußte jedenfalls, warum er auf die Frage, was alles dazu gehöre, glücklich zu sein, fast an oberster Stelle nannte, *als Mann geboren zu sein.*[48]

Mit dem inkonsequenten und schwachen Vater, der den in ihn gesetzten Erwartungen so wenig gerecht wurde, ist Goldoni später auf eigene Art fertig geworden. Eines Tages, so berichtet er, habe ihn sein Vater aus dem Zimmer einer jungen Patientin gewiesen, um die Kranke, die *viel hübscher als ehrbar* war, allein zu untersuchen. Als sein Sohn wenig später wiederkommt, um der Patientin, die überhaupt nicht leidend aussieht, ebenfalls eine Visite abzustatten, wird auch er von der Mutter der Kranken allein gelassen; plötzlich erscheint der Vater und bereitet der zweifelhaften Idylle ein abruptes Ende: *Sein Gesichtsausdruck ist finster und entschlossen; der Kranken macht er Vorwürfe, mich packt er am Arm, zerrt mich hinaus [...] und auf die pathetischste Weise von der Welt weist er mich zurecht, überschüttet mich mit Vorwürfen und ermahnt mich; fast in der gleichen Art wie Pantalone in meiner Komödie «La buona Moglie», als er Pasqualino in der Kneipe überrascht.*[49] Goldoni sagt also gerade nicht, der heftige Auftritt im Zimmer des kranken Mädchens habe der Komödienszene als Modell gedient. Im Gegenteil. In der Komödie ist Pantalone der strenge, aber auch gütige und zum Verzeihen geneigte Vater, der den auf Abwege geratenen Pasqualino dazu bringen will, zu seiner Familie zurückzukehren; allerdings ist er nicht bereit, die eigenen Prinzipien in Frage stellen zu lassen. Von alledem ist bei Giulio Goldoni nicht viel zu entdecken, ausgenommen vielleicht den Auftritt im Zimmer des (vermutlich geschlechtskranken) Mädchens; hier verhält er sich endlich einmal geistesgegenwärtig und entschlossen. Wenn der Sohn nun sagt, dieses eine Mal habe ihn der Vater an eine von ihm, Carlo, geschaffene Gestalt erinnert, dann hat sich das Verhältnis endgültig umgekehrt: der Sohn ist es, der mit seinem Werk das Vorbild hervorgebracht hat, das der Vater in der Wirklichkeit nicht war.

Unklar bleibt, was es mit dem angeblich kranken Mädchen wirklich auf sich hatte; nach dem kupplerischen Verhalten der Mutter zu urteilen, könnte es sich auch um einen der nur notdürftig verhüllten Fälle von Prostitution gehandelt haben, die «nicht selten» waren; eine Folge der fortschreitenden Verarmung der Bevölkerung. Wie Rousseau berichtet, war es verbreitete Praxis in Venedig, daß Mütter gegen Entgelt ein künftiges Anrecht auf ihre noch sehr jungen Töchter («elf bis zwölf Jahre»[50]) verkauften, wobei es dem Freier zufiel, einstweilen für die Erziehung des Mädchens zu sorgen. Auf diese Weise glaubte man, der Ansteckung mit einer Geschlechtskrankheit vorbeugen zu können; um Kosten zu sparen, konnten auch zwei Freunde zusammenlegen und gemeinsam in ein Mädchen investieren. Der vierzehnjährige Carlo Goldoni jedenfalls erleidet nach der verunglückten Visite zum erstenmal einen jener *hypochondrischen oder melancholischen Anfälle,* denen er, *von Natur munter*, von Zeit zu Zeit unterliegt[51]; offenbar wird die Krise ausgelöst durch die plötzliche Verbindung, die erwachender Sexus und Krankheit miteinander eingehen, oder auch durch die als Schock erfahrene Ahnung, der Rivale des Vaters zu sein. Alle Symptome aber sind verflogen, als die Eltern ein Einsehen haben und dem Sohn erlauben, die Medizin aufzugeben, um eine Laufbahn als Advokat ins Auge zu fassen; besonders die Mutter verspricht sich viel von der Protektion eines Marchese Goldoni in Mailand, vor allem wohl aufgrund des gleichen Namens: *Wenn er mich für sich einsetzte, könnte ich leicht als einer seiner Angehörigen gelten.* Der unverzüglich in die Tat umgesetzte Beschluß, den Sohn in Begleitung der Mutter nach Venedig zu schicken, damit er dort als vierter Schreiber in der Kanzlei seines Onkels Paolo Indric die Anfangsgründe der juristischen Wissenschaft erlernen könne, erweist sich allerdings als voreilig, da die Gerichtspraxis in Venedig eine ganz andere ist als die in Mailand, wo der zukünftige Anwalt sich niederlassen soll. Da jedoch in unmittelbarer Nachbarschaft der Kanzlei sich das Theater San Samuele befindet, *wo damals die beste Schauspielertruppe Italiens spielte*[52], sieht der junge Goldoni den Aufenthalt in Venedig natürlich nicht als verlorene Zeit an.

Die Tätigkeit bei dem Prokurator Indric, im Jahre 1721, ist bereits die vierte Station in der wechselvollen Ausbildung Goldonis, wenn man das medizinische Praktikum bei Vater Giulio gelten lassen will. Nach dem Unterricht bei einem Hauslehrer, vermutlich einem Geistlichen, hatte Goldoni die Schule der Jesuiten in Perugia besucht, wo er durch seine Lateinkenntnisse auffiel; das sich anschließende Studium der Philosophie bei den Dominikanern in Rimini flößt ihm *tödliche Langeweile* ein, da hier sich noch alles in den Bahnen scholastischer Formeln bewegt. *Ja, Philosophie –*, rechtfertigt er später vor dem Vater die Flucht aus Rimini, die sich im übrigen in Gesellschaft einer Komödiantentruppe höchst angenehm gestaltet hatte, *aber scholastische Philosophie, syllogismi, enthymemata, sophismata, die nego, probo, concedo! [...] Ach, mein Vater [...], lassen Sie mich die Philosophie des Menschen lernen, brauchbare Moral, Experimentalphysik.* Der vorzeitige Abschied von Rimini und die Reise nach Chioggia in Gesellschaft der Komödianten wird in den *Memoiren* mit besonderer Sorgfalt und Ausführlichkeit gestaltet:

Es waren zwölf Personen, Schauspieler und Schauspielerinnen, dazu ein Souffleur, ein Theatermeister, ein Garderobenaufseher, acht Bediente, vier Kammermädchen, zwei Ammen, Kinder jeden Alters, Hunde, Katzen, Affen, Papageien, Vögel, Tauben, ein Lamm – eine Arche Noah!

Das Fahrzeug war sehr geräumig und hatte viele kleine Abteilungen. Jedes Frauenzimmer bekam eine eigene Nische mit Vorhängen. Für mich hatte man zur Seite des Directeurs ein gutes Bett zurecht gemacht, und jedermann war zufrieden.

Der Oberaufseher der Reise, der zu gleicher Zeit das Amt eines Kochs und Kellners verwaltete, läutete mit einer kleinen Glocke, die das Zeichen zum Frühstück gab, und alsbald versammelte sich die ganze Gesellschaft in einer Art von Saal, den man mitten im Fahrzeug über den Kasten, Ballen und Bündeln frei gehalten hatte. Auf einer ovalen Tafel waren Kaffee, Tee, Milch, Braten, Wein und Wasser aufgesetzt.

Die erste Liebhaberin verlangte Fleischbrühe; es war keine vorhanden, und sie geriet in Wut hierüber. Man hatte alle Mühe von der Welt, sie mit einer Tasse Schokolade zu besänftigen. Sie war die häßlichste von allen Schauspielerinnen und zugleich die eigensinnigste.

Nach dem Frühstück schlug man in Erwartung des Mittagessens ein Spiel vor. Doch war es hierbei mehr auf das Vergnügen als auf den Gewinn abgesehen. Hierauf hielt der Directeur sehr. Man spielte, lachte, scherzte, neckte sich, bis die Zeit zum Mittagessen herbeikam.

Makkaroni! Jeder fällt begierig darüber her; im Nu sind drei Schüsseln geleert. Roastbeef, kaltes Geflügel, ein Kalbsrücken, ein Nachtisch, köstlicher Wein – ah, die herrliche Mahlzeit! Es gibt doch kein gutes Gericht ohne Appetit.

Wir blieben vier ganze Stunden bei Tisch. Man spielte auf verschiedenen Instrumenten und sang viel. Die Soubrette sang vorzüglich, zum Bezaubern. Ich betrachtete sie aufmerksam. Sie machte einen sonderbaren Eindruck auf mich. Aber ach! ein unglücklicher Zufall störte die Fröhlichkeit der ganzen Gesellschaft. Eine Katze, der Liebling der Primadonna, war aus ihrem Käfig entwischt: diese rief die ganze Welt zu Hilfe. Man gab sich alle Mühe, ihrer habhaft zu werden, allein die Katze, wild und eigensinnig wie ihre Gebieterin, ging durch, sprang wie der Blitz hierhin, dorthin, ent-

schlüpfte, versteckte sich und erstieg endlich in der Angst den Mast. Ein Matrose stieg hinauf, sie herabzuholen, allein die Katze sprang ins Meer und ertrank. Man denke sich die Verzweiflung der Primadonna. Kein Tier, das ihr in den Weg kam, war seines Lebens sicher. Ihr Kammermädchen selbst sollte ihren Liebling in das Grab begleiten. Jedermann nahm die Partei des armen Mädchens, der Streit wurde allgemein. Endlich kam der Directeur dazu. Er lachte darüber und suchte die betrübte Dame zu besänftigen. Sie fing nun selbst an zu lachen, und die arme Katze war vergessen.[53]

Die Schiffsreise mit den Komödianten ist zur berühmtesten Episode der *Memoiren* geworden. Ganz unerheblich wäre die Frage, ob sich tatsächlich alles in der beschriebenen Weise abgespielt habe, oder ob es sich nicht eher um ein Sehnsuchtsbild handelt, mit dem der alte Komödiendichter das Glück des Aufbruchs noch einmal zu beschwören versucht. Gewiß, es waren *schlechte* Schauspieler, die in Rimini ihre *tristen*[54] Komödien spielten, aber sie bilden zusammen eine Welt im kleinen, und Goldoni, der dem mittelalterlichen Zwangssystem der Dominikaner soeben entflohen ist, erfährt hier zum erstenmal, wo er wirklich hingehört; der Hinweis auf die Arche Noah, die Losgelöstheit von der übrigen Welt durch die besondere Situation unterstreichen die Zusammengehörigkeit dieser buntgemischten Gruppe. Vergegenwärtigt man sich auch die andere Darstellung vollkommenen Glücks, die die *Memoiren* enthalten, so wird unmittelbar deutlich, welche Momente es im einzelnen sind, die die Steigerung des Lebensgefühls auslösen. Über eine Dienstreise, die Goldoni im Rahmen seiner Tätigkeit als Koadjutor des Kriminalkanzlers von Feltre (1729) in eine fünf Meilen entfernte Ortschaft unternehmen muß, ist zu lesen: *Da der Ort in der Ebene lag und der Weg über verschiedene reizende Landgüter und durch schöne Gegenden ging, so lud ich einige meiner Freunde ein, mich zu begleiten. Es waren unserer zwölf Personen, sechs Herren, sechs Damen und vier Bediente, alle zu Pferde. Wir wendeten zwölf Tage auf diese anmutige Expedition. […] Wir gingen sehr oft zu Fuß auf reizenden Wegen, die mit Weinstöcken eingefaßt und von Feigenbäumen beschattet waren. Wir frühstückten Milch und bisweilen auch die tägliche Nahrung der hiesigen Landleute, die aus einem Brei von türkischem Korn, der Polenta heißt, besteht, den wir rösten ließen und dadurch zu einem sehr leckeren Essen machten. Wo wir hinkamen, gab es Feste, Lustbarkeiten und Schmausereien; wo wir den Abend haltmachten, gab es Bälle, welche die ganze Nacht hindurch dauerten. […] Meine Untersuchung wurde in aller Eile in zwei Stunden beendigt. Unserm Vergnügen desto mehr Abwechslung zu geben, kehrten wir auf einem anderen Wege zurück.*[55] Nichts Jenseitiges haftet den Glücksvorstellungen an, die Goldoni in sich trägt; vielmehr sind es einfache, aber gut zubereitete und mit Appetit verzehrte Mahlzeiten, die im Mittelpunkt stehen, was in der früheren Episode zusätzlich dadurch hervorgehoben wird, daß nur an dieser

Giambattista Tiepolo: Burchiello und Gondel. Burchielli waren Personen- und Frachtschiffe, die auf der Lagune, den Kanälen und der Brenta verkehrten

Stelle das Präsens gebraucht wird.[56] Zugleich aber ist der Glückserfahrung bei Goldoni wesentlich, daß sie das einzelne Individuum nicht in sich befangen bleiben läßt: daher sind Natur und Gesellschaft (in der Form des geselligen Umgangs) in beiden Szenen von zentraler Bedeutung. Für die Romantiker dagegen wird die Natur (neben Kunst und Religion) der Bereich sein, in den sie sich aus der geschichtlich und gesellschaftlich geprägten Realität zurückziehen können. Diese Entwicklung bahnt sich schon bei Kant an, der in der «Kritik der Urteilskraft» einmal der Welt der Salons und der kultivierten Konversation das Bild des Mannes gegenüberstellt, der Geschmack und Geist hat, aber dennoch «das Zimmer gern verläßt [...] und sich zum Schönen der Natur wendet, um hier gleichsam Wollust für seinen Geist in einem Gedankengange zu finden, den er sich nie völlig entwickeln kann».[57] Diesen Gegensatz von Natur und Gesellschaft kennt Goldoni noch nicht – im Gegenteil. Die Glückserlebnisse, von denen die *Memoiren* berichten, sind zwar mit Naturerfahrungen verknüpft, aber die schöne Natur wird nur wahrgenommen, insofern sie den Rahmen bildet für eine kommunikative Geselligkeit, die die Zwänge der Alltagswelt hinter sich gelassen hat. Deshalb braucht die Natur in der Beschreibung der Schiffsreise überhaupt nicht erwähnt zu werden, sie erscheint eigentlich nur als ein «Draußen», das allerdings der Situation erst ihre besondere Qualität gibt.

Die Beschreibung der Reise mit den Komödianten aber ist darüberhinaus noch in einer Weise instrumentiert, die nur ihr eigentümlich ist. Was Goldoni über die Liebe zu sagen hat, ist fast immer von Rationalität dominiert, so daß häufig der Eindruck von Herzlosigkeit und Kälte ent-

steht; erotische Liebe in seinen Werken auch nur andeutungsweise spürbar werden zu lassen, ist er in der Regel ganz unfähig. Eine der wenigen
Ausnahmen ist in der Beschreibung der Schiffsreise enthalten: *Die
Soubrette sang vorzüglich, zum Bezaubern. Ich betrachtete sie aufmerksam. Sie machte einen sonderbaren Eindruck auf mich (une sensation
singulière).* Besser als das blasse Wort *Eindruck* bewahrt der französische
Begriff *sensation* das Moment des Körperlichen, das der Vorgang enthält:
in dem starrenden Blick fixiert sich der erwachende Sexus sogleich an ein
Objekt, um es nie wieder lozulassen: Die Soubretten, also die Schauspielerinnen, die sowohl auf der Bühne als auch in ihrem Leben ihren Platz
am Rande oder außerhalb der bürgerlichen Gesellschaft haben, werden
die große Obsession seines Lebens sein, und vielleicht ist die Darstellung
der Liebe in ihrer gutbürgerlichen Verlaufsform bei ihm deshalb oft so
langweilig, weil sie ihn eigentlich nicht interessiert. Erst in diesem Zusammenhang erschließt sich, daß auch das kleine Nachspiel mit dem
Kätzchen der Primadonna nicht nur eine harmlose Arabeske ist; vielmehr führt das Tier, von dem ausdrücklich gesagt wird, es sei ebenso *wild
und eigensinnig* wie seine Herrin, den Komödianten ihr eigenes Leben in
seiner ganzen Unrast und Planlosigkeit vor Augen, bevor es in den Tod
stürzt. Goldoni hat den Schatten der Vergeblichkeit und des Todes, der
sich von hier aus über die ganze Episode legt, nicht ausdrücklich namhaft
gemacht und vielleicht nicht einmal gesehen. Eben deswegen aber hat
der Tod hier den metaphysischen Schauer, der ihm sonst bei diesem
Autor abgeht oder sich allenfalls in den periodisch wiederkehrenden *hypochondrischen oder melancholischen* Anwandlungen bemerkbar macht.
Im übrigen ist für ihn der Tod nicht viel mehr als ein Problem der Hygie-
ne. Zwar wird Goldoni später (1733) mit Entsetzen von dem Schlachtfeld
bei Parma berichten, wo Tausende verstümmelter Leichen liegen, aber
mit der Bemerkung, die benachbarte Republik Venedig habe *Kalk im
Überfluß* geschickt, *um die Toten von der Oberfläche der Erde verschwinden zu lassen*[58], wird auch das Bild des Schreckens ausgelöscht sein.

Durch Vermittlung des mächtigen Senators Goldoni kann sein junger
Namensvetter Ende Dezember 1722 das renommierte und exklusive
Collegio Ghislieri in Pavia beziehen, um sich auf das Jurastudium vorzubereiten. Da es sich um eine päpstliche Institution handelt – der Prä-
fekt ist Apostolischer Protonotar, liest aber auch Kanonisches Recht an
der Universität –, muß sich Goldoni die Tonsur gefallen lassen und den
«collarino», den schmalen weißen Kragen eines Abate anlegen, was allerdings nicht viel zu bedeuten hat; der unterste Rang der geistlichen
Hierarchie ist nicht mehr als die formale Voraussetzung, wenn es etwa
um Stellen geht, die in irgendeiner Weise von der Kirche abhängen. Den
«petit collet» trägt der große Metastasio, als Nachfolger von Apostolo
Zeno jahrzehntelang Kaiserlicher Hofdichter zu Wien, aber auch der lästige Pietro Chiari, der Goldoni in Venedig das Leben schwermachen

wird; Johann Joachim Winckelmann muß konvertieren und geistliches Gewand anlegen, weil er sonst nicht Präsident der Altertümer in Rom werden kann, und auch bei Casanova ist die würdige Tracht nicht gerade Zeugnis einer inneren Einkehr. Die jungen Kollegiaten in Pavia tragen sich elegant und teuer *(englische Tuche, französische Seidenzeuge, gestickte Kleider, Spitzen),* sie lernen *fechten, tanzen, Musik, zeichnen und alle möglichen Gesellschaftsspiele* innerhalb, dazu Hazardspiele außerhalb des Lehrplans: *Diese letzteren waren verboten, wurden aber deshalb nicht weniger gespielt. Vorzüglich kostete mich das Primenspiel viel Geld.* Die Kollegiaten, die sich schon als richtige Studenten fühlen, gefallen sich darin, *von den Leuten in der Stadt wie Garnisonsoffiziere angesehen* zu werden und das verschlafene Provinznest gehörig aufzumischen: *Die Männer verwünschten sie, und die Weiber nahmen sie mit offenen Armen auf.* Auch den jungen Venezianer, dessen niedlicher Dialekt den Damen ganz besonders gut gefällt: *Ich war nicht älter als sechzehn Jahr, lustig und schwach, liebte das Vergnügen und ließ mich hinreißen und verführen.*

Die Umstände, die schließlich zum Hinauswurf Goldonis führen, werden in den italienischen und den französischen *Memoiren* unterschiedlich wiedergegeben. Zunächst muß er sich bei seinen Kameraden unbeliebt gemacht haben. Während er in den *Prefazioni* behauptet, die Protektion des Marchese habe ihm *Neid* und *Feindschaft* eingetragen, wird in den *Memoiren* auf einen gemeinschaftlichen Bordellbesuch angespielt, der durch sein Ungeschick aufgeflogen sei: *Ich mußte mich rechtfertigen und konnte es nicht anders als dadurch, daß ich die Schuldigen angab. In einem solchen Fall muß sich retten, wer kann.* Da die Sache für die beiden Anführer böse endet – einer wird relegiert, der andere landet gar im Gefängnis –, ist anzunehmen, daß der gute Junge aus Venedig für seine Kameraden künftig auf der Abschußliste steht. Wie es schließlich hierzu kommt, wird ebenfalls unterschiedlich geschildert. In der früheren Version erzählt Goldoni, *una bella,* der er in Pavia Treue geschworen, dann aber, in den Ferien, vergessen habe zu schreiben, habe sich schließlich mit einem Einheimischen getröstet, was ihn wiederum veranlaßt habe, den Kameraden sein Leid zu klagen und gemeinsam mit ihnen auf Vergeltung zu sinnen. Das ist Rokoko und jedenfalls gelogen. Ganz anders ist die Darstellung, die in den *Memoiren* gegeben wird: *Die Bürger von Pavia waren von jeher unsere geschworenen Feinde. In den letzten Ferien haben sie eine Verschwörung gegen uns angezettelt. Sie haben […] beschlossen, daß kein Mädchen, das nur einigen Umgang mit uns hätte, einen Bürger der Stadt zum Manne bekommen sollte. Vierzig Personen haben sich schon unterzeichnet. Diese förmliche Akte wurde als ein Umlauf in alle Häuser geschickt. Mütter und Töchter gerieten in große Unruhe, und von diesem Augenblick an sind wir in ihren Augen gefährliche Leute, die man fliehen muß.* Das dürfte den Tatsachen schon sehr viel näher kommen, und zwar sowohl im Hinblick auf die explosiven Zustände in den Universitätsstädten – der «Pennalismus», die wüsten Ausschreitungen der Studenten gegen die Bürger, von Casanova besonders eindringlich geschildert, ist ein gesamteuropäisches Phänomen – als auch auf die Reaktion der Frauen und Mädchen: außer der Ehe haben sie keine Chance, dem Zustand lebenslanger Unmündigkeit im Elternhaus zu entkommen, wenn auch häufig um den Preis neuer Abhängigkeit. Schließlich paßt der Inhalt des Schmähgedichts mit dem Titel *Der Koloß*, das Goldoni, angestiftet von seinen Mitschülern, verfaßt, als Antwort nur auf die in den *Memoiren* geschilderte Kampagne der Bürger von Pavia: *Der kolossalischen Statue der Schönheit in allen ihren Verhältnissen Vollkommenheit zu geben, nahm ich von diesem Frauenzimmer die Augen, von jenem den Mund, von noch einer andern den Busen, usw. Kein Teil des Körpers wurde vergessen.*[59] Der daraufhin ausbrechende Skandal ist so gewaltig, daß keine Protektion mehr den Hinauswurf des Autors verhindern kann, selbst der Erzbischof, der ihm die Tonsur verpaßt hatte, wird vergebens bemüht. Zwei Tage lang schwebt er in Lebensgefahr, ohne es zu wissen. Im Frühjahr 1725 verläßt Goldoni die Stadt, mehr als zwei Jahre sind vertan.

Bis zum Abschluß des Studiums mit der Promotion im Oktober 1731 werden noch mehr als sechs unruhige Jahre vergehen, in denen er mit dem Vater herumreist, zwischendurch auch einen Posten annimmt und, vor allem, in diverse Liebesabenteuer verstrickt wird. Zwar scheint diese Lebensspanne unübersichtlich und zum Teil sogar chaotisch zu sein, auf die Frage jedoch, ob anzugeben sei, wo der Tiefpunkt liege und wo Goldoni sich am ehesten in seinem Element fühle, läßt sich eine überraschend klare Antwort geben.

Seine schwerste Krise erlebt Goldoni 1727 in Modena, wohin er sich auf Geheiß des Vaters begeben hat, um sein Studium zu Ende zu führen. *Dort kam*, heißt es in den *Prefazioni, schlimmer als je zuvor, die Krankheit der Verstimmungen wieder über mich, grausame hypochondrische Anfälle, die mich veranlaßten, das Studium zu unterbrechen; da ich jeden Augenblick zu sterben glaubte, wurde ich fromm*[60], was schließlich sogar zu dem Entschluß führt, Mönch zu werden. Da die italienischen *Memoiren* an dieser Stelle keine weitere Auskunft geben, liegt es nahe, von einem «Nervenzusammenbruch»[61] als Folge der zahlreichen nur knapp überstandenen Abenteuer zu sprechen. Allerdings gibt die französische Version noch eine andere Erklärung für den Ausbruch der Krise. Wenige Tage nach seiner Ankunft in Modena, berichtet Goldoni hier, sei ihm ein *abscheuliches Schauspiel* begegnet, das ihn völlig durcheinandergebracht habe: *Ich sah mitten unter einer Menge Leute ein fünf Fuß hohes Gerüst, auf dem ein Mann mit bloßem Haupt und gebundenen Händen stand. Er war Abbé G… B… V…, ein aufgeklärter Gelehrter, ein guter, bekannter und in Italien sehr geschätzter Dichter. Neben ihm stand ein Geistlicher mit einem Buch in der Hand, ein anderer fragte den Büßenden. Dieser antwortete stolz. Die Zuschauer klatschten in die Hände und munterten ihn auf. Die Vorwürfe wurden heftiger. Der brave Mann, dem man seine bürgerliche Ehre auf eine so schändliche Art raubte, war ganz außer sich. Ich konnte es nicht länger aushalten. Ich ging unruhig, tiefsinnig und wie betäubt hinweg, schloß mich in meine Stube ein und überließ mich den traurigsten Betrachtungen. Großer Gott, sagte ich zu mir selbst, was für Dingen sind wir in diesem kurzen Leben, durch das wir uns so mühselig hinschleppen müssen, nicht alles ausgesetzt!*[62] Die Einfügung der Episode an dieser Stelle hat seit jeher starkes Befremden hervorgerufen. Denn wenn es sich bei dem angeprangerten und inquisitorisch verhörten Mann um den Abate Giovanni Battista Vicini (1709–1782) handelt, woran nicht zu zweifeln ist, dann kann die in den *Memoiren* gegebene Datierung nicht zutreffen: In Wirklichkeit wurde Vicini erst im Jahre 1747 durch das Heilige Officium verhaftet, zum Widerruf gezwungen und im August des folgenden Jahres zu sechs Jahren Gefängnis verurteilt. «Diese Episode, auf die sich kein Hinweis in den Prefazioni Pasquali findet», faßt der Herausgeber der maßgeblichen Goldoni-Ausgabe zusammen, «bleibt also ein Geheimnis, das ganz nach einem Hirngespinst aussieht. Anscheinend hat Goldoni seine Erinnerungen aus dem Jahre '48 in das Jahr '27 verlegt.»[63] Bei dieser Einschätzung ist es geblieben; so ist in einer neueren Arbeit über Goldoni von einer «großen Konfusion»[64] die Rede, die dem Autor hier unterlaufen sei, ohne daß auch nur die Frage aufgeworfen würde, ob er mit diesem allzu offensichtlichen Verstoß gegen die Chronologie nicht eine ganz andere Absicht verfolgt habe, als nur einen «Nervenzusammenbruch» aufgrund eines seiner zahlreichen Abenteuer darzustellen.

Als Goldoni im Alter seine Memoiren in französischer Sprache schreibt, will er mit dieser Krise offenbar etwas ganz anderes sagen, und genau das ist der Grund, weshalb er, gegen alle Chronologie der Tatsachen, an dieser Stelle die Inquisition sprechen läßt. Die Wahrheit der Autobiographie besteht nur zum Teil in den mitgeteilten Tatsachen, vor allem aber in den Konfigurationen, die die berichteten Ereignisse miteinander bilden. Die eigentliche Bedeutung der Krise von Modena und damit auch der Sinn der verkehrten Chronologie erschließen sich erst, wenn man den spannungsvollen Zusammenhang rekonstruiert, in dem sie nur ein, allerdings entscheidendes, Moment sind. Es geht um Goldonis Einstellung zu Religion und Kirche.

«Lieber Goldoni, Sie sind nicht das gewesen, was man einen Frömmler nennt, Sie haben wenig von Gott gesprochen und Sie haben sogar einige ironische Spitzen gegen gewisse Kleriker losgelassen.»[65] Man kann es nicht besser sagen, und dem liebenswürdigen Verfasser dieses imaginären Briefes, Albino Luciani, Venezianer, ist nicht nur deshalb zuzustimmen, weil er später Papst wurde (Johannes Paul I.). In den Komödien Goldonis allerdings findet sich kein Hinweis auf seine Einstellung zu kirchlichen Institutionen und Gebräuchen, da es verboten war, Kleriker auf die Bühne zu bringen. Auch die *Prefazioni* sind in dieser Hinsicht noch sehr zurückhaltend, während die *Memoiren* eine Fülle von antiklerikalen Spitzen enthalten.

Es beginnt ganz harmlos; nach der Ankunft des Zwölfjährigen in Perugia heißt es: *Ich besah die Stadt, und mein Vater führte mich selbst allenthalben herum. Der Anfang wurde mit der prächtigen Kirche des heiligen Lorenzo gemacht, welche die Kathedralkirche des Landes ist. Dort wird der Ring, mit dem der heilige Joseph die Jungfrau Maria ehelichte, aufbewahrt und ausgestellt.* Die Stelle ist zwar frei von nachweisbarer Ironie, allerdings hat schon der zeitgenössische deutsche Übersetzer den letzten Satz stillschweigend gestrichen. – Nach dem Fiasko von Pavia lernt der trostbedürftige und von hypochondrischen Stimmungen heimgesuchte Delinquent während der Heimreise nach Chioggia einen Dominikanermönch kennen, der ihm die Beichte und seine gesamte Barschaft abnimmt, woraufhin er jedes Interesse an dem zerknirschten Sünder verliert. *Wir waren acht Tage unterwegs. Gern hätte ich alle Tage einmal gebeichtet, wenn es mir nicht an Geld zur Buße gefehlt hätte.* In Chioggia beeindruckt der Mönch das Ehepaar Goldoni durch die Reliquie, die er bei sich führt: *Sie mußten sich auf die Knie niederlassen, worauf er sie eine Art von kleiner Schnur mit Eisendraht umwunden sehen ließ. Es war ein Stück von dem Schnürband der heiligen Jungfrau Maria, das selbst ihrem göttlichen Kinde gedient hatte. Der Beweis hiervon wurde augenscheinlich durch ein Wunder, das jedesmal richtig zutraf, bestätigt. «Man wirft»,* sagte er, *«diese Schnur auf glühende Kohlen. Das Feuer verschont die Reliquie, so daß man die Schnur unversehrt zurücknehmen kann. Man taucht sie hierauf in Öl, das ein wundertätiges Öl wird und erstaunende Kuren verrichtet.»* Doktor Giulio, dem eine solche Medizin vermutlich hochwillkommen wäre, überredet die Franziskanernonnen, deren Arzt er ist, sich das Wunder vorführen zu lassen. Als endlich die Behörden einschreiten, stellt sich heraus, daß es sich bei der heiligen Schnur um einen Eisendraht handelt. – Während der Reise nach Modena überrascht der Führer des Postschiffes, Bastia, bei einbrechender Nacht seine vierzehn Passagiere mit der höflichen Aufforderung, mit ihm den Rosenkranz und das Ave Maria zu beten. Die Passagiere gehorchen, mit Ausnahme von drei Männern, *die den Hut aufbehielten, sich gegenseitig angrinsten, uns nachahmten und sich über uns lustig machten.* Der Fährmann ärgert sich, wagt aber nichts zu sagen, bis man ihm eröffnet, daß es sich um drei Juden handelt. Bastia wird wütend und schreit wie ein Besessener: *«Was! Ihr seid Juden, und zum Abendbrot habt ihr Schinken gegessen!»* Auf diese plötzliche Wendung hin lachen alle, auch die Juden. Der Fährmann aber redet weiter: *«Ich beklage»,* sagte er, *«die Unglücklichen, die unsere Religion nicht kennen; aber ich verachte alle, die gar keine Religion haben.»* Nach Ankunft in Modena nimmt Goldoni, der mittlerweile einen ziemlich apathischen Eindruck macht, Bastias Einladung an, als Pensionsgast bei ihm Wohnung zu nehmen. Kurz darauf läßt der Anblick des von den Mönchen öffentlich gedemütigten Abate Vicini ihn erschauern. Bastia hingegen, dem er voller Abscheu von dem Vorfall berichtet, findet die Zeremonie *herrlich und exemplarisch*; von ihm erfährt Goldoni, daß der Angeklagte schließlich habe nachgeben und förmlich widerrufen müssen; anschließend sei er ins Gefängnis geworfen worden. Diese Nachricht hat Goldonis Zusammenbruch zur Folge; er gibt sein Studium auf und geht nur noch außer Haus, um mit Bastia die Messe zu besuchen. *Er war sehr mit mir zufrieden [...]. Mein Entschluß war gefaßt, ich hatte mir fest vorgenommen, dem Kapuzinerorden beizutreten.*[66] Der herbeigerufene Vater reagiert einfühlsam und geschickt: unter dem Vorwand, ihn einem Oberen des Ordens vorstellen zu wollen, lockt er seinen Sohn nach Venedig, wo dieser alsbald wieder zu sich kommt.

Von «großer Konfusion» kann also keine Rede sein. Die Episode fügt sich vielmehr so konsequent in den Handlungsablauf ein, daß ohne weiteres erkennbar ist, weshalb Goldoni den Bruch der Chronologie in Kauf genommen hat. Sein Ziel war darzustellen, daß Dummheit und Aberglaube, die das religiöse Leben überwuchert haben, in jedem einzelnen Fall zwar durchschaubar und lächerlich sein mögen, daß die Summe aller Torheiten sowie die beispiellose Unmündigkeit, in der die Bevölkerung gehalten wird, insgesamt jedoch ein Klima hervorbringen, in dem der Gewissenszwang triumphiert und die Zerstörung der Menschenwürde die Folge ist. Zwar ist das Verhalten der drei Juden, die sich über das Gebet der anderen Passagiere lustig machen, durchaus verwerflich, bezeichnend ist aber auch die Bemerkung Bastias, nachdem sich herausgestellt hat, daß sie die Gebote ihrer eigenen Religion nicht achten; wenn er sagt, daß es ihm nicht einmal so sehr auf die christliche Lehre ankomme, sondern darauf, daß die Menschen sich überhaupt einer Religion unterordneten, dann ist der Sachverhalt ausgesprochen, um den es hier eigentlich geht: in den religiösen Praktiken seiner Zeit sieht Goldoni keine Inhalte mehr, nur noch einen Zwangsmechanismus, dessen Funktion es ist, selbständiges Denken zu verhindern und die Persönlichkeit zu zerbrechen.

Zwar ließe sich auch noch nach der Krise von Modena die Auffassung vertreten, Goldoni habe gar nicht die christliche Religion als solche angegriffen, sondern sich immer nur mit Fehlentwicklungen des religiösen Lebens beschäftigt, mit Äußerlichkeiten also, die an die Substanz des Christentums nicht heranreichten. Je weiter aber die Erzählung der Lebensgeschichte fortschreitet und die Zahl der kritisch-ironischen Äußerungen zunimmt, desto fraglicher wird, ob dieser bequeme Ausweg hier wirklich gangbar ist. Noch dreißig Jahre nach der Begegnung mit dem betrügerischen Dominikaner und dem Eiferer Bastia betont Goldoni vor allem die schäbigen und lächerlichen Aspekte der religiösen Praxis: *Ich bezahlte ihn, ohne viel zu handeln,* schreibt er, kurz vor der Ankunft in Rom, in dem von schwunghaftem Devotionalienhandel lebenden Wallfahrtsort Loreto, nachdem er einige fromme Gegenstände erworben hat; *der gute Mann machte das Zeichen des Kreuzes mit dem Gelde, das ich ihm gegeben hatte, und ich verließ ihn sehr erbaut.* Es ist zwar nicht das erste Mal, daß Goldoni die Verbindung von Frömmigkeit und Erwerbssinn persifliert, aber es verleiht der Situation doch noch eine zusätzliche Schärfe, daß er die eigentlich schon blasphemische Geste des Händlers den Auftakt zu seinem Aufenthalt in Rom bilden läßt. Hier widerfährt ihm die hohe Ehre, von Papst Clemens XIII. empfangen zu werden: *Dieser Papst, der aus Venedig gebürtig ist [...], empfing mich auf das gnädigste. Er unterhielt mich drei Stunden lang, sprach immer von seinen Neffen und Nichten und war sehr vergnügt über die guten Neuigkeiten, die ich von ihnen zu erzählen hatte. Seine Heiligkeit griffen nach der Klingel, die auf dem Tische stand. Das war für mich das Zeichen zum Aufbruch. Ich machte, indem ich mich entfernte, tiefe Verbeugungen und Danksagungen, allein der Heilige Vater schien nicht ganz zufrieden. Er bewegte die Füße, die Arme, er hustete, er sah mich an, sagte aber nichts. Welch eine Gedankenlosigkeit von meiner Seite! Entzückt und ganz durchdrungen von der Ehre, die mir widerfahren war, hatte ich ganz vergessen, den Fuß des Nachfolgers Petri zu küssen. Endlich komme ich zu mir, ich falle auf die Knie, Clemens XIII. überhäuft mich mit seinen Segnungen und ich entferne mich, ganz erschüttert über meine Dummheit und aufgerichtet durch seine Nachsicht.*[67] Angesichts dieser Szene versteht man plötzlich, warum Goldoni in den fünfziger Jahren sich den unversöhnlichen Haß des konservativen Grafen Carlo Gozzi zuziehen wird, obwohl er doch alles andere als ein Revolutionär ist. Goldonis ironischer Blick wirkt zersetzend und ist insofern gefährlicher für die Grundlagen der alten Ordnung, als es der Aufruf zu revolutionärer Gewalt wäre, das hat Carlo Gozzi ganz richtig erkannt. Es spricht für sich, daß Goldoni auch hier, beim Zusammentreffen mit dem Oberhaupt der katholischen Christenheit, wiederum nur die allzumenschliche, ein wenig lächerliche Seite der ganzen Angelegenheit wahrnimmt. Gewiß: in Beziehung auf die christliche Religion kein böses Wort, hier wie überall; aber auch kein gutes. Religion ist für Goldoni vor allem eine von Menschen geschaffene Institution, die daher mit Mängeln behaftet, zu kritisieren und gegebenenfalls auch zu persiflieren ist; der Gedanke, sie könnte darüberhinaus auf eine Dimension verweisen, die alle menschliche Bedingtheit und Endlichkeit hinter sich ließe, liegt ihm ganz fern, wie ihm wohl jegliche Unterscheidung zwischen Wesen und Erscheinung als Relikt jenes scholastischen Geklappers erschienen wäre, das er in Rimini endgültig hinter sich gelassen hatte.

Auf dem Kupferstich, der als Frontispiz dem neunten Band der Edizione Pasquali beigegeben ist, ist ein galgenartiges Gerät zu sehen, an dem ein Gefangener hängt, den man an den auf den Rücken gedrehten Handgelenken gefesselt und anschließend in die Höhe gezogen hat; er wird gerade einem Verhör unterzogen. Es handelt sich um das sogenannte

Frontispiz von Band IX der «Opere di Carlo Goldoni»
(Edizione Pasquali)

Pendel, ein Verfahren, das als relativ harmlos gilt und «das Opfer nicht
selten auf weitere, schwerere Foltern vorbereitet. […] Die Handgelenke
des Opfers werden auf dem Rücken gefesselt, ein Seil wird an den Fesseln
befestigt und das Opfer hochgezogen. Sofort bricht jede Schulter mit
Schulterblatt und Schlüsselbein aus den Gelenken […].»[68] Auf der Abbil-

dung, die der «Constitutio criminalis» von Maria Theresia (Wien 1769) beigefügt ist, sind außerdem zwei Gewichte unterschiedlicher Größe zu erkennen, die dem Opfer zusätzlich an die Füße gebunden werden konnten. Sie fehlen auf der für die *Prefazioni* verwendeten Darstellung, bei der es sich nicht, wie man auf den ersten Blick meinen könnte, um das Verhör jenes Unglücklichen handelt, das der Verfasser der *Memoiren*, zurückblickend, mit einem der Tiefpunkte seiner Lebensgeschichte in Zusammenhang bringt. Vielmehr ist es Goldoni selbst, der am Schreibtisch sitzt, den Blick nach oben, in Richtung des Angeklagten gewendet, aber mit entzücktem, eher nach innen lauschendem Gesichtsausdruck und spielerisch-geziert erhobener Feder, als erwartete er die Eingebungen der Muse. Das Frontispiz bezieht sich auf die Tätigkeit, die Goldoni in den Jahren 1728 und 1729 in Chioggia und Feltre ausübt. Es handelt sich um einen der glücklichsten Zeitabschnitte seines Lebens.

Der Posten, den Goldoni durch Vermittlung seines Vaters in Chioggioa erhält, ist außerplanmäßig und daher mit keinem Gehalt verbunden, dazu in der Hierarchie an unterster Stelle. Dem venezianischen Patrizier, der für sechzehn Monate zum Gouverneur ernannt ist (mit dem Titel «Podestà»), ist ein Kanzler für Kriminalsachen zugeordnet, der sich wiederum durch einen Koadjutor vertreten läßt; diesem die Arbeit abzunehmen ist Aufgabe des jungen Goldoni, der sofort seine Chancen erkennt: *Diese Stellen sind […] immer angenehm, da man die Tafel bei dem Gouverneur hat und den Umgang der vornehmsten Personen der Stadt genießt. […] Ich genoß alle Annehmlichkeiten der Gesellschaft. Eine gute Tafel, öfters Spiel, Konzerte, Bälle und Feste!* Trotzdem vernachlässigt er dieses Mal seine Arbeit nicht, so daß der Kriminalkanzler, der bald darauf nach Feltre versetzt wird, ihn als seinen Koadjutor mitnimmt. An seiner Arbeit schätzt Goldoni vor allem, daß sie *ein lehrreicher Unterricht zur Kenntnis des menschlichen Herzens* ist und großen psychologischen Geschicks bedarf, damit *die Wahrheit* nach Möglichkeit *ohne Zwangsmittel* herausgefunden werden kann. Dabei sind, wie noch in den *Memoiren* ausdrücklich vermerkt wird, Fangfragen, durch die *schwache oder unwissende Personen* leicht zu überlisten wären, zu vermeiden, vielmehr komme es darauf an, *Geist und Charakter des zu Verhörenden ein wenig zu kennen oder zu versuchen, ihn zu erraten.* Sollte auf diesem Weg kein Erfolg zu erzielen sein, dann allerdings müssen jene Mittel eingesetzt werden, auf die in den *Memoiren* nur in allgemeiner Form angespielt wird. In den *Prefazioni* dagegen finden sich zu diesem Komplex einige Sätze, die zu den aufschlußreichsten in Goldonis autobiographischen Schriften überhaupt gehören: *Anfänglich machte es mir etwas aus, einen an einem Seil aufgehängten Menschen vor mir zu haben und ihn in aller Ruhe verhören zu müssen, wie man auf dem Frontispiz dieses Bandes sehen kann; aber man gewöhnt sich an alles, und bei aller Humanität hat man sich nur nach dem Gesetz und den Pflichten des Amtes zu richten. Was mir aber noch mehr Freude bereitete, weil ich dazu meinen ganzen Verstand zusammennehmen mußte, das war die Zusammenfassung des Verfahrens, durch die der Richter die Informationen erhält, aufgrund derer er dann das Urteil spricht. Diese Arbeit ist nicht leicht, denn man muß die Begriffe, die man dabei gebraucht, genauestens abwägen, um die Schuld des Angeklagten nicht noch zu vergrößern und den Richter gegen ihn einzunehmen; aber sie darf auch nicht zum Schaden der Gerechtigkeit bagatellisiert werden. In diesem Teil meiner Arbeit tat ich mich am meisten hervor [...].*[69] Daß in den mehr als zwei Jahrzehnte später niedergeschriebenen* Memoiren *die Folter nicht mehr direkt erwähnt wird, mag mit der großen Wirkung zusammenhängen, die inzwischen das im Jahre 1763 erschienene Buch von Cesare Beccaria, «Über Verbrechen und Strafen», in dem vor allem Folter und Willkürlichkeit der Prozeßführung kritisiert werden, in ganz Europa hatte. Andererseits aber lassen Goldonis Ausführungen erkennen, daß er noch im Alter sicher ist, sich nichts vorzuwerfen zu haben, was seine Amtsführung betrifft; tatsächlich ist er mit der genauen Einsicht in das prekäre Verhältnis von Wahrheit, Sprache und Gerechtigkeit den Zeitgenossen weit voraus, und die sprachliche Sensibilität und Behutsamkeit seines Vorgehens bei der Zusammenfassung der Verhöre dürfte sich für nicht wenige arme Sünder segensreich ausgewirkt haben. Umso auffälliger ist daher die völlig unbefangene, in sprachlicher Hinsicht fast schon frivole Art und Weise, in der er auf die beim Verhör gegebenenfalls einzusetzenden Foltermethoden eingeht: Die Wendung *man gewöhnt sich an alles*, vor allem aber der saloppe Übergang *noch mehr Freude bereitete mir*, lassen erkennen, daß für ihn ein wirkliches Problem hier gar nicht vorliegt. Wie ist es möglich, daß Goldoni beim Anblick des auf entwürdigende Weise verhörten Abate Vicini zusammenbricht, aber anscheinend nichts dabei findet, vergleichbare Methoden selbst anzuwenden? Daß zwischen beiden Situationen ein Zusammenhang bestehen könnte, ist ihm offenbar niemals bewußt geworden, denn in beiden Fassungen der *Memoiren* wird die Folter stillschweigend als eine zwar bedauerliche, unter Umständen aber unumgängliche ultima ratio des Ermittlungsverfahrens hingenommen. Wahrscheinlich tritt die Widersprüchlichkeit seines Verhaltens deshalb so kraß hervor, weil hier der Ort ist, wo historische Situation und individueller Charakter miteinander vermittelt sind: Im Falle Vicini ist es der Gewissenszwang, der die unmittelbare Teilnahme auslöst, nicht zuletzt auch deshalb, weil Goldoni sich selbst als mögliches Opfer eines solchen Verfahrens sieht; die alte, ständische Ordnung wird durch die Forderung von Glaubensfreiheit allerdings noch nicht in Frage gestellt. Wird hingegen die generelle Abschaffung der Folter gefordert, so setzt dies die Erklärung der allgemeinen Menschenrechte voraus, mit der Folge, daß es schließlich zum Konflikt mit der vorbürgerlichen Ordnung kommen muß. Das aber ist Goldonis Sache nicht: allgemeine, allen Menschen gemeinsame Rechte zu erklären, entspräche weder seinen politischen Überzeugungen (sofern davon bei ihm die Rede sein kann), noch den in seinem Charakter angelegten Möglichkeiten; Mitgefühl mit anderen, die Fähigkeit, sich in sie einzufühlen, ist nicht seine Stärke. In dem von Mönchen gedemütigten Vicini erkennt er sich selbst wieder, in den Angeklagten von Chioggia und Feltre nicht.

Die Arbeit als Ermittlungsbeamter gefällt Goldoni jedenfalls so gut, daß er wohl dabei geblieben wäre und es auch bald zum Kriminalkanzler gebracht hätte; da er, wie er selbst bemerkt, von seinem Vater die Unfähigkeit geerbt hat, sich irgendwo auf Dauer niederzulassen, kommt ihm auch der mit diesen Stellen verbundene häufige Ortswechsel gelegen. Die Mutter jedoch protestiert energisch und redet sogar von «Zigeunerleben»[70]; nach einer verfehlten Ehe mit einem ständig abwesenden Mann will sie nun wenigstens ihren Lieblingssohn in ihrer Nähe wissen. Als Giulio Goldoni, erst achtundvierzigjährig, nach kurzer Krankheit im Januar 1731 stirbt, gibt der Sohn ihrem Drängen nach und beschließt, sein Studium endlich zu einem Abschluß zu bringen. Nachdem er sich von einem jungen Anwalt namens Radi in kürzester Zeit das notwendige Wissen hat einpauken lassen, reist er in Begleitung des Repetitors nach Padua, um an der dortigen Universität das Examen abzulegen. Hier aber haben sich inzwischen unerhörte Dinge ereignet. *Angesichts der Tatsache, daß die öffentliche Vorstellung der Kandidaten nicht mehr als ein Kinderspiel war, daß man die faulenzende Jugend allzusehr begünstigte, daß man die Fragen nach Belieben aussuchen konnte, daß sogar die erforderlichen Argumente mitgeliefert und die richtigen Antworten mitgeteilt wurden, daß man also lauter unwissende Doktoren hervorbrachte, hatte Herr Arrighi in seinem übertriebenen Eifer es durchgesetzt,* daß die Kandidaten vor der Präsentation zunächst eine echte Prüfung abzulegen hätten. *Diese berühmte Verordnung,* setzt Goldoni hinzu, *hätte den Ruin der Universität von Padua bedeutet, wenn sie längere Zeit in Kraft geblieben wäre.* Als Professor Arrighi, der von den Kenntnissen des neuen Kandidaten nicht gerade überwältigt ist, ihm rät, noch eine Weile zu studieren, lehnt Goldoni unter Verweis auf die bereits bezahlten Prüfungsgebühren jede Verzögerung strikt ab und behauptet dreist, sein Ruf sei für immer ruiniert, wenn er ohne Doktorhut nach Hause käme. Tatsächlich verbringt er den folgenden Tag damit, sich *ernsthaft* auf die ihm durch Los zugefallenen Prüfungsgegenstände vorzubereiten, und zwar *bis es Zeit des Abendessens ist*[71]. Dann aber bringen Goldoni und Radi in Gesellschaft einiger Kumpane die Nacht am Spieltisch zu, so daß der Kandidat zur Prüfung antreten muß, ohne auch nur eine Minute geschlafen zu haben. Aber anscheinend schlägt ihm sogar das zum Vorteil, denn er geht, übermüdet und überreizt, ohne die üblichen scholastischen Schnörkel seine Themen direkt an. Das macht Eindruck, und der Kandidat wird ohne Gegenstimme zum Doktor beider Rechte promoviert.

Es ist eine kleidsame Amtstracht, die der junge Anwalt nun anlegen darf, mit Ärmeln, die so weit geschnitten sind, daß sie fast den Boden berühren: außer den Patriziern ist das nur den Anwälten erlaubt. Jedenfalls hat er genügend Zeit, sich an den Attributen seines neuen Standes zu freuen und mit spitzem Bleistift auszurechnen, über welches Einkommen er verfügen könne, wenn es ihm erst einmal gelungen sei, in den kleinen Kreis der Eliteanwälte vorzustoßen. Vorerst allerdings hat er sich damit abzufinden, ohne Bezahlung konsultiert zu werden, denn die Konkurrenz ist groß, und wer einen Fall ergattert, zieht ihn so weit wie möglich in die Länge. Unter diesen Umständen findet Goldoni fast zwangsläufig zur Literatur; mit einer Art Almanach, der sogar mehrfach aufgelegt wird (aber nicht überliefert ist), sieht er sich zum erstenmal gedruckt; außerdem schreibt er eine lyrische Tragödie, *Amalasunta,* nach dem Vorbild Metastasios, dessen Dramen er für seine Zwecke *ausgiebig geplündert*[72] hat. Immerhin setzt er alles auf diese Karte, als er schon wenige Monate später (Januar oder Februar 1733) Venedig verläßt und sich nach Mailand aufmacht, um an der dortigen Oper eine Karriere als dramatischer Autor zu beginnen. Das alles scheint auf einen markanten Einschnitt in seinem Leben zu verweisen.

Tatsächlich aber kann von einem neuen – aus innerer Konsequenz erfolgenden – Ansatz nicht die Rede sein. Goldoni hat sorgfältig darauf geachtet, jedem Kapitel seiner Lebensgeschichte eine einschlägige literarische Erfahrung zuzuordnen, um auf diese Weise sinnfällig zu machen, daß sein Leben von Anfang an sich an einem *Stern,* der künftigen Reform des italienischen Theaters, orientiert habe; wichtige Stationen sind das Marionettentheater der Kindheit, die Lektüre (mit acht Jahren) der noch ganz dem «spanischen» Geschmack des Seicento verhafteten Dramen des Andrea Cicognini, in Perugia die Teilnahme an einer Aufführung der Komödie «La Sorellina di Don Pilone» (1712) von Girolamo Gigli (1660–1722), wobei es dem Jesuitenzögling Goldoni zugefallen war, den Prolog zu sprechen, dessen deklamatorischer, mit steilen Metaphern und verschrobenen Hyperbeln durchsetzter Stil durchaus noch dem «barokken» Geschmack des Publikums entsprach: «Gütigster Himmel! Sieh uns hier gleich Schmetterlingen in den Strahlen deiner glänzenden Sonne schweben und auf den schwachen Flügeln unserer Ausdrücke unsern Flug gegen dein schönes Licht erheben usw.» Vor dem Hintergrund dieser Erfahrungen lernt er die antiken Autoren schätzen, denn sie *kannten die Natur und folgten ihr sorgsam auf dem Fuße nach,* aber sie taten dies *ohne Schleier und ohne Mäßigung,* und sie verstanden es noch nicht, ausgeprägte Charaktere zu entwickeln. Daher ist seine Begeisterung groß, als er mit sechzehn Jahren Machiavellis Komödie «La Mandragola» kennenlernt, die zwar wegen ihres amoralischen und zynischen Inhalts geächtet ist, in Italien aber die moderne Charakterkomödie, aus der die *romanhaften Intrigen* endlich verdrängt sind, hätte begründen können. Leider aber hatte, wie Goldoni feststellen muß, Machiavelli keine Nachfolger gefunden, so daß dieser Ansatz erst von Molière wiederaufgenommen wurde. Damit ist zwar die Situation der italienischen Komödie vor der «Reform» recht genau umrissen (mit Ausnahme der Commedia dell'arte), die Ordnung aber der so sorgfältig aufeinander abgestimmten Stationen seines Lebens ist natürlich Fiktion, ebenso wie die zusammenfassenden, abgewogenen Urteile, die schon dem Heranwachsenden zugeschrieben werden: *Ich entdeckte mit Verdruß, daß diese Nation, die die dramatische Kunst früher als irgendein anderes neueres Volk gekannt hat, einen so wesentlichen Mangel litt. [...] Ich fühlte eine brennende Begierde, mein Vaterland auch hierin sich neben andern Ländern erheben zu sehen, und versprach mir, hierzu etwas beizutragen.* Solche erst im Rückblick sich herstellende Ordnung verschleiert eher den desolaten und chaotischen Zustand, in dem sich die italienische Literatur noch lange nach der Jahrhundertwende befindet. Als Goldoni geboren wird, geht die spanische Herrschaft erst zu Ende, und die Abwicklung der Barbarei, die, als Folge der von der Gegenreformation betriebenen brutalen Kulturvernichtung, das gesamte 17. Jahrhundert unter sich begraben hatte, ist kaum erst eingeleitet. Seit 1690 besteht in Rom die Gesellschaft der Arcadier, deren Programm die Ausrottung des «schlechten Geschmacks» ist; sie wendet sich vor allem gegen Giambattista Marino (1569–1625), dessen Stil geprägt ist durch das «concetto», das Wortspiel mit entlegenen Bedeutungen und Bezügen, das im Dienste der Herstellung des Wunderbaren («meraviglioso») steht. Die Erneuerung der italienischen Poesie soll im Geiste Petrarcas geschehen; Metastasio wird das berühmteste Mitglied der «Arcadia», aber auch Goldoni wird es nicht verschmähen, unter seinem Schäfernamen Polisseno Fegejo eine Anzahl von leichteren, für das Musiktheater betimmten Arbeiten zu veröffentlichen. *Zu großem Dank sind wir den ersten Schriftstellern unseres Jahrhunderts verpflichtet, denn sie haben Italien von den Hyperbeln, den Metaphern, den Überraschungseffekten befreit und die antike Einfachheit des Stils wie die Natürlichkeit des Ausdrucks wiederhergestellt. [...] Die Komödianten allerdings waren die letzten, die sich den wiederhergestellten guten Geschmack zu eigen gemacht haben. Bis in unsere Tage haben sie sich auf das Überraschende und Wunderbare versteift, denn sie kannten nur die schlechten Zustände und waren daher unfähig, von sich aus die Wende zum Besseren zu vollziehen.*[73] In der Tat setzt die Reform des italienischen Theaters zunächst mit einer am französischen Klassizismus des 17. Jahrhunderts orientierten Tragödie ein, «Merope» (1713) von Scipione Maffei (1675–1755), die zum europäischen Erfolg wird und später Voltaire zu einer mehr oder weniger eigenen Fassung veranlaßt (1743). Apostolo Zeno (1668–1750), der das Musiktheater reformiert, gewinnt als Hofdichter in Wien großen Einfluß, der von seinem Nachfolger Metastasio noch übertroffen wird. Nur um die Komödie steht es nach wie vor schlecht;

nach dem gewaltsamen Einschnitt gegen Ende des Cinquecento gibt es so gut wie kein eigenständiges komisches Theater mehr, mit Ausnahme der Commedia dell'arte, die aber längst nicht mehr im eigentlichen Sinne improvisiert wird, sondern nur noch aus einer Aneinanderreihung immergleicher Versatzstücke besteht, die sich höchstens noch nach dem Grad von Vulgarität und Obszönität voneinander unterscheiden: Diese Stücke enthalten keine Schilderung der Sitten, keine Charaktere, «keine Wahrscheinlichkeit; sie bestehen nur aus Intrigen, merkwürdigen Ereignissen, allerlei Späßen [...]. Sie sind sehr unterhaltsam, wenn man sie nicht kennt, aber furchtbar abgeschmackt, wenn man sie zum zweitenmal sieht».[74] Zwar gibt es auch einige Versuche, die literarische Komödie in Italien wieder zum Leben zu erwecken – neben Girolamo Gigli, dessen «Sorellina di Don Pilone» der zwölfjährige Goldoni in Perugia kennenlernt, sind vor allem Giovan Battista Fagiuoli (1660–1742) und Jacopo Angelo Nelli (1673–1767) zu nennen –, aber es gehen von ihnen keine Impulse aus, die kräftig genug wären, eine neue Entwicklung in Gang zu bringen. Das wird erst Goldoni gelingen, und auch nur mit denjenigen seiner Stücke, die nicht nur mit der Commedia dell'arte, sondern auch mit der an der literarischen Überlieferung orientierten Komödie brechen; die Abneigung der Literaten gegen ihn, ihr Vorwurf, er sei ungebildet, sein Stil grob und ungepflegt, hat hier seinen Grund.

In völligem Gegensatz zu dem Bild, das Goldoni von sich selbst propagiert, steht sein Leben also keineswegs von Anfang an im Zeichen der großen Reform des Theaters, vielmehr ist seiner Produktion bis zuletzt anzumerken, daß sie in eine Epoche ohne Qualitätsmaßstab und ohne verläßliche Kriterien der Kritik zurückreicht, eine Zeit, in der es auch dem Autor selbst nur mit größter Mühe gelungen ist, sich einigermaßen zu orientieren. Jedenfalls ist Goldoni zu der Zeit, da er die lyrische Tragödie *Amalasunta* schreibt, über sich selbst und seine künstlerischen Absichten noch ganz im dunkeln, und es ist sogar eher unwahrscheinlich, daß er mit seiner Oper nach Mailand gegangen wäre, wenn nicht eine Reihe von unglücklich verlaufenen Liebesabenteuern ohne Liebe ihn dazu gezwungen hätte.

Unter den zahlreichen Affären der Sinne und des Herzens nehmen drei dadurch einen besonderen Rang ein, daß Goldoni in diesen Fällen eine Eheschließung ernsthaft ins Auge faßt. Die erste Romanze betrifft die schöne und sanftmütige Angelica in Feltre, die den jungen Koadjutor aufrichtig liebt und ihn gern heiraten würde; auch er ist nicht abgeneigt, bis er eines Tages zu seinem Schrecken (oder zu seiner Erleichterung?) bemerkt, daß die Schönheit der älteren Schwester schon nach den *ersten Wochenbetten* stark nachgelassen habe. *Die jüngere Schwester hatte dieselbe Haut, dieselben Züge, sie war eine von den zärtlichen Schönheiten, die an jedem Lüftchen abwelken [...]. Ich war jung und sah voraus, wie groß mein Unmut sein würde, wenn meine Frau nach kurzer Zeit die Blüte und Frische ihrer Schönheit einbüßte.* – Zum zweitenmal ist von ernsten Absichten die Rede, als der fünfundzwanzigjährige Anwalt seine Tage damit verbringt, auf Mandanten zu warten, die sich nicht einstellen wollen. Statt dessen lernt er eine *Mamsell Mar.* kennen (wie sie in den *Memoiren* genannt wird), von der es in den *Prefazioni* heißt: *Sie war mindestens fünfzehn Jahre älter als ich und hatte nie geheiratet, obwohl sie dies seit längerem wünschte. […] Mit ungefähr fünfunddreißig Jahren sah sie so frisch wie eine Fünfzehnjährige aus, und obwohl sie etwas dicklich und von eher männlicher als weiblicher Physiognomie war, verstand sie doch von ihrer jugendlichen Anmut einen so guten Gebrauch zu machen, daß sie leicht ihre Jahre hätte verheimlichen können, wenn nicht ein paar Falten sie doch verraten hätten. Sie war weiß wie der Schnee, ihre frische Gesichtsfarbe bedurfte keiner künstlichen Nachhilfe, die Augen waren schwarz und lebhaft, die Lippen voll und lachend; nur die Nase, die ein wenig zu hoch aufragte, störte ein wenig, gab ihr aber auch ein majestätisches Aussehen, wenn sie sich in Positur setzte. […] Sie hatte Geist, war gebildet und gefühlvoll. […] Trotz einer Mitgift von zwanzigtausend Dukaten und der erklärten Absicht, sich zu verheiraten, hatte sie den Richtigen noch nicht gefunden. Das eigentliche Problem war wohl ihr Charakter. Da sie äußerst sensibel und empfindsam war, fand sie an allen etwas auszusetzen und konnte sich für keinen entscheiden. Ich war einer von denen, die ihr weniger mißfielen. Meine poetischen Neigungen stimmten sie zu meinen Gunsten, und die Verse, die ich zu ihrem Lobe geschrieben hatte, machten sie mir geneigt.* Angesichts dieser Zeilen kann man sich ungefähr vorstellen, in welcher Tonart *Der Koloß,* das Pamphlet gegen die Frauen und Mädchen von Pavia, geschrieben war, und es wird auch verständlich, weshalb Goldoni sich damals vorgenommen hatte, keine Satire mehr zu schreiben. Ganz im Gegensatz zu dem Klischee vom gutmütigen «Papa Goldoni» läßt das brillant geschriebene, vernichtende Porträt der *Mamsell Mar.* einen Augenblick lang erkennen, wie das satirische und äußerst aggressive Potential, das in Goldoni angelegt ist, offenbar dazu tendiert, sich zu verselbständigen, wenn es nicht sorgfältig kontrolliert wird. Nicht nur aus jugendlichem Überschwang, wie bei dem Pamphlet von Pavia, auch in späteren Jahren geht die Satire mit dem Autor durch, ohne Rücksicht darauf, daß er sich selbst bei dieser Gelegenheit als Mitgiftjäger entlarvt.

Überhaupt gewährt diese Episode einen Eindruck ganz eigener Art in die bei aller Neigung zu Empfindsamkeit und Tränenseligkeit doch recht robusten Sitten des 18. Jahrhunderts. Als Goldoni seine gefühlvolle Mutter von der neuesten Entwicklung in Kenntnis setzt, ist diese, der wenig erfreulichen Erfahrungen mit einem falsch gewählten Ehepartner ungeachtet, keineswegs besorgt über das künftige Schicksal ihres Lieblingssohnes, sondern bietet unverzüglich ihre guten Dienste an. Trotzdem kommt es nicht zur Heirat, da plötzlich ein weiterer Bewerber auftaucht,

der zwar auch mittellos, dafür aber von Adel ist, was *Mamsell Mar.* veranlaßt, ihrem bisherigen Verehrer den Laufpaß zu geben. Der neue Liebes-
roman ist rasch erzählt: *Im Grunde liebte weder er sie noch sie ihn, allein es*
war Mamsell um den Titel und dem Herrn um das Geld zu tun. [...] Seine
Exzellenz verlangten gleich bei ihrer Vermählung die eine Hälfte ihres Ver-
mögens zu freier Disposition und die andere Hälfte nach ihrem Tode. Damit hat auch diese Verbindung ein abruptes Ende gefunden; als aber die
schwer gekränkte Braut zu erkennen gibt, daß sie nicht abgeneigt wäre,
sich dem jungen Dichter wieder zuzuwenden, muß sie erfahren, daß dieser bereits anders disponiert hat. *Ich überlegte mir, wie ich mich rächen*
könnte. In dem Hause von Mamsell Mar. lebte auch ihre Nichte, die keinen
anderen Vorzug als den der Jugend hatte, und da ich wußte, wie empfind-
lich die Tante zu reagieren pflegte, wenn sie nicht den Vorzug erhielt, so fing
ich an, dieses Mädchen in mich verliebt zu machen und ihr alle die Auf-
merksamkeiten zu erweisen, die ich früher auf die andere verwendet hatte.
Tatsächlich ist es nur seine Rache, die Goldoni im Auge hat, denn die
Nichte ist weder vermögend noch hübsch; in den *Memoiren* nennt er sie
lakonisch *ma laidron,* was (in Ermangelung eines entsprechenden deutschen Ausdrucks) in der zeitgenössischen Übersetzung recht treffend mit
Affengesichtchen wiedergegeben wird. Immerhin stellt sich die finanzielle
Situation des Mädchens dann doch noch als ziemlich günstig dar: ihr steht
eine Rente zu, sie erhält den Schmuck der Mutter und außerdem eine
beträchtliche Summe Geldes von einem Freund des Hauses. Es kommt
zum Abschluß eines Heiratsvertrags, der, noch vor der eigentlichen
Hochzeit, eine Reihe kostspieliger Zeremonien zur Folge hat: die Unter-
zeichnung des Vertrags, die Überreichung des Rings, der mit einem Soli-
tär versehen sein muß (es handelt sich noch nicht um den Trauring),
schließlich die Überreichung der Perlen, die aber so teuer sind, daß sie
normalerweise nur ausgeliehen werden, wodurch aber immer noch große
Kosten entstehen. Schließlich ist jeder dieser Akte mit aufwendigen Festlichkeiten in großem Kreise verbunden: wie die Republik bei offiziellen
Anlässen, so haben auch ihre Bürger bei jeder Gelegenheit weit über ihre
Verhältnisse zu leben, wenn sie ihre Reputation erhalten wollen. Der junge Anwalt ohne Einkommen ist allerdings schon nach der Überreichung
des Rings am Ende, obwohl, um Bewirtungskosten zu sparen, die Unter-
zeichnung des Vertrags in aller Stille vollzogen worden war. Als nun der
Bräutigam versucht, zur Deckung der bereits entstandenen Kosten sich
einen Teil der Mitgift auszahlen zu lassen, erfährt er, was es mit den aus-
gehandelten Klauseln wirklich auf sich hat: Die von der Republik für eine
Anzahl von Mädchen ausgesetzte Rente wird für jede Anwärterin erst
dann fällig, wenn die Reihe an sie kommt; im Falle von Goldonis Braut
bedeutet dies, daß erst noch vier Mädchen vor ihr sterben müssen. Mit
den Diamanten der Mutter hat es zwar seine Richtigkeit, aber sie sollen
erst nach ihrem Tode an die Tochter übergehen; einstweilen ist die Mut-

ter noch ziemlich jung und denkt nicht daran, den Schmuck herauszugeben. Der nicht näher bezeichnete Hausfreund schließlich, von dem die Geldsumme kommen soll, befindet sich seit längerem auf Reisen, ohne daß seine Rückkehr abzusehen wäre. Goldoni, der sich hoch verschuldet hat und nach wie vor nichts verdient, sieht nun keine andere Möglichkeit mehr als die Flucht. Um die Gläubiger zu befriedigen, muß die Mutter ihr gesamtes Vermögen opfern und sich mit dem Rest der Familie nach Modena zurückziehen. Dem armen *Affengesichtchen,* mit dem er sich nur aus einer Laune heraus – *per bizzarreria* – verbunden hatte, schreibt er einen Brief des Inhalts, daß er sie nach wie vor *mit dem größten Vergnügen der Welt* heiraten werde, vorausgesetzt, sie schaffe ihm die 6000 Dukaten Mitgift doch noch herbei. *Ich erhielt von ihr keine Antwort, da ich ihr keine Adresse hinterlassen hatte.*[75] Goldoni ist und bleibt eben ein Mensch mit Gemüt, arm, aber frei. Geblieben ist ihm seine *Amalasunta,* mit der er sich nun auf den Weg nach Mailand macht.

Die beiden Bücher, über die ich am meisten nachgedacht habe, die benutzt zu haben ich niemals bereuen werde, waren die Welt und das Theater.[76] Bisher war es ausschließlich die *Welt,* die ihm alle wesentlichen Erfahrungen vermittelt hat; trotz aller Neigung hat das Theater als Institution in seinem Leben noch keine entscheidende Rolle gespielt. Das ändert sich von dem Augenblick an, da er, ganz auf sich selbst gestellt, seinen Erstling vor den Angehörigen einer professionell betriebenen Bühne vorliest; unter den Zuhörern befindet sich auch der Kastrat Caffariello, einer der berühmtesten Sänger seiner Zeit. *Man ließ also einen kleinen Tisch und ein wenig Licht bringen, die ganze Gesellschaft setzte sich, und ich fing an zu lesen. Zuerst den Titel: «Amalasunta». – Caffariello fing an, das Wort Amalasunta zu singen; er fand es lang und lächerlich. Jedermann lachte mit, nur ich nicht. […] Ich fuhr fort und las die Namen der Personen; es waren ihrer neun im Stück. Ein zartes Stimmchen, das einem Kastraten gehörte, der in den Chören sang, schrie wie eine Katze: «Zuviel! Zuviel! Wenigstens zwei Personen zuviel!» Ich sah nunmehr, mit was für Leuten ich zu tun hatte, und wollte meine Vorlesung abbrechen. Der Graf gebot aber dem vorlauten Menschen […] Stillschweigen und sagte, indem er sich gegen mich wendete: «Es ist wahr, mein Herr, gewöhnlich hat man nur sechs bis sieben Personen in einem Drama, allein wenn die Arbeit sonst der Mühe wert ist, so läßt man sich's mit Vergnügen zwei Akteurs mehr kosten. […]» Ich las also weiter. Erster Akt. Erster Auftritt. Clodesile und Arpagone. – Hier unterbrach mich Herr Caffariello und fragte, wer die erste Stimme in meiner Oper habe. – «Mein Herr», antwortete ich, «ich habe die Person schon genannt: Clodesile.» – «Wie», sagte er, «Sie lassen die Szene durch den ersten Akteur eröffnen? Sie lassen ihn auftreten, wenn die Zuschauer sich noch versammeln, sich setzen und Geräusch machen? Beim Henker, mein Herr, ich bedanke mich für diese Rolle.» […] Ich las die erste Szene, kaum aber hatte ich den Mund geöffnet, als*

eines von den nichtswürdigen entmannten Geschöpfen ein zusammenge-
rolltes Papier aus der Tasche zog, ans Klavier trat und eine Arie aus seiner
Rolle probierte. Nach diesem letzten Zwischenfall bittet Graf Prata, sein
Protektor, den jungen Autor, ihm allein in einem Nebenraum vorzulesen
und klärt ihn anschließend über die Gepflogenheiten der italienischen
Oper auf. In Frankreich könnte der Autor versuchen, sich am Geschmack des Publikums zu orientieren, dagegen komme es in Italien
zunächst einmal darauf an, die Sänger zufriedenzustellen, ferner den
Komponisten und auch den Dekorateur. Den drei Hauptpersonen – dem
Ersten Sopran, der Prima Donna und dem Tenor – stehen jeweils fünf
Arien von unterschiedlicher «Farbe» zu (eine pathetische, eine «di bra-
vura», eine redende, eine gemischte, eine brillante), und zwar je zwei im
ersten und zweiten Akt, eine im dritten. Dabei ist darauf zu achten, daß
nicht zwei Arien der gleichen Farbe aufeinander folgen, vielmehr müssen
sie mit den Arien der anderen Darsteller ein «Helldunkel» bilden. Aber
das ist noch nicht alles. Einmal bleibe in Goldonis Drama eine Person auf
der Bühne, nachdem sie gerade eine Arie gesungen hat, ein andermal
lasse er einen Hauptdarsteller ohne Arie abgehen; er begnüge sich mit
drei Verwandlungen, dabei seien sechs oder sieben vorgeschrieben. Alle
diese Regeln, setzt der Graf konziliant hinzu, hätten zwar mit Vernunft
und gesundem Menschenverstand nichts zu tun, aber sie seien nun einmal
«unveränderlich» und müßten befolgt werden. Unfähig und auch nicht
willens, sich dem Diktat der Regeln jemals anzubequemen, verbrennt der
gescheiterte Autor sein Manuskript, ohne im mindesten zu wissen, wie es
nun weitergehen solle.[77] Allenfalls ist die starke Hervorhebung der un-
heilvollen Rolle, die die Kastraten während der Lesung gespielt haben,
ein erster Hinweis auf die einzige Instanz, die er später einmal für sich
wird gelten lassen: die Natur. Sein ganzes Bestreben, wird er im Rückblick sagen, sei gewesen, *die Natur nicht zu verderben*[78]. Einer anderen
«Regel» wird er nicht bedürfen, denn wer der Natur folgt, der befindet
sich in Übereinstimmung mit der Vernunft und letzten Endes auch mit
dem Publikum. Im übrigen legt Goldoni Wert auf die Feststellung, daß
auch die Vernichtung des letzten ihm verbliebenen Kapitals es nicht ver-
mocht habe, ihn ernsthaft zu beunruhigen; komplementär zu den Hinwei-
sen auf die immer wiederkehrenden *hypochondrischen* Anfälle stehen
die Äußerungen, in denen er seine unerschütterliche Gemütsruhe betont: *Ich habe immer die Fähigkeit besessen, die Sorgen – sozusagen – unter dem Kopfkissen verschwinden zu lassen; was auch immer mir wider-
fuhr, es mochte gut oder schlecht sein, niemals hat es mich um den Appetit
oder um den Schlaf gebracht.*[79] Obwohl der venezianische Botschafter in
Mailand, Bartolini, dem er von seinem Mißgeschick erzählt hat, ihn sogleich als eine Art Gesellschafter einstellt und ihn bei sich wohnen läßt,
bleibt unklar, wovon Goldoni in den folgenden beiden Jahren eigentlich
lebt; denn für seine Stelle bezieht er, wieder einmal, kein Gehalt. Gedan-

ken um seine Zukunft macht er sich dennoch nicht; eher bekümmert ihn, daß in dieser Saison keine Schauspieler aus Venedig kommen, so daß das Mailänder Theater Gefahr läuft, erst einmal leer zu stehen. Umso größer ist seine Erleichterung, als der Scharlatan Buonafede Vitali, genannt «L'Anonimo», seinen Einzug in der Stadt hält; von adliger Familie, zunächst Offizier, dann Jesuit, schließlich Professor der Medizin an der Universität Palermo, hat Vitali, nachdem er ganz Europa durchquert hat – von London über Stockholm und Danzig bis nach Sankt Petersburg und von Lappland bis Portugal – sich schließlich darauf verlegt, seine Medikamente auf öffentlichen Plätzen feilzubieten und nebenbei eine eigene Schauspieltruppe aufzubauen, um den Umsatz zu erhöhen. Wenn die vier Masken der Commedia dell'arte auf dem Brettergerüst ihre Späße treiben, reiht sich dieser *neue Hippokrates*[80] ein und preist seine Wundermittel an. Das entspricht dem Niveau, auf das die bodenständige italienische Komödie mittlerweile abgesunken ist.

Aber zu der Truppe des Anonimo gehören auch zwei Begabungen, die die besten Errungenschaften der Tradition verkörpern, der «Pantalone» Francesco Rubini und der «Primo Amoroso» Gaetano Casali. Als Goldoni sich erkundigt, wie es denn bei der Komödie mit den «Regeln» stehe, bekommt er von Casali wenig Erfreuliches zu hören: *Wer einmal Prima Donna oder Erster Liebhaber geworden ist, gibt die entsprechenden Rollen nie mehr ab. Auch wenn sie alt und gebrechlich sind, hören sie nicht auf, die Rollen der jugendlichen Liebhaber oder der Naiven zu spielen; eher soll das Stück durchfallen und das Theater zugrunde gehen, als daß sie ihre Position aufgäben. Aber das ist noch nicht alles. Wenn die Prima Donna von eher weichem und gefühlvollem Naturell ist, die Hauptrolle eines Stückes aber einen heftigen, cholerischen Charakter verlangt, so wird sie es vorziehen, sich beim Publikum unbeliebt zu machen; auf keinen Fall wird sie die Rolle der Seconda Donna überlassen, auch wenn diese viel geeigneter dafür wäre. Die Männer halten es genauso.* Obwohl diese – «etichette» genannte – Rangordnung innerhalb einer Schauspielergesellschaft durchaus nicht einleuchtender begründet ist als die «Regeln» der Oper, reagiert

Goldoni nicht mehr mit strikter Verweigerung; zwar wird er sich zeit seines Lebens gegen den bornierten Egoismus wenden, der in den «etichette» zum Ausdruck kommt, aber er wird auch lernen, mit ihnen umzugehen: *Alle meine Stücke [...] habe ich geschrieben, indem ich die Eigenart der Schauspieler, die sie auf die Bühne bringen sollten, vor Augen hatte; [...] hatte ich den Gegenstand für eine Komödie gefunden, so habe ich niemals zuerst die Personen entworfen, um danach die geeigneten Schauspieler zu suchen, sondern ich habe mir zunächst einmal die Schauspieler*

Pietro Longhi: Venezianische Gaukler am Dogenpalast.
Ölgemälde, um 1740

Charaktere der Commedia dell'arte. Ölgemälde aus dem 18. Jahrhundert

*genau angesehen, bevor ich mir die Charaktere der Bühnenfiguren ausge-
dacht habe. Das ist eines meiner Geheimnisse.*[81] Solche Äußerungen lassen erkennen, daß er inzwischen gelernt hat, auch aus dem anderen seiner beiden *Bücher,* dem des Theaters, seine Lehren zu ziehen.

Von ernsthafter literarischer Arbeit kann indessen noch immer nicht
die Rede sein, trotz eines kleinen Intermezzos, *Il Barcarole veneziano,*
das in dieser Zeit entsteht. Im wesentlichen scheint er sich bei den Komödianten dadurch nützlich zu machen, daß er ihren Vorrat an allgemeinen
Situationen auffrischt: er erfindet serienweise Selbstgespräche, Gardi-
nenpredigten, Verzweiflungsanfälle und Liebeserklärungen, typische
Versatzstücke der Commedia dell'arte also, die zum Repertoire jedes
Schauspielers gehören, jederzeit verfügbar sind und auf diese Weise den
Anschein des Improvisierens entstehen lassen. Im übrigen ist er nach wie
vor leicht abzulenken und ziemlich naiv, wenn er sich zum Beispiel in einem Gasthaus die rührselige Geschichte eines von seiner Familie verlas-
senen – und allerdings sehr hübschen –, ehrbaren Bürgermädchens aus
Venedig anhört, das nun mit seinem Onkel durch die Lande zieht. *Ich
hörte ihr aufmerksam zu; mein Freund aß weiter und lachte. Zwar war mir
auch klar, daß sie nicht die Wahrheit sagte; aber eine Landsmännin, die
schön, jung und betrübt war, durfte ich doch nicht demütigen, ich mußte
ihr helfen!*[82] Naiv reagiert er auch, als eines Abends die Komödianten ihr
Genre verlassen und einen entsetzlichen Schinken namens «Belisario»

62

aufführen, eine jener Hinterlassenschaften des Seicento, in denen vom Pathos bis zur Tragik, vom Edelmut bis zur schwärzesten Niedertracht alles hohl und falsch ist. Als Casali, zur Rede gestellt, lachend zur Antwort gibt, es handle sich um *una arrostita*, einen *Braten*, den sich die Komödianten ab und zu erlaubten, ist Goldonis poetischer Ehrgeiz geweckt, und er nimmt sich vor, die Schauergeschichte in ein *gutes*, ja *ausgezeichnetes* Drama umzuarbeiten.[83] Diese Tätigkeit füllt ihn so sehr aus, daß alles andere darüber an Bedeutung für ihn verliert, auch der Polnische Erbfolgekrieg, den er vor allem als lästige Störung registriert, da er im Gefolge des Botschafters der neutralen Republik von San Marco Mailand verlassen und sich nach Crema zurückziehen muß; von diesem Krieg beeindruckt ihn weniger das von Tausenden von verstümmelten Leichen übersäte Schlachtfeld von Parma (28./29. Juni 1734) als die charmante Wendung, die er gleich zu Beginn in Mailand genommen hatte, da die Stadt nicht zu verteidigen war: *Eine Brücke, die über die Bresche aufgeschlagen wurde, verschaffte eine Kommunikation zwischen den Belagerern und Belagerten: Allenthalben sah man Tafeln aufgestellt, die Offiziere bewirteten sich gegenseitig. Von innen und außen gab man unter Zelten und Lauben Bälle, Festessen und Konzerte. […] Auch Scharlatane und Voltigeurs ermangelten nicht, sich einzufinden. Das Ganze glich einem reizenden Jahrmarkt; mit einem Worte, es war ein herrlicher Aufenthalt.*[84] Der Krieg, das ist für den friedlichen und gänzlich unheroischen Sohn Venedigs vor allem der Waffenstillstand; so sehr prägt sich ihm diese Idylle ein, daß noch Jahrzehnte später, als er ein Stück mit dem Titel *La Guerra (Der Krieg)* schreibt (1760), der Waffenstillstand von Mailand als die Folie des Geschehens wiederkehrt, allerdings bereichert um die bizarre Gestalt des zum Krüppel geschossenen Leutnants Conte Claudio, der sich auf seinen Krücken in grotesken Verrenkungen über die Bühne schleift und nicht müde wird, mit geiferndem Pathos die Fortsetzung des Gemetzels zu fordern: eine dämonische Figur, in der die Unbelehrbarkeit des Kriegsfetischisten eindrucksvoll gestaltet ist. – Ansonsten aber geht ihm nichts wirklich nahe, nicht einmal der Verlust seiner Stellung, die ihm immerhin eine Art Diplomatenstatus eingebracht hatte: Offenbar hatte der plötzlich aufgetauchte, wenig vertrauenerweckende jüngere Bruder den Botschafter so verstört, daß er auch in seinem Sekretär einen Verräter zu wittern begann.

Hatten die kriegsbedingten Wirren mit einer Idylle begonnen, dem Waffenstillstand von Mailand, der auch noch in den späten *Memoiren* mit Behagen ausgemalt wird, so werden sie auch in den *Prefazioni* durch eine Idylle abgeschlossen, deren Spuren in der späten Autobiographie sorgfältig getilgt sind. Nach der Abreise von Parma unter die Räuber gefallen, wird Goldoni von einem Pfarrer aufgenommen, der ihn auch durch einen Bedienten nach Brescia begleiten läßt; hier angekommen, reicht es nicht einmal mehr zu einem Trinkgeld. Da begegnet Goldoni dem Onkel der schönen Landsmännin, der er einst in Mailand so andächtig zugehört hatte. *Der Mann fällt mir um den Hals, er bittet, er beschwört mich, zu ihm und seiner Nichte zu kommen, er nimmt mich bei der Hand, hinkt davon und zerrt mich hinter sich her. Mir bereitete das einige Schwierigkeiten; seine Physiognomie [...], der libertine Ausdruck, den das Mädchen in Mailand während des Krieges angenommen hatte, verrieten mir schon ungefähr, mit wem ich es zu tun hatte; aber er ließ so lange nicht locker, bis ich mich in seine Wohnung führen ließ. Dort angekommen, kündigt er mich seiner Nichte an, als wäre ich ein Wunder; welche Freude! mit welcher Herzlichkeit begrüßte mich das Mädchen! Schnell, ein Zimmer; das ist Ihr Bett! Sie essen mit uns zu Abend. Das alles hatte ich bitter nötig, aber ich konnte es nur mit Bedenken annehmen. Immerhin war es schon sehr spät. [...] Wir reden, wir unterhalten uns; plötzlich fällt mir der Bediente ein, der mich begleitet hatte; ich deute an, daß ich ihm gern etwas gegeben hätte. [...] Der Hinkende fragt mich, in welcher Herberge er abgestiegen sei, ich sage es ihm, gleich macht er sich auf, um ihm einen halben Dukaten zu bringen. [...] Allein mit dem Mädchen wollte ich endlich die Wahrheit er-fahren und versuchte, sie ihr im Gespräch zu entlocken; als sie merkte, daß ich herausgefunden hatte, welches Metier sie ausübte, wagte sie nicht zu leugnen und gestand, daß sie M... R... heiße und daß der angebliche On-kel nur ein Vagabund sei, der sie verführt habe und sich nun von ihr aus-halten lasse. Ich wollte augenblicklich fortgehen; mit Tränen in den Augen bat sie mich zu bleiben. In diesem Augenblick kommt Vulkan nach Hause, versichert mir, daß der Mann aus Casalpasturlengo zufriedengestellt sei, dann legt er die Straßenkleidung ab, setzt sich ein Käppchen auf, krempelt das Hemd bis zu den Ellbogen auf und begibt sich in die Küche, um das Abendbrot zuzubereiten. – Wir bleiben sitzen; es geht nicht anders. Wäh-rend er arbeitet, erzählt mir das Mädchen, was sie erlebt hat. In Mailand hatte sie viel Geld verdient. Die Generale gingen bei ihr ein und aus [...]; aber der Hinkende hatte alles Geld an sich genommen. Gern hätte sie sich von ihm befreit; aber auf welche Weise? Sie bat mich um meinen Rat. Ich wagte nicht, ihn auszusprechen. Dann kam das Abendbrot. Glücklicher-weise kam an diesem Abend niemand mehr. Wir aßen in aller Ruhe; da-nach redeten wir über meine Weiterreise. Der Hinkende [...] erbot sich, mir soviel Geld zu leihen, wie ich nötig hätte.*[85] Es gibt wohl keine andere Stelle in Goldonis Erinnerungen, wo der Vergleich der italienischen mit der französischen Fassung lohnender wäre und einen tieferen Einblick in sein Innerstes erlaubte, obwohl der faktische Verlauf der Begegnung hier wie dort ohne wesentliche Abweichungen erzählt wird: auch in den *Me-moiren* gibt Goldoni zu, sich von dem Zuhälter sechs Zechinen geliehen zu haben, schon in den *Prefazioni* betont er, daß er das Geld so schnell wie möglich zurückgezahlt habe. Anders verhält es sich mit der Begrü-ßungsszene. Während in den wenigen Worten der schönen Sünderin – *Schnell, ein Zimmer; das ist ihr Bett! Sie essen mit uns zu Abend* – ihre unbefangene, herzliche Freude über den unvermuteten Gast zum Ausdruck kommt, ist in der späteren Fassung davon nichts mehr zu spüren: *Er führte mich in ein sehr wohl möbliertes Zimmer mit einem Himmelbett. «Hier ist das Besuchszimmer der Mamsell. Sie können es nach Ihrem Belieben allein oder in Gesellschaft einnehmen.» Der Ort erweckte mir einen Schauder: ich wollte auf der Stelle fort. Der schlaue Kerl merkte meinen Widerwillen und öffnete mir ein kleines Kabinett, das in Betracht auf die späte Tageszeit [...] nicht ausschlug.*[86] Hier ist nichts mehr zu spüren von der Zutraulichkeit eines unverbrauchten Gefühls, hier ist es ein Bordellwirt, der dem Gast mit frecher Zudringlichkeit die Dienste einer Prostituierten anbietet; dazu wird die dirnenhafte Eleganz des Etablissements angedeutet. Vor alledem schaudert es den Besucher so sehr, daß man ihm ein anderes Zimmer, von dem in den *Prefazioni* nicht die Rede war, zuweist. – Das Ziel dieser Veränderung ist unverkennbar; es soll der Eindruck von Abscheu, Ekel und Berührungsangst so nachhaltig erweckt werden, daß kein Leser auf den Gedanken kommt, die Distanz in Frage zu stellen, die zu dieser Umgebung von vornherein bestanden habe. Dieselbe Tendenz zeigt auch eine andere, eher unauffällige Änderung, die Goldoni vornimmt: *Scacciati verließ das Zimmer,* heißt es in den *Memoiren, und bestellte das Abendessen.*[87] Das ist natürlich etwas ganz anderes als das Bild des Zuhälters, der zu Hause die ganze Gemeinheit seines Gewerbes ablegt und sich fürsorglich an die Bereitung des Abendessens macht; spätestens nach dieser Szene ist es nicht mehr möglich, in Scacciati nur einen Ausbund von Laster und Verworfenheit zu sehen, umso weniger, als durch den scherzhaften Vergleich mit Vulkan, dem hinkenden Gott des Feuers, sich ein leise antikisierendes Moment eingestellt hat, das die christlich-abendländischen Kategorien von Unzucht und Sünde unversehens als nicht mehr ganz passend erscheinen läßt: Eher als zu christlichen, körper- und lustfeindlichen Vorstellungen tendiert die Szene, wenn nicht zu dem antiken Gedanken einer ursprünglichen Einheit von Herberge und Bordell, so doch, durch die mythologische Überhöhung, zu der antiken Unschuld der Idylle, die aller Moral enthoben ist. Kein Zweifel: in den französischen *Memoiren* werden die Berührungsängste deshalb so stark betont, weil sie ursprünglich schlechterdings nicht vorhanden waren. Im Gegenteil. In beiden Fassungen bittet das Mädchen den Besucher um seinen Rat, aber nur in den *Memoiren* wird mitgeteilt, wie dieser Rat ausgefallen sei: Sie solle sich ihren Eltern anvertrauen, sagt er hier, und: sie solle *den Schutz derjenigen Personen anflehen, die berechtigt sind, sie ihm [Scacciati] abzufordern*[88]; mit anderen Worten: sie solle sich an die Behörden wenden. Wenn sein Rat so untadelig und korrekt war, warum sollte er es dann, so muß gefragt werden, *nicht gewagt* haben, ihn auszusprechen, wie es in den *Prefazioni* heißt? Der Grund ist natürlich, daß er damals weder an Eltern noch an Behörden dachte, sondern am liebsten die Befreiung des Mädchens selbst in die Hand genommen hätte. Gewiß war auch in der ursprünglichen Situation Goldoni wohl nicht ernsthaft in Gefahr, die Kontrolle über sein Handeln zu verlieren und ein Mädchen dieses Lebenswandels allen Ernstes zu entführen; er ist sich auch bewußt, daß der Abend nur deshalb ungestört verläuft – *in santa pace* –, weil *niemand* (also kein weiterer Freier) mehr kommt. Daß er sich trotzdem von dem Mädchen und von der Situation zutiefst angezogen fühlt, verweist darauf, daß hier eine Schicht seines Wesens freigelegt ist, die mit Vernunftgründen nicht zu beeinflussen, sondern nur zu unterdrücken und zu verschweigen ist: Spätestens nach der plötzlichen und seltsam unmotiviert wirkenden Eheschließung zwei Jahre später bricht Goldoni das Schweigen über sein Inneres nicht mehr. Daß er jedoch nichts vergessen hat, läßt die Präzision erkennen, mit der er bei der Abfassung der endgültigen Autobiographie alle Spuren tilgt. Die Herrschaft des Verstandes und der Vernunft in sich selbst hat Goldoni mit Entschlossenheit durchgesetzt, dabei aber wohl auch jenen Teil seiner Produktivkraft beschädigt, der ihn in den Stand gesetzt hätte, in seinem Werk, von wenigen Ausnahmen abgesehen, die Liebe anders als oberflächlich und deklamatorisch zu gestalten.

Zu ebener Erde
und im ersten Stock

In Verona, wohin Goldoni mit dem Geld des Zuhälters gelangt ist, findet die Begegnung statt, die für seine schriftstellerische Entwicklung von entscheidender Bedeutung sein wird. Der Schauspieler Casali, der von naivem Stolz darüber erfüllt ist, daß er Goldoni zur Abfassung des *Belisario* veranlaßt hat, stellt seinen Freund dem Direktor Giuseppe Imer vor, der sich das Stück anhört, «Bravo» sagt und verspricht, es in Venedig mit seiner Truppe aufzuführen. Soweit die *Memoiren*. Nach dem Zeugnis der *Prefazioni* ist der Verlauf ein anderer: Als der Schauspieler Goldoni als den Autor eines *Belisario* anpreist, stellt Imer zunächst die Frage, die ihm offenbar besonders am Herzen liegt: *Wäre er auch imstande, Intermezzi zu schreiben? sagte der Direktor sofort. Ja, antwortete Casali, in Mailand hat er für uns schon einige geschrieben. […] Bravo, versetzte Imer, bravissimo; wenn er für uns arbeiten will … […] Das war zwar nicht, wozu ich mich berufen fühlte, aber ich versprach alles.*[89] Daß Imer sich für Tragödien weniger interessiert, mag auch mit seiner unvorteilhaften Erscheinung *(klein, fett)* zusammenhängen, die Goldoni wenig später in dem Intermezzo *L'amante cabala (Der betrügerische Liebhaber)* karikieren wird:

> *Di statura è alquanto basso,*
> *Ma di corpo alquanto grasso […].*[90]

Vor allem aber läßt Imers Interesse an neuen Intermezzi erkennen, daß er als Theaterleiter über den Tag hinaus zu denken versteht: Nachdem die Intermezzi zwischen den Akten der großen Opern keine Chance mehr haben, sondern durch Ballette ersetzt werden, plant Imer, Intermezzi bei der Aufführung von Dramen und Tragödien zu verwenden; offenbar hat er unmittelbar nach dem triumphalen Erfolg der «Serva padrona» (1733) von Giovanni Battista Pergolesi erkannt, daß der kleinen Opera buffa, dem zugleich realistischen und komischen Zwischenspiel, die Zukunft gehört; es ist also nicht nur seiner unvorteilhaften Erscheinung zuzuschreiben, daß er mehr und mehr darauf verzichtet, in seinem eigentlichen Rollenfach, dem des Liebhabers, aufzutreten, um sich auf die Intermezzi zu konzentrieren, was im übrigen auch seiner ausgeprägten komischen Begabung entspricht. Zusammen mit der allseits geschätzten

Sängerin Agnese Amurat, genannt Agnese delle Serenate, die er speziell für die Intermezzi engagiert hat, und der Seconda Donna seiner Truppe, der Schauspielerin Giovanna Casanova, bildet Imer ein vorzüglich eingespieltes kleines Ensemble, für das nun der stolze Autor des *Belisario* gegen ein angemessenes Jahresgehalt tätig werden soll.

Goldoni ist überglücklich, daß er sein geliebtes Venedig wiedersehen kann; seine ehemalige Verlobte läßt ihn in Ruhe, nachdem sie erfahren hat, daß er unter die Komödianten gegangen ist. Natürlich beabsichtigt er nach wie vor, vor allem mit dem hohen Stil der Tragödie Ehre einzulegen, und der Erfolg scheint ihm recht zu geben, als sein *Belisario* am 24. November 1734 im Theater San Samuele uraufgeführt wird. Die Begeisterung ist so groß, daß, als am Schluß der Vorstellung der Erste Liebhaber vor den Vorhang tritt, um das Stück des folgenden Abends anzukündigen, das Publikum mit dem Ruf *Questa! Questa! Questa!* die Wiederholung des eben gesehenen verlangt; bis zum Ende der Herbstsaison, dem 14. Dezember, wird der *Belisario* ununterbrochen gegeben. Seit Maffeis «Merope» hatte es in Italien einen solchen Triumph für ein Stück ohne Masken und ohne Musik nicht mehr gegeben[91]; insofern ist verständlich, daß Goldoni auch später, bei aller Kritik, nicht geneigt ist, sein Stück gänzlich preiszugeben: *Meine Helden waren Menschen und keine Halbgötter; ihre Leidenschaften hatten den Grad von Anstand und Adel, der ihrem Rang angemessen war, und doch zeigten sie uns die Menschheit so, wie wir sie kennen.*[92] Dagegen scheint Imer die Sache anders eingeschätzt zu haben; mehr als die angeblichen Verbesserungen fielen für ihn wohl die verbliebenen Relikte von Unnatur und nichtigem Pathos ins Gewicht. *Bei der sechsten Vorstellung des «Belisario» glaubte Imer, «La Pupilla» hinzufügen zu können*[93], bemerkt Goldoni spitz, während für den erfahrenen Theaterpraktiker Imer, der wohl ein baldiges Nachlassen des Erfolgs voraussah, es sich eher um ein «müssen» gehandelt haben dürfte. Bei dem Intermezzo kann es nun in der Tat keine Zweifel mehr daran geben, daß Goldonis Helden *Menschen* sind, denn die neueste Fassung der alten Geschichte vom bejahrten Vormund, der sein junges Mündel heiraten will, schließlich aber durch einen kecken Nebenbuhler ausgeschaltet wird, hat er unmittelbar vor Augen: Er weiß, daß Imer ein Verhältnis hat mit Giovanna («Zanetta») Casanova, die erst fünfundzwanzig Jahre alt und natürlich *bella* ist, aber schon Mutter von sechs Kindern und seit einigen Monaten Witwe; ihr ältester Sohn, Giacomo, wird den Namen unsterblich machen. Als Goldoni dann noch erfährt, daß «La Buranella» (wie die Seconda Donna nach ihrer Herkunft von der Insel Burano genannt wird) ihrem Prinzipal offensichtlich Anlaß zu Eifersucht gibt, schreibt sich das kleine Stück sozusagen von selbst und ohne den Anspruch zu erheben, dem alten Komödienstoff eine wesentlich neue Variante hinzuzufügen. Gerade weil aber alle Prätention fehlt und der Autor glaubt, sich unter seinem «eigentlichen»

Niveau zu bewegen, gelingen solche Stellen wie etwa der Eingangsmono-
log der Rosalba, in dem mit einfachen Worten die Situation der Frauen,
wie sie sich in den ersten Jahrzehnten des Jahrhunderts darstellt, umrissen wird:

Misera condizion del nostro sesso!	*Beklagenswert ist unsere*
In ogni stato, in ogni età le donne	*Situation! / In jedem Stan-*
Sono sempre soggette, e sempre schiave.	*de, in jedem Alter / Sind*
Fin che siamo ragazze,	*wir anderen unterworfen,*
Del padre e della madre	*sind wir Sklavinnen. / Als*
La catena ci lega, fino quando	*Mädchen sind wir von Va-*
Orfanelle restiamo,	*ter und Mutter abhängig, /*
Col laccio del tutor legate siame.	*Als Waisen / sind wir an*
Se passiam a marito,	*den Vormund gefesselt. /*
Ecco un nodo più forte,	*Wenn wir dann heiraten /*
che non si scioglie più sino alla morte [...].[94]	*sind wir noch stärker ge-*
	bunden, / Bis zum Tode.

Gewiß ist mit dem Ende der spanischen Herrschaft in Italien eine grundlegende Veränderung in den Lebensbedingungen der Frauen eingetreten; mit der fast vollständigen Trennung der Geschlechter, die für das
17. Jahrhundert charakteristisch war, ist auch die Isolierung der Frau, ihre
Beschränkung auf die völlige Abgeschlossenheit des Hauses, aufgeho-
ben. Mit der ihm eigenen Präzision notiert Montesquieu, die Befreiung
der Frauen habe vor etwa fünfzehn bis zwanzig Jahren eingesetzt.[95] Aber
wenn auch die Frauen im Verlauf des Jahrhunderts mehr und mehr in
den Mittelpunkt des gesellschaftlichen Lebens rücken, so bleiben ihre
wirtschaftliche Abhängigkeit und damit die tatsächlichen Einschrän-
kungen, denen sie unterliegen, im wesentlichen unverändert. Zwar liegt
es Goldoni fern, eine konsequent «feministische» Ideologie zu vertreten,
aber als Dichter von Komödien, in denen es schon aus gattungsspezifischen Gründen ständig um Heirat und Mitgift geht, ist er sozusagen von
Berufs wegen mit den Lebensbedingungen der Frauen jeder Herkunft
und jeden Alters befaßt: Insofern ist das Eingangsrezitativ der *Pupilla*, in
dem mit wenigen Worten die Probleme der Mädchen, der Ehefrauen,
Witwen und Mündel umrissen werden, beinahe schon ein Ausblick auf
künftige Komödien des Autors.

Hatte Goldoni eben noch stolz behaupten können, die Tragikomödie
habe das Intermezzo mitgetragen, so muß er schon anläßlich des nächsten
Schinkens, den er dem Publikum im Januar 1735 auftischt, kleinlaut eingestehen, daß das kleine Lustspiel *La birba (Der Betrug)*, das Imer von der
fünften Vorstellung an zusätzlich gibt, der im fernen Reich der Goten
spielenden Tragödie *Rosmonda* nur zu vier weiteren Aufführungen verhilft, bevor diese im nieselnden Nebel nordischer Nacht für immer verschwindet. Trotz dieses Mißgeschicks ist Goldoni das Tragödienschreiben
noch lange nicht leid, und wahrscheinlich ist es sogar ein Glücksfall, daß er

erst viel später merkt, wo seine eigentliche Begabung liegt. Solange er sich auf die Tragödie konzentriert, sind ihm seine komischen Werke keine Beachtung wert; hätte *La birba* nicht auf diese Weise die ästhetische Selbstzensur unerkannt passiert, so wäre wohl verborgen geblieben, über welche gestalterischen Mittel Goldoni schon in den frühen dreißiger Jahren verfügt, wenn er sich einmal nicht auf pseudohistorische und pseudoheroische Stoffe kapriziert, sondern sich von dem Gesindel inspirieren läßt, das sich in Venedig herumtreibt: *Von Zeit zu Zeit hielt ich mich auf dem Teil des Markusplatzes auf, der die Piazzetta genannt wird, und sah mir an, wie die zahllosen Herumtreiber, die dort singen, musizieren oder betteln, von dem lieblichen Gewerbe der Betrügerei leben; eines Tages kam mir der Gedanke, daraus ein lustiges Intermezzo zu machen, was mir auch ganz ausgezeichnet gelang.*[96] Die unverwüstliche Frische und Lebendigkeit des kleinen Stückes rührt daher, daß hier der Komödie noch nicht die Aufgabe zugewiesen wird, das Publikum zu seriöser Lebensführung anzuhalten und das Bürgertum durch das Vorbild des ehrbaren Kaufmanns Pantalone moralisch zu stabilisieren. Das Intermezzo beginnt mit dem Hinauswurf des Orazio, *cavalier romano* (Imer), der seine Miete nicht mehr bezahlen kann, begleitet von den hämischen Bemerkungen seiner Schwester Cecchina (Zanetta Casanova), deren Mitgift er ebenfalls durchgebracht hat; der Bankrotteur und seine Frau Lindora (Agnese Amurat) haben nun ausgiebig Gelegenheit, die Schuld an der Pleite einander zuzuschieben. Nach einigem Hin und Her beschließen sie gegen Ende des ersten Aktes, sich zunächst einmal als Bettler zu versuchen, denn bei allen Streitereien untereinander stimmen sie doch in einer Hinsicht überein: sich herumtreiben, der Arbeit aus dem Wege gehen ist ihr eigentliches Metier:

CECCHINA *Za sem de quella razza,*
   Che per no lavorar batte la piazza.

Zu Beginn des zweiten Aktes treten zunächst Cecchina als blinde Bettlerin und Orazio als Krüppel auf; beide haben aber schon so viel eingenommen, daß sie an ihren Wiederaufstieg denken können. Bei der zur Lumpenhändlerin gewordenen Lindora decken sie sich mit vornehmen Kleidern ein, dann beschließen alle drei, künftig als Scharlatane gemeinsam aufzutreten, sie üben schon einmal das Anpreisen von allerlei Wundermitteln und freuen sich über das viele Geld, das sie verdienen werden:

ORAZIO *Quelli che son vicin, lunghin la mano;*
   Chi è da lontan, mi getti il fazzoletto.

Nach einer letzten Eifersuchtsszene zwischen den beiden Frauen, die von Orazio salomonisch geschlichtet wird *(Faremo così,/Un giorno per una)*, sind alle einander wieder herzlich zugetan und finden, daß der Beruf des Betrügers der schönste ist:

TUTTI *Così il mondo caminando,*
   Diremo cantando
   Che la Birba è un bel mestier.[97]

Die Welt ist nun einmal so, wie sie ist: einer anderen Begründung, sie auf die Bühne zu bringen, bedarf es für Goldoni in der Zeit der Intermezzi noch nicht.

Im Innersten zusammengehalten wird diese Welt durch Betrug, das gilt auch für *L'amante cabala,* das gewichtigste der Intermezzi und mit seinen drei Akten eigentlich schon eine selbständige Komödie. Filiberto ist ein Don Giovanni, in dessen Register keine erotischen Eroberungen, bloß die Ergebnisse seiner ständigen Mitgiftjagd eingetragen sind. Die Witwe Lilla, voller Dünkel über ihren bürgerlichen Stand, die Vorzüge ihres Seligen ständig im Munde führend, dabei längst auf der Suche nach einem Nachfolger, kostet einstweilen das Stückchen Macht aus, das ihr durch die Verfügungsgewalt über ihre Mitgift zugefallen ist; stets bereit, unflätig über jede andere herzuziehen, wenn sie eine Konkurrentin wittert. Catina, *figlia veneziana,* ist das Mädchen aus dem Volk, das genau weiß, was es will und entschlossen ist, sich nicht hintergehen zu lassen, das sich aber auch darauf versteht, anzüglich zu lästern, wenn es darum geht, eine Nebenbuhlerin aus dem Felde zu schlagen. Filiberto, Lilla, Catina – sie alle leben in einer Welt, die, entgegen dem äußeren Schein, keinen Überfluß kennt, weder an Freiheit noch an Geld, wo deshalb jeder selbst zusehen muß, wie er sich am besten durchschlägt. Daher ist auch dann noch nichts gewonnen, wenn man das Herz auf dem rechten Fleck hat und sich auch sonst zu helfen weiß; Catina freut sich, daß sie endlich einen soliden Bräutigam gefunden hat, der es nicht bloß auf ihre Mitgift abgesehen hat:

CATINA (sola) *Dopo tanto aspettar, son arrivada*

A trovar un mario,
Onorato, dabben, e da par mio.
Certo al tempo d'adesso
Più ùno se sa de chi fidarse; tutti,
Tutti i gh'à qual che vizio,
O el ziogo, o l'osteria, o quel servizio.
Quando una putta gh'à un poco de dota,
Tutti vorria sposarla,
Coll'idea de magnarla.
Ma mi so el fatto mio, no gh'ò paura
Che i me trappola certo [...].

Gerade die tüchtige Catina, die sich erst einmal mit eigenen Augen ansehen will, was für Geschäfte ihr Bewerber eigentlich betreibt, fällt auf den Betrug am gründlichsten herein und läßt sich nur sehr schwer von der Wahrheit überzeugen. Zwar reißen am Ende die verbündeten Frauen dem überführten Betrüger Hut, Perücke, Rock und wahrscheinlich noch mehr vom Leibe, bevor das Stück mit einer moralischen Sentenz schließt, die auch den Höllensturz Don Giovannis begleiten könnte:

Imparino tutti
Da si bell'esempio,

Che l'arte d'un empio
Trionfare non può.[98]

Aber die verborgene Trauer, die die Gestalt der Catina umgibt, wird durch das Finale nicht beseitigt. Nach diesem Intermezzo wird es noch mehr als zehn Jahre dauern, bis Goldoni in der Lage sein wird, auf Catina und ihre Welt zurückzukommen und sie, jetzt unter dem Namen Bettina, zum Mittelpunkt von zwei großen Komödien zu machen *(La putta onorata,* 1748, *Das ehrbare Mädchen,* und *La buona moglie,* 1749, *Die gute Ehefrau).*

Dem *Betrüger* entspricht in der Beletage die Tragikomödie *Don Giovanni Tenorio,* die im Frühjahr 1736 aufgeführt wird. Zwar ist das Stück so schlecht, daß es schwerfallen mag, es überhaupt ernst zu nehmen, aber dennoch ist die edle Entrüstung, mit der, unter Hinweis auf das jugendliche Alter des Autors, der Altmeister der Goldoni-Forschung von vornherein jeden Versuch verdammt, aus ihm allgemeine Schlüsse über Goldonis Schaffen zu ziehen[99], durchaus fehl am Platze. Denn zum einen ist die Art und Weise, wie Goldoni das Don Juan-Thema aufnimmt, für ihn ungemein charakteristisch, und zum andern haben die Jugendsünden bei ihm die Eigenart, nicht auf die Zeit der Jugend beschränkt zu sein, sondern regelmäßig wiederzukehren: Sein *Don Giovanni Tenorio* ist nicht schlechter als *Il Molière* (1751) oder *Torquato Tasso* (1755), und *La sposa persiana* (1753, *Die persische Braut),* das Stück, mit dem Goldoni einen seiner größten Erfolge erzielen wird, ist nicht besser. Mit dem Lebensalter hat das nichts zu tun, nicht einmal mit der literarischen Erfahrung und praktischen Virtuosität, die Goldoni im Laufe der Jahre zweifellos erwirbt, sonst könnten Meisterwerke wie *La Locandiera* (1753, *Mirandolina)* oder *Il campiello* (1756, *Der Platz)* nicht fast gleichzeitig mit solchen Stücken entstehen, die nichts als konfuse Banalitäten sind. Das ist regelmäßig dann der Fall, wenn er sich auf historische, exotische oder auch philosophische Stoffe einläßt, ohne dabei auf eigene Anschauung und Erfahrung zurückgreifen zu können.

Für das Don Juan-Thema entscheidet sich Goldoni offenbar mit der gleichen Beliebigkeit, mit der er sich zuvor *Belisario* und *Rosmonda* vorgenommen hatte. In einem 1754 entstandenen Vorwort bezeichnet er das spanische Drama, als dessen Urheber er fälschlicherweise Calderón angibt, als *das schlechteste Stück, das man jemals auf der Bühne gesehen hat,* voller *Schweinereien und Unschicklichkeiten.* Immerhin ist das Stück erfolgreich, und zwar so sehr, daß unter den Schauspielern gemunkelt wird, sein Autor habe einen Pakt mit dem Teufel geschlossen. Das dürfte für Goldoni Grund genug gewesen sein, es nun seinerseits mit diesem Thema zu versuchen, umso mehr, als sich dadurch Gelegenheit bietet, mit dem bewunderten Vorbild Molière in Konkurrenz zu treten. Goldoni nimmt sich also vor, den *krassen Unglauben,* der den Protagonisten bei Molière kennzeichnet, abzumildern und im übrigen das Stück von den

DOM JUAN.
ou le festin de Pierre.

Dom Juan lädt die Statue des Commandeurs zum Souper ein.
Titelkupfer zu Molières «Dom Juan», Paris 1734,
gestochen von Laurent Cars nach François Boucher

unendlich vielen törichten und anstößigen Stellen zu befreien. Aus diesem Grunde ändert er auch den Titel, aus *Der steinerne Gast* wird *Der Wüstling (Il Dissoluto);* hatte in der bisherigen Aufführungspraxis das Auftreten der Statue offenbar zu klamaukartigen Szenen geführt, *so daß sogar die Teufel lachten, die ihn in den Flammen umringten,* so soll seine Bestrafung nunmehr *eine ernsthafte Angelegenheit* werden: am Ende wird Don Giovanni in dem Augenblick, da er die wüstesten Lästerungen ausstößt, vom Blitz erschlagen. So also sieht es aus, wenn Goldoni das Phantastische und Wunderbare, das die Handlung überlagert hatte, beseitigt, um Vernunft und Natur wieder in ihre Rechte einzusetzen. Immerhin hat auch diese Lösung ihre Tücken: wäre der Blitz tatsächlich nichts als ein Naturphänomen, so wäre Don Giovannis Tod ein bloßer Zufall, und von Strafe und Gerechtigkeit könnte nicht mehr die Rede sein. Was tun? Im Vorwort von 1754 erklärt Goldoni, es handle sich hier eben um ein göttliches *Wunder: Von solchen Wundern ist die Heilige Schrift voll, und nur ein Atheist könnte es wagen, sie zu bezweifeln.* Die Unverschämtheit, zum Ausgleich für die Konfusion und Plattheit des eigenen Denkens den Leser unter Gewissenszwang zu stellen, hat Goldoni in den *Memoiren* vermieden, eine bessere Lösung des Problems jedoch ist ihm auch hier nicht eingefallen: *Den Blitz, der den Don Juan erschlägt, glaubte ich nicht weglassen zu dürfen, da der Bösewicht immer gestraft werden muß; aber ich richtete diesen Vorfall so ein, daß er sowohl eine unmittelbare Folge des Zornes Gottes sein als auch aus einer Verbindung niederer Mächte, die aber immer nach den Gesetzen der Vorsehung handeln müssen, entstanden sein konnte.*[100] In seinen besten Stücken hat Goldoni die Gehalte der Aufklärung praktisch umgesetzt und in seinen Gestalten zur Sprache gebracht; außerhalb dieses Mediums gleitet er ab in einen faulen Kompromiß, durch den Vernunft und Religion gleichermaßen zur Strecke gebracht werden.

Wie aus Goldonis Worten hervorgeht, war ihm die Urfassung des «Don Juan», Tirso de Molinas «El Burlador de Sevilla y convidado de piedra» (1625), unbekannt; fremd wäre es ihm in jedem Falle geblieben, denn die unauflösbare Einheit, die Literatur und Metaphysik hier eingegangen sind, liegt ihm ganz fern. Der Frevel, den Don Juan gegen die göttliche Ordnung begeht, ist nur deshalb so ungeheuerlich, weil an dieser Ordnung und an der Existenz Gottes nicht im mindesten gezweifelt wird. «¡Qué largo me lo fiáis!»[101] – «Das hat noch viel Zeit!»: Gewiß kündigt sich in diesen Worten Don Juans, mit denen er auf alle Mahnungen antwortet, das Strafgericht Gottes zu bedenken, ein Säkularisierungsschub an, insofern, als das dem mittelalterlichen Menschen noch ganz selbstverständliche Bewußtsein, in jedem Augenblick bereit sein zu müssen, vor Gottes Richterstuhl zu treten, nicht mehr ständig gegenwärtig ist. Aber obwohl Don Juan glaubt, dem Gericht Gottes sich noch lange nicht stellen zu müssen, steht er doch dem Mittelalter näher als dem neuzeitlichen Menschen: daß das Gericht eines Tages kommen wird, ist auch für ihn eine unumstößliche Glaubenswahrheit, die in Frage zu stellen ihm ebensowenig in den Sinn käme wie die Existenz Gottes zu bezweifeln oder gar zu leugnen. Diese Verankerung im Glauben ist es, die die dämonische Größe von Tirso de Molinas Don Juan ausmacht. Denn nicht ein skeptischer oder atheistischer Don Juan wäre der größere Sünder, vielmehr begeht er den schlimmsten Frevel gerade deshalb, weil er in der Welt des Glaubens fest verwurzelt ist.

Von Spanien aus gelangt der Don Juan-Stoff zunächst nach Italien, wahrscheinlich durch die zahlreichen spanischen Schauspielertruppen im Königreich Neapel, das seit Kaiser Karl V. unter spanischer Herrschaft steht.[102] Die älteste überlieferte Bearbeitung stammt von Giacinto Andrea Cicognini, sie dürfte um 1650 entstanden sein und erscheint unter dem Titel «Il convitato di pietra»; Goldoni bezieht sich ausdrücklich auf diese Fassung. Cicognini gestaltet die Handlung übersichtlicher, aber er fügt auch eine Anzahl komischer Szenen hinzu. Hier ist bereits die Banalisierung sichtbar, die für die italienische Aneignung des Don Juan-Stoffs insgesamt charakteristisch ist. Obwohl auch Cicognini die Bestrafung Don Juans durch die göttliche Gerechtigkeit übernimmt, ist in seiner Komödie von dem religiösen Schauer, der den «Burlador» geprägt hatte, nichts mehr zu spüren; die metaphysische Tiefe ist verlorengegangen zugunsten eines «Wunderbaren», das nur noch Staunen und Neugier, und zwar in einem ganz oberflächlichen Sinne, hervorrufen soll. Von hier an geht es mit dem Stoff unaufhaltsam bergab, bis in jene Niederungen der verwahrlosten Commedia dell'arte, die in den Aufzeichnungen (1669) des «Arlecchino» Giuseppe Domenico Biancolelli, der den Part von Don Giovannis Diener spielte, festgehalten sind: «Zu Beginn der Schiffbruchsszene bin ich im Hemd, und ich scheine mich im Wasser mit Hilfe von zehn oder zwölf Schweinsblasen zu halten. Ich richte mich auf und ich bücke mich, als ob ich schwömme. […] Ich mache meine lazzi, lasse mich auf den Hintern fallen und bringe dabei eine Blase zum Platzen. Über das Geräusch, das dabei entsteht, sage ich, das sei die Kanone, die ich aus Freude über unsere Rettung abgeschossen hätte.»[103] Diese Fälle, in denen skatologische Elemente und ein recht anspruchsloser Humor dominieren, hat Goldoni im Auge – auch er erwähnt die Schweinsblase –, wenn er darangehen wird, eine gereinigte Fassung des Don Juan-Stoffs auszuarbeiten.

Wenn Goldoni allerdings zu Molières «Dom Juan» lediglich einfällt, die Gottlosigkeit des Protagonisten sei exzessiv und daher abzulehnen, dann geht schon aus dieser Bemerkung hervor, daß er die Version seines großen Vorbildes nur in einer sehr oberflächlichen Weise zur Kenntnis genommen hat; aber auch später, in seiner Komödie Il Molière (1751), wird er ein so seichtes und uninspiriertes Verständnis des großen Komödiendichters offenbaren, daß die wiederholte Berufung auf ihn fast anmaßend erscheint. «‹Don Juan› ist eine Art Mysterium», heißt es in einer vorzüglichen älteren Arbeit; «um sich einem solchen Gegenstand zu nähern, muß man entweder den tiefen Glauben eines Zeitgenossen Philipps II. und der Inquisition haben, oder über die Indifferenz eines Philosophen wie Molière verfügen.»[104] In der Tat ist Molières Dom Juan dem des Tirso de Molina nur dadurch ebenbürtig, daß der Atheismus des Protagonisten ebenso zweifelsfrei und unbeirrbar ist, wie es zuvor der unerschütterte Glaube war. Der Atheismus Dom Juans ist das Gegenteil von Indifferenz: In seiner Unbedingtheit und heroischen Ruchlosigkeit hat er am Absoluten eher Anteil als am platten Vernunftglauben der durchschnittlichen Aufklärer, am religiösen Denken Pascals eher als an Pierre Charrons skeptizistischem Machwerk «De la sagesse», das im 18. Jahrhundert als das «Handbuch des Libertin» gilt.[105] Die berüchtigte «Scène du Pauvre», in der Dom Juan dem Bettler Almosen gibt unter der Bedingung, daß er Gott lästere, ist dem Pathos des wahren Glaubens jedenfalls näher als die pseudoreligiöse Einstellung des Dieners Sganarelle, die von Aberglauben zwar kaum zu unterscheiden ist, aber weit weniger Anstoß erregt als der dezidierte Atheismus Dom Juans:

SGANARELLE Ich wüßte gern, wie Ihr darüber denkt. Ist es möglich, daß Ihr nicht an Gott glaubt?

DOM JUAN Lassen wir das.

SGANARELLE Das heißt nein. Und an die Hölle?

DOM JUAN Eh!

SGANARELLE Dito. Und an den Teufel, bitte schön?

DOM JUAN Ja, ja.

SGANARELLE Auch nicht. Und ans ewige Leben?

DOM JUAN Ah! ah! ah!

SGANARELLE Den zu bekehren, wird mir schwerfallen. Aber sagt mir doch, was haltet Ihr vom buckligen Mönch?

DOM JUAN Zum Henker mit dem Kerl!

SGANARELLE Das geht jetzt aber doch zu weit! Wenn es sonst nichts gäbe, den buckligen Mönch gibt es bestimmt, dafür ließe ich mich hängen. An irgend etwas in der Welt muß man doch glauben.

Dom Juan ist eben wirklich «ein großer Herr, aber ein schlechter Mensch» («grand seigneur méchant homme»), wie er schon in der ersten Szene des ersten Aktes genannt wird. Das gilt selbst dann noch, wenn er sich zum Schluß hinter das Gebaren eines Devoten zurückzieht und damit der Bestrafung durch die Menschen nicht mehr erreichbar ist:

DOM CARLOS Glaubt Ihr, Dom Juan, uns durch derartige Ausreden täuschen zu können?

DOM JUAN Ich gehorche der Stimme des Himmels.

DOM CARLOS Wie! Ihr wollt, daß ich mich mit solchem Geschwätz zufriedengebe?

DOM JUAN Der Himmel will es so.

DOM CARLOS Solltet Ihr wirklich meine Schwester aus dem Kloster entführt haben, um sie anschließend zu verlassen?

DOM JUAN Der Himmel hat es so befohlen.

DOM CARLOS Und wir sollen diesen Makel in unserer Familie dulden?

DOM JUAN Haltet euch dafür an den Himmel.

DOM CARLOS Was denn! immer der Himmel?

DOM JUAN So will es der Himmel.[106]

Obwohl Molière selber mit dem «Tartuffe» demonstriert hatte, daß der Charakter des devoten Heuchlers an Niedertracht kaum zu überbieten ist, bleibt sein Dom Juan, der Wendung zur Hypokrisie ungeachtet, eine imponierende Gestalt durch die Souveränität und Virtuosität, mit der er eine nur noch gesellschaftlicher Disziplinierung und Ächtung dienende, ganz veräußerlichte religiöse Praxis gegen ihre Urheber wendet, bevor diese ihn selbst damit treffen können. Wie schon in der «Scène du Pauvre», so ist auch hier gerade in der radikalen Verneinung des offiziell etablierten Wertesystems ein Moment enthalten, das in Lüge und Unwahrhaftigkeit jedenfalls nicht ganz aufgeht.

Daß der junge Anfänger Goldoni weder in gedanklicher noch in künstlerischer Hinsicht an seinen großen Vorgänger heranreicht, versteht sich von selbst, allerdings fällt bei der Bearbeitung dieses anspruchsvollen Stoffes ganz besonders auf, wie dürftig die Vorstellungen sind, die er mit seiner Arbeit verbindet: außer der Zurückdrängung des wildwuchernden «Wunderbaren» und einer allgemeinen «Mäßigung», die vor allem durch die gebundene Sprache der Verse bewirkt werden soll, sind keine Kriterien erkennbar, denen die Bearbeitung folgt. Teil dieses Reinigungsprozesses soll wohl auch sein, daß jeder Verweis auf die christliche Religion vermieden und statt dessen, ganz im Stil der klassizistischen Tragödie, auf die abgegriffensten Worthülsen einer antikisierenden Mythologie zurückgegriffen wird, auf das elende Geplapper von *destino cruel, gli Dei, perfide stelle,* mit dem sich schon seit Generationen keinerlei Vorstellungen mehr verbinden, am wenigsten jene, die den Don Juan-Stücken von Tirso de Molina und Molière ihre innere Spannung und ihre Würde gegeben hatten. Goldoni schreckt nicht einmal davor zurück, seinen Don Giovanni unter Berufung auf heidnische Gottheiten – *bei Jupiter!* – schwören zu lassen, ohne zu bedenken, daß es unter diesen Umständen natürlich nicht mehr möglich ist, aus Anlaß des die göttliche Weltordnung wiederherstellenden Blitzschlages sich auf den christlichen Wunderglauben zu berufen.

Wahrscheinlich ist ihm dieser Widerspruch nicht einmal aufgefallen; selbst das minimale Interesse am Gegenstand, das hierfür die Voraussetzung gewesen wäre, hat Goldoni nicht aufgebracht. Weil ihm das Thema gleichgültig ist, führt auch der Versuch zu nichts, aus dem auffälligsten Merkmal seiner Bearbeitung auf einen Bedeutungszusammenhang zu schließen, der in einer wie auch immer gearteten Logik des Werkes begründet wäre. Die Eigenschaften, die bisher von der Gestalt des Don Juan nicht ablösbar waren: Mut, Ehrliebe und Großzügigkeit des Denkens, werden von Goldoni in beispielloser Weise negiert. Aus dem Eroberer, dessen erotischer Aura sich keine Frau entziehen konnte, ist – in der einzigen Szene, in der der Protagonist sich einschlägig interessiert zeigt – ein primitiver Gewalttäter geworden, der die zögernde Donna Anna sogleich mit dem Degen in der Hand zwingen will, ihm zu Willen zu sein. Als er schließlich in der Falle sitzt, sinkt er vor seinen Verfolgern in die Knie, bettelt unter Tränen um sein Leben und macht als Entschuldigung für seine Attacke auf Donna Anna geltend, daß er zuviel Alkohol getrunken habe; ja, er entblödet sich nicht, seine Leidenschaft für die Frauen vor sich selbst als bedauerliche Verirrung hinzustellen:

Oh donne, all'uom funeste
Per al vostra beltà! Qual astro fiero,
Schiavo mi vuol di contumaci affetti? [107]

Natürlich ist Don Juan nicht das passive Opfer einer als ich-fremd erlebten Sucht, er ist nicht *Sklave* der Leidenschaft, er selbst i s t die Leidenschaft: tiefer als bei Goldoni kann er nicht sinken. Die Vermutung liegt nahe, der Autor habe mit der Demontierung der Gestalt ein didaktisches Konzept verfolgt, etwa derart, die Zuschauer davon abzuhalten, sich mit dem Laster zu identifizieren, oder er habe es sogar darauf angelegt, in Don Giovanni den Angehörigen der Adelskaste, deren Glanz allein auf Anmaßung und Brutalität beruht, zu treffen. Für beide Vermutungen findet sich indessen im Text des Dramas nicht der geringste Hinweis; der adlige Stand Don Giovannis spielt praktisch keine Rolle, insgesamt wirkt er eher wie ein Angestellter aus dem Kleinbürgertum, der sich als Freizeit-Rowdy betätigt. Genau das entspricht Goldonis Absicht, wenn auch aus Gründen, die nicht im Werk, sondern in seinen Erlebnissen als Theaterdichter begründet sind.

Im Frühjahr 1735 war die Witwe Casanova nach Dresden gegangen, wo sie in den Dienst des Kurfürsten August III. von Sachsen und Königs von Polen trat; die *empfindliche Lücke,* die sie hinterlassen hat, versucht Imer durch das Engagement der Elisabetta Moreri D'Afflisio (genannt La Passalacqua) für die Gesangspartien und der Tonina Ferramonti als Seconda Donna zu schließen. Während die Passalacqua weder die Gunst des Prinzipals noch die des Theaterdichters zu erringen vermag *(Ihre Stimme war nicht rein, ihr Gebärdenspiel einförmig, ihre Mimik übertrieben),* ist Goldoni sogleich für ihre Kollegin entflammt, umso mehr, als deren ältlicher Ehemann nichts dagegen einzuwenden hat, daß der Theaterdichter sich in ganz besonderer Weise für seine Frau engagiert. Der Passalacqua bleibt einstweilen nur, sich mit diesem Zustand abzufinden; als aber die begünstigte Rivalin am 5. August 1735 an den Folgen einer unglücklich verlaufenen Geburt stirbt – *Die traurige Nachricht wurde mir von ihrem schmerzerfüllten Ehemann überbracht. Ich war noch trauriger und noch bekümmerter als er –*, sieht sie ihre Chance gekommen und ergreift unverzüglich die Initiative, keinen Augenblick zu früh, denn der einflußreiche Theaterdichter hat bereits eine neue Begabung entdeckt, der er seinen Schutz angedeihen läßt: eine achtzehnjährige Schauspielerin, die soeben dem Violinspieler Martinelli, einem getauften Juden von sechsundsechzig Jahren, angetraut worden ist. Dieses Mal ist die Sache nicht ganz so einfach, denn der Ehemann erweist sich als eifersüchtig, und Goldoni ist gezwungen, sich *politisch* [108] zu verhalten. Auch die Martinelli ist schwanger; sie wird zur Ader gelassen, erleidet eine Fehlgeburt und stirbt. Goldoni läßt sich von der Passalacqua, aus der er sich nach wie vor nicht viel macht, zu einer nächtlichen Gondelfahrt einladen, bei der der Gondoliere schmelzend Verse aus Tassos «Befreitem Jerusalem» singt – «Ist das nicht sehr schön?» [109], wird Goethe fragen, als er diesen Brauch kennenlernt –, und als er nach einem köstlichen Souper fast schon im Morgengrauen sich endlich auf den Heimweg macht, ist ihm wohl bewußt, daß er soeben eine neue Verpflichtung eingegangen ist: *Ich entwarf nun in aller Eile ein Intermezzo für Madame Passalacqua, ich besuchte sie und las ihr diese ersten Beweise meiner Erkenntlichkeit vor.* Die Witwe Casanova habe sich trotz aller Anhänglichkeit, *die nicht sie für Imer, sondern die Imer für sie* hatte, nach Dresden abgesetzt, hatte Goldoni eben noch süffisant bemerkt; im Verhältnis mit der Passalacqua ist es nun an ihm, den Part Imers zu übernehmen. Alsbald muß er zur Kenntnis nehmen, daß sie es auch mit dem feschen Schauspieler Vitalba treibt, einem *notorischen Weiberhelden* [110], und daß sie nicht im Traum daran denkt, auf seine Vorhaltungen anders zu reagieren als mit gespielter Zerknirschung, einmal sogar mit einer theatralischen Selbstmorddrohung, auf die der Dichter prompt hereinfällt. In dieser Situation kommt ihm der Don Juan-Stoff gerade gelegen: Vitalba wird auf der Bühne zu einem Jammerlappen von Don Giovanni, Elisabetta Passalacqua muß die ungetreue und berechnende Schäferin Elisa spielen; sich selbst, Doktor Carlo, läßt er als Schäfer Carino auftreten, der auf die Drohung der falschen Elisa, sich etwas anzutun, mit der größten Kaltblütigkeit reagiert und sie voller Hohn zu ihrem Liebhaber zurückschickt. Als die empörte Passalacqua sich bei dem Patrizier Michele Grimani, dem Eigentümer des Theaters San Samuele, beschwert, erhält sie den Bescheid, sie habe ihre Rolle zu spielen oder sie werde gefeuert. Das Publikum, dem dieser Hintergrund natürlich nicht verborgen bleibt, findet das Stück prima und verhilft ihm zu einem anhaltenden Erfolg, so daß der Dichter in jeder Hinsicht zufrieden sein kann.

Gewiß hat sich Goldoni später von seinem Drama mit der Bemerkung distanziert, hier habe es sich zwar um einen *reformierten «Steinernen Gast»* gehandelt, aber es sei noch nicht die Reform gewesen, die er eigentlich im Auge hatte [111]; er hat jedoch mit keiner einzigen Bemerkung zu erkennen gegeben, daß seine Verfahrensweise ihm auf irgendeine Art problematisch erschienen wäre. Vermutlich war das auch nicht der Fall. Selbst wenn der Mißbrauch seines Dramas zu einem privaten Rachefeldzug sich in dieser Kraßheit nicht wiederholt hat, so ist er doch charakteristisch für die Sorglosigkeit, mit der Goldoni zeit seines Lebens mit den Inhalten seiner Stücke umgeht; auch dort, wo er dekadente und anmaßende Aristokraten der Lächerlichkeit preisgibt und sich, besonders in den Jahren der «Reform», für die bürgerlichen Tugenden stark macht, ist der Eindruck nie ganz zum Verschwinden zu bringen, so ernst sei es ihm damit nun auch wieder nicht; und endlich ist es zwar seine unbezweifelbare Sympathie für den «minuto popolo», das einfache Volk von Venedig, aus der seine besten Stücke hervorgehen – von *La putta onorata* über *Il campiello* bis *Le baruffe chiozzotte* –, aber deshalb ist diese Vorliebe noch lange nicht zu verwechseln mit sozialem Engagement und dezidiertem Veränderungswillen. *Über die Verteilung der Güter in diesem Leben,* schreibt er mit der größten Seelenruhe in der Widmung zu *La castalda* (1751, *Die Magd*), *fehlt es nicht an den verschiedensten Meinungen. Einige Menschen, die sich mit der Armut nur schwer abfinden können, [...] verstehen es nicht, sich den Gesetzen der Vorsehung zu unterwerfen. [...] Der Arme bedarf des Reichen, um sich zu erhalten; der Reiche braucht den Armen, um seine Güter zu nutzen: einer reicht dem andern die Hand, und eben hierin besteht die vollkommene Harmonie der Welt. [...] Und so führen auch die Reichen nur die Beschlüsse der göttlichen Vorsehung aus, die es den Armen deshalb nicht erlaubt, über Reichtümer zu verfügen, weil sie damit Mißbrauch treiben würden.*[112] Er meint es nicht so. Denn wenn diese Worte auch an Deutlichkeit nichts zu wünschen übriglassen, so handelt es sich doch keineswegs um ein gesellschaftspolitisches Glaubensbekenntnis, sondern sie gehören zu dem Dedikationsschreiben, mit dem die Komödie dem genovesischen Patrizier Marcello Durazzo zugeeignet wird. Was auf den ersten Blick Ausdruck einer extrem reaktionären Gesinnung zu sein scheint, ist nichts anderes als der notwendige Bestandteil eines offiziellen, an eine hochgestellte und wohlhabende Persönlichkeit gerichteten Kompliments, das, wie allgemein bekannt ist, in der sicheren Erwartung einer finanziellen Zuwendung ausgesprochen wird. In diesem Zusammenhang versteht es sich von selbst, daß die bestehende Ordnung nicht in Frage gestellt wird; die Bemerkungen über die ungleiche Verteilung der Güter haben also weniger mit politischer Gesinnung als mit gattungsspezifischen, auf die literarische Form «Dedikation» bezogenen Rücksichten zu tun. Allerdings ist es auch unwahrscheinlich, daß Goldoni sich bei der Abfassung des Widmungsschreibens nennenswerten Zwang auferlegen mußte. Vielmehr ist es ihm ganz unmöglich, die eigenen Überzeugungen zu verraten – vor allem deshalb, weil er keine hat, jedenfalls in politischer Hinsicht. Die pseudopolitischen Bemerkungen in einem Widmungsschreiben ernst nehmen zu wollen, wäre genauso unsinnig wie der

Versuch, aufgrund entgegengesetzter Äußerungen aus Goldoni einen Vorkämpfer sozialer Gleichheit machen zu wollen:

Nati siam tutti eguali: quel ch'è nel monde è nostro,
E dir non so dovrebbe: questo è mio, questo è vostro.[113]

Solche Verse finden sich vorzugsweise in den Stücken, in denen es auf irgendeine Weise um das Leben in «natürlicher» Umgebung oder um das geht, was Goldoni sich unter «Philosophie» vorstellt *(Il filosofo inglese),* oder auch um eine Kombination von beidem *(Il filosofo di campagna).* Die egalitäre Tendenz stellt sich mit dem Ambiente ein, und sie verschwindet auch wieder mit ihm; mit den Kulissen ändern sich die Überzeugungen. Gewiß hat Goldoni eine Reihe von Themen, Gestalten und Motiven, auf die er immer wieder zurückkommt, um sich kritisch mit ihnen auseinanderzusetzen: der heruntergekommene, verelendete Aristokrat; seine Arroganz; seine miserable Zahlungsmoral; das Glücksspiel; das Unwesen des «cicisbeismo»; die unproduktiven und kostspieligen Landaufenthalte. Aber sowenig diese Laster und Gebrechen einem einzigen Stand zugeschrieben werden, sowenig neigt Goldoni dazu, aus den einzelnen Charakterstudien, die er präsentiert, allgemeinere Urteile abzuleiten oder sie zu einer «Tendenz» zu bündeln. Don Marzio, der Marchese di Forlipopoli, der Conte di Albafiorita und alle anderen bilden zusammen nicht «die» Aristokratie, und die Fischer von Chioggia schließen sich nicht mit den kleinen Leuten vom «campiello» zum «Proletariat» zusammen. In diesem Widerwillen gegen Tendenz und Engagement, im Verweilen beim Einzelfall ist Goldonis Stärke begründet.

Um die Eigenart von Goldonis Realismus zu bezeichnen, ist verschiedentlich gesagt worden – vor allem unter Berufung auf das Vorwort zu *I pettegolezzi delle donne (Weibergeklatsche)* –, der Autor habe, wenn er auf der Suche nach einem neuen Thema war, lediglich aus dem Fenster schauen müssen, um zu einem Stück angeregt zu werden. Wie es sich damit auch verhalten mag, unbezweifelbar ist jedenfalls, daß Goldoni auf diese Weise zu einer Ehefrau kommt. Seit dem Doppelabenteuer mit *Mamsell Mar.* und dem *Affengesichtchen* hatte er nicht mehr ans Heiraten gedacht: *Meine Freiheit ging mir über alles.* Nun aber zeigt sich, daß das Lavieren zwischen Schauspielerinnen, Ehemännern und anderen Rivalen doch seine Spuren hinterlassen hat: *Das Leben, das ich unter den Theaterleuten führte, schien mir gefährlich zu sein. Was mir bis jetzt widerfahren war, ließ mich noch Schlimmeres befürchten; schließlich kam ich zu dem Ergebnis, das beste Mittel, einer schlechten Ehe aus dem Wege zu gehen, sei es, mich auf anständige Weise zu verheiraten. Der bequeme Ausblick, den ich täglich von meinem Fenster aus hatte, fachte mein Feuer immer mehr an und bestärkte mich in meinem Vorsatz.*[114] Die Rede ist von Nicoletta Connio, der zukünftigen Ehefrau. Durch seine Erlebnisse mit der Passalacqua in seiner Lebensführung verunsichert, war Goldoni im Frühjahr 1736 mit der Imerschen Truppe nach Genua gezogen, wo er sich

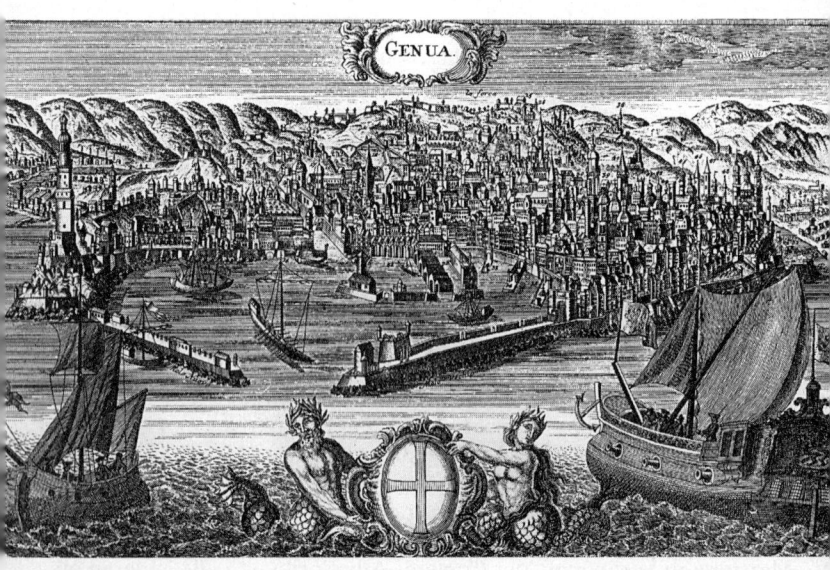

Genua. Kupferstich von Johann Georg Ringlin
nach Friedrich Bernhard Werner, um 1740

alsbald mit dem Notar Agostino Connio anfreundet, dessen Wohnung
der seinen gegenüberliegt; die neunzehnjährige Nicoletta gefällt ihm,
und er hält um ihre Hand an: soweit die *Prefazioni*. Später scheint ihm
dieser Hergang allzu prosaisch vorgekommen zu sein, so daß er in den
Memoiren die Folge der Ereignisse umkehrte: Jetzt erblickt er zuerst das
junge Mädchen am Fenster, dann erst, um sich ihr nähern zu können,
sucht er die Bekanntschaft ihres Vaters. Dieses Mal allerdings fällt der
Unterschied zwischen den beiden Fassungen der Autobiographie kaum
ins Gewicht, denn auch in den *Memoiren* tritt Nicolettas Gestalt nicht
deutlicher hervor. Goldoni hat sich der Mühe enthoben, auch nur mit
einem einzigen Wort auf ihr Äußeres einzugehen; ihre sinnliche Präsenz
beschränkt sich auf den einen Augenblick am Fenster, dann huscht sie ins
Zimmer zurück. Sie erinnert an die Zofe der Donna Elvira (in Da Pontes
und Mozarts Oper), Don Giovannis letzte Liebe, die auch nur einmal als
Schatten am Fenster sichtbar wird, so daß man sich fragen mag, ob sie
wirklich oder nur in der Einbildung des Protagonisten existierte. Mit welcher Ausführlichkeit ist dagegen die Art und Weise geschildert, wie Goldoni und Nicolettas Vater Bekanntschaft schließen! Wie anschaulich und
gegenwärtig wird hier plötzlich ein Stück Alltagsleben präsentiert; wie
freut sich der junge Autor, daß er den Notar, der durch seine herausgeho-
bene Stellung bei der St. Georgs-Bank (einer Art Staatsbank) großes

Ansehen genießt, über eine Fehleinschätzung, seine Person betreffend, korrigieren kann. Man muß diesen Auftritt, der mit der Präsentation eines Wertpapiers beginnt, in seinem ganzen Umfang zur Kenntnis nehmen, wenn man sich vergegenwärtigen will, wie Goldoni in seiner Lebensgeschichte die Akzente setzt, die ihm wirklich am Herzen liegen: *Der brave Mann empfing mich sehr höflich und erklärte mir meinen Irrtum. Er sagte, diese Billetts würden bei der Bank nicht bezahlt, allein der erste beste Wechsler oder auch der erste beste Kaufmann würde mir das Geld auf der Stelle gegeben haben. Ich entschuldigte mich, sagte, daß ich ein Fremder, sein Nachbar sei [...]. Ich wollte noch mehr sagen, aber die Stunde war um, er bat mich, daß ich ihm erlauben möchte, sein Kabinett zuzuschließen; wir könnten ja auf dem Wege mehr zusammen sprechen. Wir verließen die Bank, und er schlug mir vor, bis es Zeit zum Mittagessen würde, einstweilen eine Tasse Kaffee zu trinken. Ich nahm den Vorschlag an, denn in Italien trinkt man des Tages bis an zehn Tassen Kaffee. Wir traten in die Butike eines Limonadenhändlers. Herr Connio hatte mich öfters unter den Komödianten gesehen und fragte mich, was ich für Rollen spielte. «Ihre Frage», antwortete ich ihm, «beleidigt mich nicht. Jeder andere würde sich wie Sie getäuscht haben.» Ich sagte ihm, wer ich sei und was ich triebe. Er entschuldigte sich: er liebte das Schauspiel, ging fleißig in die Komödie, hatte meine Stücke gesehen und freute sich so sehr über meine Bekanntschaft wie ich mich über die seinige. So waren wir schon nah zusammen. Er besuchte mich, ich besuchte ihn. Ich sah Mamsell Connio und entdeckte täglich neue Reize und neue Vorzüge an ihr. Nach Verlauf von einem Monat hielt ich selbst bei Herrn Connio um seine Tochter an.*[115] Während es Goldoni mühelos gelingt, sein Entzücken über den zukünftigen Schwiegervater mitzuteilen, bleiben die *Reize* und *Vorzüge* Nicolettas abstrakt. Auch in Zukunft bleibt sie stumm; nicht ein Wort von ihr ist in direkter Rede überliefert, keine Geste hat sich ihrem Manne so nachhaltig eingeprägt, daß sie in der Erinnerung wieder lebendig geworden wäre; das ist umso auffälliger, als die Umsetzung des Erlebten in lebhafte kleine Szenen von ausgeprägter Anschaulichkeit das auffälligste Stilisierungsprinzip der *Memoiren* ist. Wie Nicoletta ihre am 23. August 1736 geschlossene Ehe erlebt hat, bleibt im Dunkel; daß ihr Mann sein Leben lang davon überzeugt war, die richtige Wahl getroffen zu haben, steht dagegen außer Zweifel. *Sie weiß unfehlbar,* heißt es in einem an den Schwiegervater gerichteten Widmungsschreiben, in dem Goldoni nach mehr als zwei Jahrzehnten eine Art Bilanz zieht, *wann sie mit mir sprechen soll, und wann es mir lieber ist, wenn sie schweigt. Meine Stimmungen, die Erschöpfung, meine Arbeit lassen mich manchmal unruhig, gereizt und grillenhaft werden; sie kennt diese Zustände, nimmt sie hin, schweigt und stört mich nicht. Haben sich diese dunklen Schatten dann wieder verzogen, so ist sie gleich bereit, mich mit einer scherzhaften Bemerkung aufzumuntern und mich allen Ärger vergessen zu lassen. Unsere Unterhaltung*

Das Theater San Giovanni Crisostomo. Kupferstich aus dem 18. Jahrhundert

ist dann noch genauso angenehm wie in den ersten Tagen unserer Ehe; und wenn ich ihr dann alle meine Gedanken und Pläne mitteile, so habe ich bisher noch immer gute Ratschläge und vernünftige Hinweise von ihr erhalten.[116] Diese Worte, mit denen Goldoni die Geduld und das Einfühlungsvermögen seiner Frau hervorhebt, sind zugleich eines der wenigen Zeugnisse, in denen für einen Moment der Blick freigegeben wird auf seinen Charakter, der jedenfalls sehr viel komplexer und auch schwieriger ist, als es die konsequent betriebene Selbststilisierung üblicherweise erkennen läßt. Angesichts seiner Labilität und der Fahrlässigkeit im Umgang mit sich selbst trifft Goldoni eine Wahl des Verstandes, nicht des Herzens, wie er auch gegenüber dem Schwiegervater ohne weiteres eingesteht, wenn er bemerkt, er habe für Nicoletta zunächst *Hochachtung,* erst mit der Zeit auch *Liebe* empfunden. Diese Achtung, die in allen Äußerungen Goldonis über seine Frau spürbar ist, ist seine Form des Dankes für die Geduld und Nachsicht, mit der sie darüber hinwegsieht, daß er seine Vorliebe für die Soubretten nach wie vor praktiziert. Allmählich wird zur Gewißheit, daß die Ehe kinderlos bleiben wird; auch das dürfte dazu beitragen, daß Nicoletta sich immer mehr auf den engsten häuslichen Bereich zurückzieht. Als nach der Übersiedelung nach Frankreich, die für beide einen vollkommenen Bruch mit dem bisherigen Leben und für Nicoletta den endgültigen Abschied von ihrer Familie bedeutet, ihre Isolation den Höhepunkt erreicht, fällt Goldoni einmal auf, daß seine Frau, die die Sprache der neuen Umgebung nicht beherrscht, möglicherweise Grund hat, mit ihrer Situation nicht ganz zufrieden zu sein. *Meine arme Frau [...] ist zu Hause bei ihren Hunden, mit denen sie ab und zu in den Park geht; müßte sie nicht die Hunde ausführen, ich glaube, dann würde sie überhaupt nicht mehr das Haus verlassen. Manchmal tut sie mir leid, wenn ich sie so allein sehe, aber dann denke ich mir: wenn es schon so schwer ist, den Mittelweg zu finden, dann ist es für eine Frau besser, sie zieht sich zu sehr zurück, als daß sie zu munter wäre.*[117] Die Signora mit den Hunden: sie ist erst achtundvierzig Jahre alt, als dieser Brief geschrieben wird (1765), und doch ist es das Bild einer ganz alten Frau, das Goldonis Worte hervorrufen. Nach dem Kennenlernen am Fenster, einem ganz konventionellen Komödienmotiv, ist es das erste (und einzige) Bild der Nicoletta. Es vergißt sich nicht mehr, weil es zugleich das Sinnbild ihres Lebens ist.

Für das Theater San Giovanni Crisostomo, dessen Leitung Goldoni im Jahre 1736 übernommen hat, entstehen einige Opernlibretti, in denen er mit Metastasio zu wetteifern versucht; *Gustavo Primo Re di Svezia* wird immerhin von Baldassare Galuppi (genannt Il Buranello) vertont, einem der bedeutendsten italienischen Komponisten der Zeit, dessen Stärke

Baldassare Galuppi.
Kupferstich von G. Bernasconi

Antonio Sacchi
als Arlecchino

aber auch eher – wie sich während der langen und fruchtbaren Zusammenarbeit mit Goldoni herausstellen wird – die Opera buffa mit aktueller, satirisch zugespitzter Handlung ist (*L'Arcadia in Brenta*, 1749, *Arkadien an der Brenta*). Daneben fährt Goldoni fort, für Imers Truppe alte Stoffe zu «reinigen»; immer noch sind es die Intermezzi, die am besten gelingen (*La bottega del caffè, Das Kaffeehaus,* und *L'amante cabala*). Als jedoch im Herbst 1738 der aus Rußland zurückgekehrte «Arlecchino» Antonio Sacchi zu Imers Truppe stößt und durch ihn sowie durch den ebenfalls neu hinzugekommenen «Pantalone» Francesco Bruna, genannt Golinetti, das Theater San Samuele zur ersten Bühne Venedigs, ja ganz Italiens wird, wagt Goldoni es zum erstenmal, eine eigene große Komödie auf die Bühne zu bringen; deren Titel, *Momolo cortesan,* ist so ausgeprägt venezianisch, daß er selbst in Italien nicht überall verständlich ist. *Momolo ist im venezianischen Dialekt das Diminutiv von Girolamo (Hieronymus). [...] Der Ausdruck ‹cortesan› ist nicht das verdorbene ‹courtisan›, vielmehr kommt es von ‹courtoisie› und ‹courtois› her. [...] Der wahre venezianische Cortesan ist ein Mann von Rechtschaffenheit, dienstfertig und behilflich. Er ist großmütig ohne Verschwendung; [...] er liebt die Weiber, ohne sich an sie zu fesseln; er liebt das Vergnügen, ohne sich zugrunde zu richten [...]. Ist das nicht das Bild eines vollkommenen Mannes, eines Mannes von Welt?*[118] Mit *Momolo cortesan* ist der erste entscheidende Schritt der «Reform» bereits getan: im Zentrum der Komödie steht nicht mehr eine mehr oder weniger komplizierte Intrige oder der ausufernde Aktionismus der Commedia dell'arte, sondern der «Charakter». Um ihn der Improvisation der Schauspieler zu entziehen, schreibt Goldoni die Rolle des Momolo sowie einige Dialoge mit den «ernsthaften» Charakteren aus, zugleich aber läßt er, um das Publikum nicht zu überfordern, die gewohnten Masken des Dottore, Brighella und natürlich des Truffaldino, wie sich Sacchi in der Rolle des Arlecchino nennt, bestehen. Eine Meisterleistung ist die Exposition: Ein Gondoliere setzt das Ehepaar Silvio und Beatrice an Land, die zwar noch jung sind, aber die Flitterwochen schon einige Zeit hinter sich haben; sie sind nach Venedig gereist, um sich den Karneval anzusehen, und fühlen sich einstweilen noch etwas befangen und unsicher, was die junge Frau durch weltläufiges Nörgeln zu überspielen versucht:

BEATRICE *Dieses Herumstehen auf der Straße paßt mir nicht. Anderswo kommt das Personal heraus, um die Fremden zu empfangen. Hier sieht man keinen Menschen.*[119]

Auf der anderen Seite aber sind der Wirt Brighella, der zweifelhafte Geschäftemacher Ludro und der faule Dienstmann Truffaldino schon längst dabei, die Touristen nach Status, Familienstand und Einkommen einzuschätzen, um soviel wie möglich von ihnen zu profitieren. Kurz darauf hat Silvio seine gesamte Barschaft im Spiel an Ludro verloren, und seine Frau ist vollauf damit beschäftigt, notdürftig zu verbergen, daß sie dem draufgängerischen Charme Momolos schon halb erlegen ist.

Momolo ist ein Abkömmling des venezianischen Kaufmanns, dem die Erinnerung an die heroische Zeit seines Ursprungs noch nicht entglitten ist, ganz im Gegensatz zu den blassen und schlaffen «Amorosi» der späteren Komödien, denen man anmerkt, daß sie in einem Gemeinwesen aufgewachsen sind, das den Glauben an sich selbst verloren hat, sich vor den eigenen Waffen fürchtet und nur noch von einem feigen Neutralismus sich eine letzte Frist für sein elendes Dasein erhofft. Gewiß, Momolo ist nicht mehr mit dem (um 1229 nachgewiesenen) Kapitän Marco Magadezzo zu vergleichen, der, als es um die venezianische Flotte verzweifelt stand und der Feind sich schon der Flagge seines Schiffes bemächtigt hatte, einem Mohren den Arm abschlug und mit blutigem Griffel einen roten Kreis auf weiße Leinwand malte, zum Zeichen, daß noch nichts verloren sei; seitdem führte seine Familie den Ehrennamen «dei Barbari»[120]. Eher erinnert er an den bramarbasierenden Capitano Spavento der Commedia dell'arte, wenn er ankündigt, er werde seinen Nebenbuhler *wie ein Brathähnchen in vier Stücke hauen*[121]. Dennoch zweifelt niemand daran, daß er Manns genug ist, seinen ziemlich groß-

Capitan Espavinta

spurigen Worten auch die entsprechenden Taten folgen zu lassen, und die kaltblütige und geistesgegenwärtige Weise, in der er einen Schlägertrupp, den der feige Ottavio auf ihn angesetzt hat, abfängt und gegen den Urheber in Marsch setzt, ist eine so bravouröse Aktion, daß sie auch einem Don Juan nicht übel angestanden hätte. Überhaupt hätte Goldoni keine bessere Gestalt als Momolo erfinden können, wenn es ihm darum gegangen wäre, die Gestalt des Don Juan nicht bloß zu «reinigen», sondern ihn nach Venedig zu versetzen. Natürlich in verkleinertem Maßstab, vielleicht als Miniatur in der Art der berühmten Rosalba Carriera, die sich vor Aufträgen von wohlhabenden Besuchern der Stadt nicht retten kann. Momolo ist alles andere als dämonisch, und wenn er, wie Don Juan, sagt: *Damit hat es noch lange Zeit,* so meint er nicht das Jüngste Gericht, sondern die Ehe. Einstweilen verkündet er überall, er wolle seine *Freiheit* genießen – solange das Geld reicht, das er zwar nicht zu verschwenden, aber auch nicht zu horten gedenkt. *Wenn ich Geld ausgebe, will ich etwas davon haben und es nicht einfach zum Fenster hinauswerfen.* Aber ausgeben will er es eben doch. Momolo ist zwar Kaufmann und hält auf seine Standesehre, aber er wendet bedeutend mehr Energie und Gedanken darauf, sein Geld unter die Leute zu bringen, als es zu verdienen; die «protestantische Ethik» (Max Weber), die dem modernen Kapitalismus erst seine innere Dynamik verleiht, hat sich jedenfalls noch nicht bis nach Venedig herumgesprochen. Momolo denkt mehr an die Vorzüge eines angenehmen Lebens, als für seinesgleichen gut ist; daher geht ihm auch schneller als erwartet das Geld aus. Trotzdem kapituliert er noch nicht, obwohl er einen ehrenvollen Rückzug antreten könnte, denn die Tochter des Dottore, Eleonora, hat ihm erklärt, sie wolle so lange auf ihn warten, bis er aus freien Stücken sich entschließen werde, sie zu heiraten:

MOMOLO *Und falls es erst in zehn Jahren so weit sein wird?*
ELEONORA *Selbst wenn ich mein Leben lang warten müßte. […]*
MOMOLO *Habe die Ehre, Fräulein Leonora, ich gehe jetzt zu meiner Tänzerin.*
ELEONORA *Gehen Sie nur. Aber vergessen Sie mich nicht.*

Das ist eine Sprache, die mit ihrer Einfachheit und unprätentiösen Direktheit durchaus neu auf der Bühne ist. Momolo ist beeindruckt, aber er gibt sich nicht geschlagen; erst als Eleonora, die von seinen Schwierigkeiten gehört hat, ihm ohne Bedingungen ihren gesamten Schmuck zur Verfügung stellt, ist er von so viel Liebe überwältigt und streckt die Waffen: *Ihren Schmuck zu opfern, das ist das Höchste, was eine Frau aus Liebe zu tun vermag.* Obgleich Momolos Sinneswandel mit romantischer Liebe nicht eben viel zu tun hat, stellt sich am Schluß dennoch nicht der ernüchternde Eindruck her, er handle aus Berechnung und heirate nur um des

Capitano Spavento

Geldes willen: zu treuherzig ist die Begeisterung, mit der er selbst überall herumerzählt, was ihn an Eleonora besonders beeindruckt hat: *Sehen Sie das Mädchen da? Als ich knapp bei Kasse war, hat sie den Mut gehabt, ihren Schmuck für mich zu opfern.*[122] Momolos Gefühl ist zwar alles andere als sublim, aber in seiner handfesten Art ist es durchaus authentisch; in ihm wirkt der gesunde, unsentimentale Erwerbssinn nach, der Venedig groß gemacht hatte. Da er aber trotz seiner Robustheit nicht unempfänglich ist für das zartere Empfinden Eleonoras, die wiederum bei aller Innigkeit sehr überlegt vorgeht und genau weiß, wie sie dem störrischen Junggesellen am besten beikommen kann, ist ihre Verbindung durchaus nicht ohne Chance für die Zukunft, jedenfalls keine durch die Gesetze der Gattung Komödie gestiftete Zwangsehe.

Schon das nächste Stück, *Momolo sulla Brenta* (1739), sorgt im Publikum und unter den Schauspielern für Unruhe. Obwohl der Protagonist wiederum Momolo heißt und von Golinetti dargestellt wird, ist die neue Komödie doch nur insofern eine Fortsetzung des *Momolo cortesan,* als dessen etwas leichtsinniger Umgang mit dem Geld zu bedenkenloser Verschwendungssucht gesteigert ist; der «Charakter» des Verschwenders, der dieses Mal im Mittelpunkt steht (und der überarbeiteten Fassung den Titel geben wird) ist jedoch so lebensecht gezeichnet und trifft den Typus des reichen, sein Geld in den Brenta-Villen verschleudernden Patriziers so genau, daß sofort das Gerücht entsteht, Goldoni habe sich den Besitzer des von ihm geleiteten Theaters, Grimani, zum Vorbild genommen; besonders die ständige Redewendung des «Verschwenders» Momolo, mit der dieser seinem betrügerischen Verwalter alle Entscheidungen überläßt: *caro vecchio, fè vu (Lieber Alter, kümmert Ihr Euch drum)*[123], scheint hierzu beigetragen zu haben. Die Sache geht noch einmal gut, da Grimani sich nichts anmerken läßt, was ihm umso leichter gefallen sein dürfte, als das Stück erfolgreich ist. Ernster zu nehmen, jedenfalls auf längere Sicht, sind die Klagen der Maskenschauspieler, die sich gegen die schon deutliche Konturen annehmende «Reform» wenden, weil sie befürchten, immer mehr von der Bühne verdrängt zu werden; um sie zu besänftigen, schreibt Goldoni *Harlekins zweiunddreißig Unglücksfälle,* eine Skizze der Handlung ohne ausgeschriebene Rollen *(canovaggio)*, wie sie den Aufführungen der herkömmlichen Commedia dell'arte zugrunde liegt.

Vorerst verfolgt Goldoni seine Reformpläne ohnehin nicht weiter. Nach dem Tode des Grafen Tujo, der in Venedig viele Jahre lang das Amt eines Konsuls der Republik Genua ausgeübt hatte, setzt er alles daran, zum Nachfolger ernannt zu werden: Im Dezember 1740 ist er am Ziel, Anfang Januar 1741 nimmt er seine neue Tätigkeit auf. Allerdings beruht die ganze Angelegenheit von Anfang an wohl auf einem Mißverständnis. Goldoni will unbedingt Konsul werden, weil Genua durch keinen anderen Repräsentanten in Venedig offiziell vertreten ist; anscheinend rechnet er damit, nicht nur für wirtschaftliche Belange, sondern auch für den im engeren Sinne politischen Bereich zuständig zu sein und damit de facto in den Rang eines Botschafters erhoben zu werden. Tatsächlich kann er schon in seiner Depesche vom 14. Januar voller Stolz berichten, daß er die hohe Ehre hatte, sein Beglaubigungsschreiben vor dem versammelten Rat der Weisen dem Dogen persönlich zu überreichen: *Es handelt sich hierbei um eine Auszeichnung, die den anderen Konsuln nicht zuteil wird und die auch für meine Nachfolger von Bedeutung sein wird.*[124] Er zweifelt nicht daran, daß die Republik Genua diese Aussicht zu schätzen weiß, und er hat daher auch keine Bedenken, die große Wohnung in der Saliziada San Lio, die er mit seiner Familie erst vor kurzem bezogen hat, mit einer Residenz in der Calle della Testa zu vertauschen, um in der Lage zu sein, seine Botschafterkollegen angemessen zu empfangen; die Räume müssen entsprechend möbliert, die Dienerschaft muß vermehrt werden. Da er es außerdem für unschicklich hielte, *wenn der Botschafter einer Republik sich von Schauspielern bezahlen ließe,* verzichtet er auf das Gehalt, das er bislang vom Theater San Samuele bezogen hat. Wie zuvor Momolo, ist nun auch Goldoni unangenehm überrascht, als er schon bald feststellen muß, daß er kein Geld mehr hat. Zwar war ihm aufgefallen, daß in seinem Ernennungsschreiben von einem Gehalt *nicht die Rede war,* dennoch hatte er sich *geschmeichelt,* daß man ihn für seine Tätigkeit auch bezahlen werde. Als er endlich nach seinen Bezügen fragt, erhält er zur Antwort, Graf Tujo habe das Amt zwanzig Jahre lang ohne Bezahlung ausgeübt, und da durch den Aufstand auf Korsika die Staatskasse erschöpft sei, sehe man sich auch in seinem Falle leider nicht in der Lage, ein Gehalt zu bezahlen.[125]

Bei einem einzigen offiziellen Anlaß, wie es etwa die öffentliche Amtseinführung eines fremden Botschafters ist, sind allein vierzig Zechinen für eigene Kleidung und die Livreen der Dienerschaft fällig; angesichts der enormen Kosten, die von Goldoni sämtlich (mit Ausnahme einer einmaligen Gratifikation von fünfhundert Lire) selbst zu bezahlen sind, ist der nie nachlassende Eifer des Konsuls in der Tat bemerkenswert, umso mehr, als man ihn zwei Monate lang vergebens um Instruktionen für seine Arbeit betteln läßt; als man ihm endlich mitzuteilen geruht, er solle einfach so weitermachen wie bisher, verspricht er, seinen Vorgesetzten nicht länger mit Fragen auf die Nerven zu gehen und dankt Gott dafür, daß er nun über seine Pflichten *erleuchtet*[126] sei. Allmählich bildet sich eine Art Schema für die in wöchentlichem Abstand einander folgenden Depeschen heraus: Auf die Meldung, wie viele Handelsschiffe aus Genua in Venedig eingelaufen seien, läßt der Konsul einen außenpolitischen tour d'horizon folgen, in dem regelmäßig – es ist die Zeit des Österreichischen Erbfolgekrieges – von Kaiserin Maria Theresia, König Friedrich II. von Preußen und den Türken die Rede ist. Im übrigen fühlt er sich für alles zuständig, was in irgendeiner Weise mit der ligurischen

Republik zu tun hat, vom Familiendrama – so wird die ganze Sippschaft Perelli per Schub nach Genua zurückgeschickt, nachdem Goldoni durch ein militärisches Kommando den blutschänderischen Vater aus dem Bett seiner Tochter hatte holen lassen – bis zu dem Gerücht, der berühmte Betrüger Baron Theodor Neuhoff, der sich einige Jahre zuvor zum König von Korsika hatte krönen lassen, halte sich in Venedig auf; der Konsul engagiert daraufhin eine größere Anzahl von Spitzeln, wie immer auf eigene Kosten, und läßt alle Hotels, Absteigen und Kneipen durchkämmen. Nur allmählich dämmert ihm, daß er vielleicht auf einen Scherz hereingefallen ist, den sich der spanische Botschafter mit ihm erlaubt hat: *Nachdem alle meine Bemühungen, das vorgenannte Subjekt ausforschen zu lassen, vergebens waren, habe ich die Hoffnung auf einen Erfolg fast aufgegeben. Sollte der Urheber dieses falschen Gerüchts vorsätzlich gehandelt haben, so möge Gott ihm den Schaden verzeihen, den er mir zugefügt hat.*[127] Da es im wesentlichen um Fragen der Wirtschaft und des Handels geht, mit denen er sich von Amts wegen zu befassen hat, erwirbt er jetzt genauere Kenntnisse in einem Bereich, von dem er bisher nur verschwommene Vorstellungen hatte. Seine literarische Produktion wird hiervon nachhaltig beeinflußt: Für mehr als ein Jahrzehnt wird der ehrbare Kaufmann für Goldoni zu einem gesellschaftlichen Leitbild, durch das es allererst möglich wird, individuelles Fehlverhalten und charakterliche Gebrechen nach einem einheitlichen Maßstab zu korrigieren, wie es die traditionelle Aufgabe der Komödie ist. Dieses Leitbild muß Goldoni erst konstruieren, er findet es nicht fertig in der Wirklichkeit vor. Im Gegenteil. Wenn in seinen Depeschen ein Kaufmann erwähnt wird, dann ist die Pleite in der Regel nicht weit; innerhalb kürzester Zeit brechen in Venedig vier namhafte Unternehmen zusammen, und zwar unter Umständen, die dem Tatbestand des betrügerischen Bankrotts zumindest recht nahe sind: *Nun hörte ich von nichts mehr als von Fallimenten und bemerkte, daß alle, die sich zurückzogen, retteten oder ertappen ließen, ihr Verderben einzig der Prätention, den Ausschweifungen und der Unordnung zuzuschreiben hatten.*[128] Auf diesen Erfahrungen beruht die folgende Komödie (*Il mercante fallito*, 1741), in der, wie der Autor versichert, bereits große Partien schriftlich fixiert sind; sie erhält später den Titel *La bancarotta (Der Bankrott)*. Der «typische» Kaufmann ist nun nicht mehr der sorglose und unbefangene Momolo, sondern Pantalone, an den schon hier der Familienname Momolos, *de' Bisognosi*, übergegangen ist. Allerdings ist Pantalone, der komische, leicht vertrottelte Alte der Commedia dell'arte, von Goldoni hier noch nicht zum Muster eines ehrbaren und besonnenen Handelsmannes und Bürgers aufgewertet, vielmehr ist er es, der duch törichtes Geschäftsgebaren, vor allem aber durch ständige Zuwendungen an die raffgierige Sängerin Clarice, den Ruin seines Hauses und seiner Familie selbst verschuldet hat. Die Eingangsszenen, in denen die Situation exponiert wird, sind, wie so oft bei Goldoni,

Pantalone. Kupferstich von Jacques Callot, 1619

von besonderer Prägnanz. Im Gespräch mit seinem Diener Brighella höhnt Graf Silvio (der sich später als Betrüger entpuppen wird), Pantalone habe sich die Pleite selbst zuzuschreiben, da er versucht habe, mit ihm, dem Aristokraten, um die kostspielige Gunst Clarices zu konkurrieren;

ohne zu erwähnen, daß er und seinesgleichen den Konkurs der bürgerlichen Kaufleute mitverschulden, da sie nicht daran denken, die gelieferten Waren zu bezahlen. Die Handlung ist klar gegliedert: am Ende des ersten Aktes ist Pantalones Geschäft gerade noch einmal saniert, dank der Hilfe des Dottore, der sich nicht nur auf raffinierte juristische Tricks, sondern auch auf den Umgang mit Gläubigern versteht:

DOTTORE *Grüßen Sie sie ganz besonders höflich. Reden Sie mit ihnen über alles Mögliche, über den Krieg, aber niemals über Zinsen. [...]*

PANTALONE *Aber wenn mir einer von ihnen die Fresse poliert?*

DOTTORE *Umso besser für Sie; dann ist Ihr Konto saldiert.*[129]

Der zweite Akt führt zunächst das mustergültige Verhalten von Pantalones Sohn Leandro vor, auf den das Geschäft übertragen worden ist, bevor sein Vater, ungeachtet aller Gelöbnisse, sich zu bessern, in den alten Schlendrian verfällt, Ware verschleudert und auch fortfährt, der Sängerin den Hof zu machen. Im letzten Akt schließlich ist Pantalone, nachdem er sein letztes Geld im Spiel verloren hat, definitiv am Ende; er wird unter Kuratel gestellt, das Geschäft wird endgültig von Leandro übernommen, der sich korrekt, aber nicht kleinlich zeigt. Insofern scheint die Botschaft klar zu sein, die Goldoni seinem Publikum zu übermitteln gedenkt: Eine nachhaltige Wendung zum Besseren ist von der Generation der Väter nicht mehr zu erwarten; soll die aus Fahrlässigkeit und Korruption hervorgegangene Misere wirklich ein Ende haben, so müssen die Söhne alle Energie darauf verwenden, eine neue Ordnung durchzusetzen, und zwar auf der Grundlage von Moral, Tüchtigkeit und Vernunft. Das letzte Wort allerdings hat Pantalone, der zwar sein Versagen einsieht und die neuen Regeln nicht direkt in Frage stellt, dem neuen Vertrauen in die Vernunft, ja in die Besserungsfähigkeit der Menschen überhaupt, jedoch eher skeptisch begegnet:

PANTALONE *Ein Kaufmann, der aus Unverstand Konkurs gemacht hat, denkt nur solange daran, sein Verhalten zu ändern, als es ihm schlechtgeht; kaum ist er wieder auf den Beinen, so kehrt er auf den Weg zurück, der in die Pleite führt. Was bedeutet dieser Unfug? Nichts anderes, als daß die Menschen das Gute nur dann erkennen, wenn es ihnen schlechtgeht.*[130]

Was auch immer Goldoni selbst über die Möglichkeit einer Erneuerung der wirtschaftlichen Verhältnisse in Venedig nach Maßgabe von Moral und Vernunft gedacht haben mag, unbezweifelbar ist, daß seine eigene Lebensführung eher durch Pantalones Worte charakterisiert wird als durch die Maximen Leandros. Seitdem er in den Diensten der Republik Genua steht, ist es eigentlich nur noch eine Frage der Zeit, wann er selbst bankrott sein wird. Seine finanzielle Situation verschlechtert sich zusehends, und zwar nicht nur durch die gewaltigen Ausgaben, die er seinem neuen Stand schuldig zu sein glaubt; seit dem Ausbruch des Österreichischen Erbfolgekrieges wirft der Familienbesitz im Herzogtum Modena

keine Rente mehr ab, und selbst das neue Stück bringt nichts mehr ein, da er auf sein Gehalt als Theaterdichter verzichtet hat. Goldoni, der doch in der Lage ist, den Dünkel heruntergekommener Aristokraten wie die angestrengte Vornehmheit des Parvenus auf der Bühne der Lächerlichkeit preiszugeben, bemerkt nicht, daß er selbst zur komischen Figur wird, wenn er sich in einen Wettbewerb begibt, den er nicht gewinnen kann, auch dann nicht, wenn er, wie es mehrfach geschieht, die Sache Genuas vor venezianischen Gerichten erfolgreich vertritt. Der Konsul Goldoni, schreibt der spanische Botschafter in Venedig, Marchese Giambattista de Mari, «hat einige Talente und lebte von seinen Einkünften als Schriftsteller, indem er seine Opernlibretti mit Widmungen versah und einige Dramen und Komödien bearbeitete. Er ist völlig mittellos; wer aber trotz seiner Armut viel Geld ausgeben will, der wird leicht zum Betrüger. Das ist auch hier geschehen, wobei es um einige goldene Tabatieren ging [...], die er verpfändete, statt sie zu verkaufen. [...] Der Beschuldigte ist geständig und hat sich verpflichtet, das Geld ratenweise zurückzuzahlen.»[131]
In Goldonis Darstellung fehlt zwar der betrügerische Vorsatz, aber er gibt zu, die kostbaren Dosen, die er für einen Mandanten verkaufen sollte, einem Mittelsmann anvertraut zu haben, der sie verpfändet und den Erlös unterschlagen habe. Selbst hier bleibt die Sache zweideutig; am wahrscheinlichsten ist wohl, daß Goldoni, ohne den Eigentümer schädigen zu wollen, durch Verpfändung der Dosen sich eine kurzfristige Erleichterung seiner immer schwieriger werdenden Situation verschaffen wollte. Zwar kommt Agostino Connio, der Schwiegervater, für den materiellen Verlust auf, aber auch er kann nicht verhindern, daß sich die Angelegenheit herumspricht und Goldonis Ruf nachhaltig schädigt.

Im Frühjahr 1742 häufen sich die Umstände, die Goldoni vollends mürbe machen und ihm schließlich den Rest geben. Während die Schauspieler bereits in Genua sind, hält er sich noch in Venedig auf, wo sein Bruder ihm auf der Tasche liegt; immerhin kann er sich darauf freuen, der Truppe nachzureisen, die zwar Sacchi und Golinetti verloren, dafür aber eine reizende Soubrette, die Baccerini, gewonnen hat. Sie ist nicht weniger durchtrieben als die Passalacqua, aber viel hübscher, und sie interessiert ihn sehr. In der Komödie, die er für sie schreibt *(La donna di garbo, Die geschickte Frau)*, sind zum erstenmal sämtliche Rollen ausgeschrieben, so daß er sie später als seine *Erstgeborene*[132] bezeichnen wird. Da erreicht ihn die Nachricht, daß die Baccerini am 23. März 1742, dreiundzwanzigjährig, gestorben ist. Die Abreise eilt nun nicht mehr. Durch seinen Bruder lernt Goldoni einen Hauptmann aus Ragusa kennen, der sich im geheimen Auftrage seiner Regierung in Venedig aufhält, um ein Regiment aufzubauen, dessen wichtigste Chargen zu besetzen er berechtigt ist. Sein Äußeres wie seine Umgangsformen verfehlen nicht, Goldoni, und nicht nur ihn, zu beeindrucken. Der Wechsel eines deutschen Bankhauses über sechstausend Dukaten, den der Hauptmann präsentiert, wird nicht bezahlt, da er nicht avisiert ist. Drei Tage später offenbart der Fremde, daß seine Lage verzweifelt sei, wenn er nicht sofort das Geld beibringe. *Seine Worte rühren mich; mein Bruder bedrängt mich, mein Herz gibt den Ausschlag. Ich unternehme alle Anstrengungen, um die Summe zusammenzubekommen. Es gelingt mir, noch an selbigem Tage übergebe ich ihm das Geld; am nächsten Morgen ist der Schurke verschwunden.* Daß auch angesehene Kaufleute und sogar einige Botschafter dem Hochstapler und seinen gefälschten Papieren Glauben geschenkt haben, ist ein geringer Trost: *Ein Komödiendichter, der sich von einem Betrüger hereinlegen läßt! Auch wenn es noch hundert andere gab, die ihm auf den Leim gegangen sind, mir hätte das nicht passieren dürfen, nachdem ich bereits einen Ludro in «Momolo cortesan», einen Trappola im «Prodigo», einen Marcone im «Bankrott» auf die Bühne gebracht hatte!*[133] Vor allem aber deshalb nicht, weil Goldoni seit längerer Zeit auf Pump lebt und natürlich auch das Geld für den falschen Hauptmann nur durch einen weiteren Kredit hatte beschaffen können. So bleibt ihm nichts anderes als der Stoff zu einer weiteren Komödie – *L'Impostore (Der Betrüger)* –, die er allerdings erst ein Jahrzehnt später verfassen wird. Seine Vorgesetzten in Genua, bei denen er zwei Monate Urlaub beantragt hatte, gewähren ihm postwendend deren drei, nicht etwa, weil sie ihn nicht schätzten, sondern weil sie nett zu ihrem eifrigen Konsul sein wollen; und so wichtig ist sein Posten ja nicht. Dann hält ihn nichts mehr. Es ist Goldonis zweite Flucht aus Venedig.

Die kriegerischen Ereignisse haben zur Folge, daß Goldoni und seine Frau mehrmals ihren Aufenthaltsort wechseln müssen, bevor sie sich, im November 1743 in Rimini, das inzwischen von den Österreichern besetzt ist, niederlassen können. Ein Erfolg, auch in finanzieller Hinsicht, ist die am 7. Januar 1744 aufgeführte Kantate *La pace consolata (Der Friede)*, die Goldoni und ein aus Neapel stammender Musiker anläßlich der Eheschließung einer Schwester Maria Theresias verfertigt haben. Vor die Wahl gestellt, das Konsulat entweder ohne Bezahlung weiterzuführen oder den Posten zu räumen, gibt Goldoni leichten Herzens das Amt an einen Geschäftsmann ab, der sich mit der Ehre begnügen will. Im Februar 1744 ist er wieder soweit bei Kasse, daß er daran denken kann, sich für einige Zeit in der Toskana niederzulassen, um Ferien zu machen und endlich korrektes Italienisch zu lernen. In Siena hat er Gelegenheit, eine nationale Berühmtheit kennenzulernen, den greisen Cavaliere Perfetti, der die Kunst, aus dem Stegreif zu dichten, in Vollendung beherrscht; veranstaltet wird die Darbietung von der Akademie der «Intronati», die dem Dichter, da gerade Mariae Himmelfahrt ist, als Thema *Die Freude der Engel bei der Annäherung des unbefleckten Körpers der heiligen Jungfrau* aufgibt. *Der Dichter sang eine ganze Viertelstunde in Strophen nach Art des Pindar. Man kann sich nichts Schöneres, nichts Überraschenderes denken. Man glaubte den Petrarca, den Milton [...], ja den Pindar selbst zu hören. Ich war recht vergnügt darüber, ihn gehört zu haben, und machte ihm den Tag darauf meinen Besuch.*[134] Auch de Brosses hatte sich von Perfetti beeindruckt gezeigt, aber auch vermutet, daß von dem Glanz dieser Poesie nicht viel übrigbliebe, wenn sie schriftlich fixiert würde. Nichts ist bezeichnender für die Verelendung des kulturellen Lebens in Italien nach zwei Jahrhunderten politischer Fremdherrschaft und geistiger Unmündigkeit als jene zahllosen Akademien, die kein anderes Programm haben, als der Debilität die Gestalt des Virtuosen zu geben. In Florenz, der Stadt Dantes und Machiavellis, hört man jetzt auf den «Sibillone», die große Sibylle, ein Kind, das auf die beliebige Frage irgendeines Anwesenden sofort eine Antwort zu geben hat, die nur aus einem einzigen Wort bestehen darf; daraufhin tritt ein Akademiker hervor, der die Weisheit des Orakels preist und unverzüglich damit beginnt, seine Antwort auszulegen. In der Sitzung, an der auch Goldoni teilnimmt, wird die Frage gestellt, woher es komme, *daß die Weiber öfter und leichter weinten als die Männer.* Die Antwort – *Stroh* – wird von einem *großen und starken Abate von ungefähr vierzig Jahren* aufgenommen, der mit angenehmer Stimme eine Rede beginnt, die länger als eine dreiviertel Stunde dauert. *Er analysierte alle leichten und dünnen Pflanzen und bewies, daß Stroh die hinfälligste unter allen sei. Vom Stroh ging er auf die Weiber über und entwarf mit ebensoviel Geschwindigkeit als Klarheit eine Art von anatomischem Versuch über den menschlichen Körper. Er entdeckte die Quellen der Tränen bei beiden Geschlechtern, er bewies die Zärtlichkeit der Fibern bei dem einen und ihre Festigkeit bei dem anderen Geschlecht. Er beschloß mit einer Schmeichelei für die anwesenden Damen, indem er der Schwäche die Vorzüge der größeren Empfindsamkeit gab und sich wohl hütete, der kleinen erzwungenen Tränen, die den Damen, wenn sie wollen, zu Gebote stehen, zu erwähnen.*[135] Nur vor diesem Hintergrund, nur angesichts einer Banalität und Beliebigkeit, die allein schon durch ihre Dimensionen übermächtig wirkt, wird einigermaßen absehbar, welche Widerstände nicht nur Goldonis Theaterreform zu gewärtigen hat, sondern schlechthin jeder Versuch, überhaupt wieder einen Begriff von ernsthafter, inhaltsbezogener Auseinandersetzung in Literatur und Philosophie zu vermitteln.

Schien durch den jahrelangen Umgang mit Imer und seiner Truppe die Entscheidung für die Schriftstellerei als Beruf bereits endgültig gefallen zu sein, so bahnt sich in Pisa, wo Goldoni Ende August 1744 eintrifft, noch einmal eine grundlegende Veränderung seiner Situation an: von den Arcadiern mit offenen Armen empfangen und unter dem Namen Polisseno Fegejo in ihre Gesellschaft aufgenommen, hat Goldoni zwar nach wie vor viel mit Literatur zu tun, aber sie wird zu einer Art Freizeit- und Feierabendbeschäftigung, deren Bedeutung im wesentlichen darin besteht, ihm und den anderen Honoratioren der Stadt Gegenstand einer würdigen Unterhaltung zu sein. Hauptberuflich ist Goldoni wieder als

Anwalt tätig, wobei es ihm nichts ausmacht, gelegentlich mit recht unorthodoxen Mitteln auf den Prozeß der Wahrheitsfindung einzuwirken: um einem hoffnungsvollen jungen Mann aus respektabler Familie, der bei einem Nachbarn eingebrochen war, die eigentlich fällige Strafe der Galeere zu ersparen, läßt Goldoni ein Schloß austauschen, so daß der Schlüssel des Angeklagten nun auch für die Wohnungstür des Geschädigten paßt. *Der junge Mensch, hieß es, hat sich im Stockwerk geirrt und aus Versehen die Tür geöffnet. Das Geld lag offen da, und die Gelegenheit hat ihn verführt.*[136] Mit der Strafe von drei Monaten Gefängnis ist die Familie hochzufrieden, und der Richter gratuliert dem Verteidiger zu dem eindrucksvollen Plädoyer. Anders als zur Zeit seiner Anfänge in Venedig hat Goldoni nun so viel Zulauf, daß er nicht alle Prozesse übernehmen kann; er geht daher dazu über, in weniger aussichtsreichen Fällen den Rat zu erteilen, von einem Prozeß abzusehen und den Vergleich zu suchen. Da die Parteien in diesem Falle nur eine Beratungsgebühr zu bezahlen haben, wird der zugewanderte Advokat umso mehr in Anspruch genommen; allerdings dürfte in diesem unüblichen und geschäftsschädigenden Verhalten auch der eigentliche Grund dafür zu suchen sein, daß, drei Jahre später, Goldoni zu seiner Enttäuschung nicht be-

Carlo Goldoni: Der Diener zweier Herren. Szenenfoto aus einer Aufführung des Piccolo Teatro, Mailand, 1958; Inszenierung: Giorgio Strehler

Das Theater San Samuele mit dem Bühnenbild für Carlo Goldonis und Baldassare Galuppis «Il mondo alla roversa». Kupferstich, 1753

rücksichtigt wird, als es darum geht, die Pfründen eines verstorbenen Kollegen auf die übrige Anwaltschaft zu verteilen.

Ob es allerdings wirklich der Ärger über die Zurücksetzung ist, der Goldoni veranlaßt, Pisa im Frühjahr 1748 zu verlassen, muß dahingestellt bleiben. Schon im zweiten Jahr seines Aufenthalts in Pisa hatte ihn ein Brief von Sacchi mit der Bitte erreicht, für ihn ein Stück zu schreiben; die Komödie *Il servitore di due padroni* (1745, *Der Diener zweier Herren*), die daraufhin entsteht, gehört zwar nicht zu Goldonis «Reform» im engeren Sinne, da es in ihr nicht um die Darstellung eines «Charakters» geht, aber sie ist auch nicht einfach ein Rückfall in die alte Commedia dell'arte, obwohl die Handlung im wesentlichen aus einer Serie von Verwechslungen und Vertauschungen besteht, die ganz auf Sacchis Virtuosität zugeschnitten sind. Gewiß dient Truffaldino vor allem deshalb zwei Herren gleichzeitig, weil er sich davon verspricht, *für viere zu essen,* aber seine traditionelle Verfressenheit wird nicht als vulgäre, maßlose Gier vorgestellt, sondern als Teil seiner *Natur,* gegen die er nicht ankann.

In der für Sacchi hergestellten Fassung hatte Goldoni die Komödie nicht vollständig ausgeschrieben, wohl aber fixiert er sie später schriftlich, um zu verhindern, daß sie durch weniger fähige Darsteller auf das übliche Klamaukniveau gebracht werde; mit dem zweiten Stück, das er für Sacchi schreibt, *Il figlio di Arlecchio perduto e ritrovato (Harlekins verlorener und wiedergefundener Sohn),* macht er sich diese Mühe nicht, obwohl sein Erfolg den des *Servitore* womöglich noch übertrifft, und zwar so nachhaltig, daß mehr als anderthalb Jahrzehnte später die entscheidende, die letzten dreißig Jahre seines Lebens prägende Einladung nach Paris aufgrund dieses von Goldoni selbst als mißlungen eingeschätzten Entwurfs ergeht. Für den Abschied von Pisa ausschlaggebend aber wird erst die Begegnung mit einem anderen Schauspieler, dem Pantalone Cesare D'Arbes (ca. 1710–1778), für den Goldoni, nach einer alten Vorlage, in der Pantalone als eine Art Stutzer auftritt *(Pantalone Paroncino),* eine Szenenfolge unter dem Titel *Tonin Bellagrazia* schreibt (späterer Titel *Il frappatore, Der Stutzer).* Er bringt das Manuskript selbst nach Livorno, wo sich die Truppe von Girolamo Medebach, der D'Arbes angehört, gerade aufhält. Hier endlich hat Goldoni Gelegenheit, seine erstgeborene Komödie auf der Bühne zu sehen (vier Jahre zuvor, 1743, war die geplante Aufführung in Genua wegen des Todes der Baccherini unterblieben), und zwar mit Teodora Medebach *(jung, artig und wohlgebaut* [137]) in der Titelrolle der *Donna di garbo.* Von besonderem Interesse für Goldoni aber ist, daß Medebach, der weit über den Tag hinaus denkt, in der Lage ist, ihm eine Perspektive zu bieten, in der es ihm möglich wird, seine Anwaltspraxis in Pisa, wenn auch unter großen finanziellen Einbußen, aufzugeben. Medebach plant, in Venedig neben den beiden seit langem eingeführten Komödienhäusern San Samuele und San Luca (dem früheren San Salvador) eine dritte, dem komischen Theater vorbehaltene Bühne zu eröffnen, das Theater Sant'Angelo; es steht gerade zur Disposition, da der unglückliche Graf Gasparo Gozzi, der unter dem Pantoffel seiner pausenlos dichtenden Gattin Luisa Bergalli steht, nicht mehr in der Lage ist, es weiterzuführen.

Sant'Angelo

Fünf Jahre nach seiner Flucht kann Goldoni nach Venedig zurückkehren. Am 10. März 1749 schließt er mit Medebach einen auf vier Jahre befristeten Vertrag, mit dem er die Verpflichtung eingeht, jährlich acht Komödien und zwei Libretti zu liefern, dazu, je nach Bedarf, Vorspiele und Bearbeitungen älterer Werke; außerdem hat er Medebach und seine Truppe bei auswärtigen Gastspielen zu begleiten. Dafür erhält der Autor ein festes Gehalt, das heißt, seine Stücke werden ihm unmittelbar nach Ablieferung des Manuskripts bezahlt, vor der Aufführung und ohne eigens «angenommen» werden zu müssen. *Und so standen meine Muse und meine Feder im Sold einer Privatperson.* Damit hat Goldoni die endgültige Wendung zur Literatur vollzogen, und zwar unter der für seine Zeit absolut neuen Bedingung, daß die Vergütung seiner Arbeit nicht mehr dem Belieben einer fürstlichen oder kirchlichen Instanz anheimgegeben ist, sondern gemäß einem Vertrag erfolgt, der von freiwillig, unabhängig und gleichberechtigt Handelnden geschlossen worden ist. Zwar entfällt nach dieser Regelung die Möglichkeit, daß eine Arbeit, über ihren Wert hinaus, mit besonderer Großzügigkeit – «fürstlich» – entlohnt wird, dafür aber ist die Bezahlung auch keine «Gnade» mehr, die ihrer Natur nach unkalkulierbar ist; noch Mozart wird über die unzähligen Tabakdosen klagen, mit denen man ihn bedenkt, obwohl ihm eine Bezahlung in barem Geld wesentlich lieber wäre. Mit dem Vertrag zwischen Goldoni und Medebach wird das Vertragsmodell, das der bürgerlichen Gesellschaft zugrunde liegt, auch auf den Bereich geistiger und künstlerischer Arbeit übertragen, allerdings so direkt und unmittelbar, daß der Begriff des geistigen Eigentums oder gar des «Kunstcharakters» der zu liefernden Komödien vertraglich überhaupt noch nicht zu erfassen ist. Wie jede andere Ware auch, geht das literarische Werk mit der Bezahlung in das Eigentum des Käufers über: *Eine einzige Vorstellung brachte mir soviel ein wie fünfzig. Wandte ich indes mehr Aufmerksamkeit und Fleiß auf meine Arbeiten, als ich nötig zu haben schien, so war es die Ehre, die mich anspornte, und der Ruhm, der mich belohnte.*[138] Das dürfte der wesentliche Grund für die sehr ungleichmäßige Qualität von Goldonis Komödien sein: Er muß ständig Neues produzieren, wenn er nicht sein Einkommen verlieren will. Andererseits sieht Medebach keinen Anlaß, seinem Autor mehr Geld zu bezahlen, wenn dieser mit seiner Produktion den vereinbarten Rahmen überschreitet; als Goldoni, um seine Gegner herauszufordern, für das Theaterjahr 1750/51 sechzehn Komödien nicht nur ankündigt, sondern tatsächlich auch liefert, erhält er nicht eine einzige Lira zusätzlich, obwohl er mit seiner Aktion die Einnahmen des Theaters beträchtlich gesteigert hat. Schließlich weigert sich Medebach sogar, den Autor an den Einnahmen aus der ersten Sammlung seiner Werke zu beteiligen, woraufhin Goldoni zutiefst verärgert ist und den Vertrag nicht verlängert. Aber zugleich ist er sich wohl auch darüber im klaren, daß das wenig entgegenkommende Verhalten des Theaterprinzipals nach geltendem Recht durch den Vertragstext gedeckt ist, und so verzichtet er darauf, ihn zu verklagen.

Trotz des unerfreulichen Endes jedoch, das ihre Zusammenarbeit finden wird, ist die Begegnung Goldonis mit Medebach der entscheidende Glücksfall seines Lebens, ohne den es nicht möglich gewesen wäre, die «Reform» konsequent und energisch voranzutreiben. Der Prinzipal und sein Autor scheinen sich von Anfang an in allen die Komödie und das Theater betreffenden Dingen ohne weiteres verstanden zu haben, wie nicht zuletzt Goldonis Komödie *Il teatro comico* (1759) erkennen läßt; wenn dieses Lustspiel nicht nur eine *in Handlung umgesetzte Poetik*[139], die dem Publikum die Prinzipien eines erneuerten Theaters erläutern soll, sondern darüberhinaus ein lebendiges, durchaus nicht abstrakt wirkendes Stück «Theater auf dem Theater» ist, so ist dies der Gestalt des «capo comico» Orazio zu verdanken, mit der es Goldoni gelungen ist, Medebach in voller Aktion zu vergegenwärtigen, bei der Arbeit und im Gespräch, was bei diesem Mann der reflektierten Praxis nicht unverbunden auseinanderfällt, sondern eine Einheit bildet. Schon mit seinem lebhaften ersten Satz, in dem Sprech- und Bewegungsrhythmus nicht voneinander zu trennen sind (wodurch der scheinbar ganz einfache Satz eigentlich unübersetzbar wird), ist Orazio ganz präsent; er tritt in dem Augenblick auf, da sich der Vorhang zu einer Probe ohne Kostüm und Masken hebt:

ORAZIO *(zur Bühne hin) Halt, halt, zieht den Vorhang nicht hoch; halt [Fermatevi, fermatevi, non alzate la tenda; fermatevi.]*

EUGENIO *Warum wollen Sie nicht, Herr Orazio, daß der Vorhang aufgezogen wird?*

ORAZIO *Um den dritten Akt der Komödie zu probieren, muß der Vorhang nicht aufgezogen werden.*

EUGENIO *Es gibt aber auch keinen Grund, ihn unten zu lassen.*

ORAZIO *Allerdings gibt es einen Grund, ihn unten zu lassen, allerdings mein Herr. So weit wie ich denkt ihr eben nicht, meine Herrschaften. (In Richtung Bühne) Laßt den Vorhang wieder runter.*

EUGENIO *(zur Bühne) Halt! Wenn der Vorhang unten ist, sieht man nichts mehr; für die Probe, Herr Prinzipal, müssen Sie dann Kerzen anzünden lassen.*

ORAZIO *Also gut, dann eben bei offenem Vorhang. (Zur Bühne) Zieht ihn hoch, ich will kein Geld für Beleuchtung ausgeben.*

EUGENIO *Bravo. Es lebe die Sparsamkeit.*

ORAZIO *Ach, mein lieber Freund, wenn ich nicht ein bißchen sparen würde, dann ginge bald alles drunter und drüber. Durch das Theater wird man nicht reich. Was wir verdienen, das geben wir aus. Wenn am Jahresende die Bilanz ausgeglichen ist, haben wir Glück gehabt; meistens sind die Ausgaben größer als die Einnahmen.*

EUGENIO *Jetzt wüßte ich aber doch gern, warum Sie den Vorhang unten lassen wollten.*

ORAZIO *Damit man uns nicht bei der Probe sieht. […] Wir haben ein paar neue Schauspieler.*

EUGENIO *Das ist wahr. Die sollte man nicht schon während der Proben vorführen.*

ORAZIO *Wenn man will, daß ein Schauspieler beim Publikum ankommt, dann muß man ein bißchen geizig mit ihm sein; seine Rollen sollten klein, aber gut sein, damit kommt er zur Geltung.*

EUGENIO *Aber die meisten verlangen von den Dichtern, daß er zwei Drittel seines Stückes für sie allein schreibt.*

ORAZIO *Schlecht, ganz schlecht. Wenn sie gut sind, dann langweilen sich die Leute, taugen sie nichts, dann gibt's Ärger.*

Der Plazierung an derart prominenter Stelle nach zu urteilen, muß die besondere Aufmerksamkeit, die Medebach der finanziellen Seite seines Unternehmens widmete, diejenige seiner Eigenschaften gewesen sein, die den Zeitgenossen vor allen anderen an ihm auffiel und wohl auch manchen ironischen Kommentar auslöste; umso bemerkenswerter ist es daher, daß in der Eingangsszene von Goldonis Komödie die Sparsamkeit des Prinzipals nicht als bloße Marotte erscheint, sondern in einen durchaus vernünftigen Zusammenhang mit weitergehenden Überlegungen gebracht wird. Der deutliche Respekt, der das Verhalten der Schauspieler ihrem Chef gegenüber prägt, obwohl dessen Stil eher durch ironische Untertreibung als durch autoritäre Weisungen charakterisiert ist, dürfte letzten Endes nicht nur in seinem überlegenen Sachverstand, sondern vor allem in der Sicherheit begründet sein, die er ihnen bietet, und zwar in einem ganz elementaren Sinn: Medebachs Schauspieler sammeln keine Reichtümer an, aber sie sind auch nie vom Hunger bedroht. Gewiß führt Goldoni die Gestalten der arbeitslosen Sängerin Eleonora und des unfähigen, noch ganz dem «spanischen» Geschmack des Seicento verhafteten Dichters Lelio vor allem zu dem Zweck ein, die Poetik der Charakterkomödie zu erläutern und die Moral der Schauspieler gegen die angemaßte Überlegenheit des Musiktheaters zu stärken:

ORAZIO *Glauben Sie wirklich, meine Dame, die Schauspieler brauchten die Unterstützung der Musik, um Erfolg zu haben? Tatsächlich hat sich unsere Kunst eine Zeitlang so weit erniedrigt, daß sie bei der Musik betteln gehen mußte, um die Leute dazu zu bringen, ins Theater zu gehen. Dieser Spuk ist Gott sei Dank vorbei. [...] Ich sage Ihnen, Schauspieler sind genauso «Virtuosen» wie die Sänger, sofern sie ihr Handwerk verstehen, mit dem Unterschied, daß wir unsere Rollen immer gründlich studieren müssen, während ihr, wie die Papageien, euch ein paar Arien in den Hals stopfen laßt [...]. Meine gnädigste Frau Virtuosin, ich habe die Ehre. (Ab.) [...]*

BEATRICE *[...] Die Zeiten sind vorbei, meine Gnädigste, da die Musik auf die Schauspielkunst herabsehen konnte. Auch zu uns kommen jetzt die vornehmen Leute, und wenn sie früher zu euch gingen, um zu staunen, und zu uns nur, um zu lachen, so kommen sie jetzt zu uns, um sich über eine Komödie zu freuen, zu euch aber, um Konversation zu machen.*

Aber wenn Lelio und Eleonora auch für ein Theater stehen, das nicht mehr zeitgemäß ist, so ist andererseits die Situation der beiden, die buchstäblich am Verhungern sind, von unverminderter Aktualität für einen Stand, dessen Angehörige ständig in Gefahr sind, vor dem Nichts zu stehen:

LELIO *Signora Eleonora, mit mir [...] können Sie in aller Offenheit reden. Wie stehen die Dinge bei Ihnen?*

ELEONORA *Schlecht. Der Impresario der Oper, in der ich auftrat, hat Pleite gemacht; ich habe meine Gage verloren und muß nun auf eigene Kosten herumreisen. Um ihnen alles zu sagen: ich besitze nur noch das, was ich auf dem Leibe trage.*[140]

Erst durch die Begegnung mit dem genau rechnenden, aber auch berechenbaren und verläßlichen Medebach wird es Goldoni möglich, das Risiko einer vom Theater abhängigen Existenz auf sich zu nehmen. Den Komödien, die in den ersten Jahren der Arbeit für das Theater Sant'Angelo entstehen, ist die neu gewonnene Sicherheit als deutlicher Qualitätssprung anzumerken. Schon zwischen seiner *erstgeborenen* Komödie *La donna di garbo* und dem ersten für Teodora Medebach geschriebenen Stück *La vedova scaltra* (1748, *Die schlaue Witwe*), ist der Unterschied erheblich, obwohl Goldoni in beiden Fällen nach einem relativ starren Schema vorgeht. Die Handlung der *Donna di garbo* ist vorab dadurch gegliedert, daß es sich um eine «trasformazione» handelt, also um ein Verwandlungsstück, das der Protagonistin Gelegenheit bieten soll, in möglichst vielen verschiedenen Rollen aufzutreten. Rosaura, die von dem Studenten Florindo in Pavia verführt und verlassen worden ist, hat sich bei dessen Vater, dem Dottore, als Dienerin eingeschlichen, um den treulosen Liebhaber doch noch zur Heirat zu bewegen oder sich zumindest an ihm zu rächen. Hierzu will sie sich der *schönsten Mitgift* bedienen, mit der die Natur, zum Ausgleich für die Macht, die die Männer usurpiert haben, die Frauen ausgestattet hat: die Fähigkeit, sich zu verstellen. Indem sie den Hausbewohnern nach dem Munde redet und sich ihnen als versierte, auf den verschiedensten Gebieten mit umfangreichen Spezialkenntnissen ausgestattete Ratgeberin empfiehlt, gelingt es ihr, alle auf ihre Seite zu bringen: Dem Dottore hält sie aus dem Stegreif eine juristische Vorlesung, mit der prätentiösen, nur an Mode und Klatsch interessierten Beatrice mediesiert sie, den in barockisierendem Schwulst daherschwätzenden Lelio übertrumpft sie mit den entlegensten Hyperbeln und Metaphern, dem vom Glücksspiel besessenen Ottavio verrät sie gewinnträchtige Zahlenkombinationen, sie spricht venezianisch mit Momolo, berät Diana beim Abfassen eines Liebesbriefs und kümmert sich sogar um Arlecchino, dem sie die herrlichsten Speisen verspricht. Hatten ihre Worte zunächst vermuten lassen, sie wolle bei ihren Aktionen eine Art «feministische» Perspektive vertreten – ihre Rache, sagt sie im ersten Akt, solle nicht nur Florindo, sondern *die Anmaßung des ganzen männlichen Geschlechts* treffen –, so stellt sich im weiteren Verlauf heraus, daß die Handlung ganz mechanisch abgespult wird, ohne Rücksicht darauf, daß Rosaura sich durch ihre penetrante Besserwisserei und Belehrungssucht alle Sympathien verscherzt; die uferlose, abstruse juristische Disputation, die sie sich im letzten Akt mit dem heimgekehrten Florindo liefert, ist von besonderer Peinlichkeit, weil der Autor hier offensichtlich nicht der Versuchung widerstehen konnte, mit seinen Kenntnissen aufzutrumpfen, obwohl er das scholastische Verfahren eigentlich verachtete und natürlich auch wußte, daß für das Publikum der lateinische Fachjargon *(Nego, concedo, distinguo)* weder verständlich noch interessant sein konnte.[141] Um Florindo eifersüchtig zu machen, verspricht sie dem törichten alten Dottore die Ehe, und sie schreckt schließlich nicht einmal davor zurück, Isabella, Florindos neuestes Opfer, dem aufgeblasenen Monster Lelio zuzuschanzen, um für sich selbst den Weg freizumachen. Wenn also bei Goldonis *erstgeborener* Komödie überhaupt schon von «Reform» die Rede sein kann, dann nur in einem ganz äußerlichen, technischen Sinne, der die veraltete, zu unverhülltem Zynismus gewordene Mechanik des Schlusses umso krasser hervortreten läßt. Diese Diskrepanz zwischen fortgeschrittener Technik und vollkommener Gleichgültigkeit gegenüber dem Inhalt hat zur Folge, daß die *Erstgeborene* insgesamt der Amoralität und dem Schematismus der Commedia dell'arte näher ist als der modernen Charakterkomödie.

Der größte Erfolg, den Goldoni während seiner «Probezeit» bei Medebach erzielt, ist die gegen Ende des Jahres 1748 aufgeführte Komödie *La vedova scaltra,* deren Handlung nicht weniger schematisch angelegt ist als der Feldzug der wandlungsreichen Rosaura: Die *schlaue Witwe* – auch sie heißt Rosaura – hat die Wahl unter vier Verehrern – dem Engländer Lord Runebif, dem Franzosen Monsieur le Bleau, dem Spanier Don Alvaro de Castiglio und dem italienischen Grafen Bosco Nero –, die sämtlich um sie werben, wobei jeder ein für seine Nation typisches Verhalten an den Tag legt. Zwei Akte lang haben die Kavaliere Gelegenheit, sich ins rechte Licht zu rücken, bevor sie, im dritten Akt, von der im Schutze der Maske operierenden Rosaura auf die Probe gestellt werden. – Zwar ist es in der enzyklopädischen Tendenz des Zeitalters der Aufklärung begründet, daß in der Literatur des 18. Jahrhunderts immer häufiger die Angehörigen fremder Nationen vorgestellt werden, aber angesichts der Tatsache, daß diese Darstellungen kaum jemals über die rohesten Klischeevorstellungen hinausgelangen, ist von dem Schema der *Vedova scaltra* wenig oder nichts Gutes zu erwarten; Goldoni selbst wird später mit seinem *Filosofo inglese*, mit *La Scozzese (Die Schottin)* und *La Dalmatina* einige besonders ungenießbare Beiträge zu dieser Mode liefern. Umso bemerkenswerter ist es daher, daß es ihm in seiner Komödie über die wählerische Witwe ohne weiteres gelingt, den Schematismus der Handlung zu überspielen und ihn fast zum Verschwinden zu bringen. Anders als Rosaura I ist Rosaura II kein Automat, sondern eine lebhafte junge Frau, die sich keineswegs von Anfang an darüber im klaren ist, wen sie erhören soll. Zweifellos ist es die erste Darstellerin der Rosaura, Teodora Medebach, die den Autor in dieser Weise inspiriert hat; wer immer sie auf der Bühne sieht, ist verzaubert von ihrer «dolcezza», ihrem unnachahmlichen Schmelz, der ihr den Beinamen La Placida eingetragen hat.[142] Auch Goldoni ist von ihr begeistert, was ihn aber nicht hindert, schon wenig später, als ein neuer Stern für ihn aufgegangen sein wird, sich in ziemlich gehässiger Weise über ihre *Hypochondrie* lustig zu machen, obwohl sie tatsächlich von schwankender Gesundheit ist; wie im Falle der Passalacqua, so wird er sich auch hier darauf kaprizieren, sie auf der Bühne sich selbst spielen zu lassen (in der flauen Komödie *La finta ammalata*, 1751, *Die eingebildete Kranke*).

Zum Gelingen der Komödie trägt aber auch bei, daß die nationalen Duftmarken der vier Kavaliere nicht von der üblichen Aufdringlichkeit sind; keiner von ihnen wird der Lächerlichkeit preisgegeben oder verächtlich gemacht. Der Engländer hat für galante Konversation nichts übrig und betreibt die Liebe mit geschäftsmäßiger Nüchternheit: er schickt Rosaura einige kostbare Schmuckstücke und glaubt sie damit eingekauft zu haben. Aber er ist in seiner prosaischen Art vollkommen ehrlich und denkt nicht daran, von ewiger Liebe und Treue zu reden:

ROSAURA *Beständigkeit ist die Tugend des wahrhaft Liebenden.*

MILORD *Beständigkeit, solange die Liebe dauert, Liebe, solange ihr Gegenstand gegenwärtig ist. […]*

ROSAURA *Das heißt also, Sie werden nicht mehr an mich denken, wenn Sie von Venedig abgereist sind?*

MILORD *Was hätten Sie davon, wenn ich Sie in London liebte oder in Paris? Meine Liebe wäre ohne Nutzen für Sie, und für mich wäre mein Kummer ohne Sinn. […]*

ROSAURA *Sie sind bewundernswert.*

MILORD *Ich bin ganz der Ihrige.*
ROSAURA *Solange Sie in Venedig sind.*
MILORD *So ist es.*

Der Franzose ist eitel wie ein Pfau, untreu bei der erstbesten Gelegenheit und von den eigenen Vorzügen ebenso unerschütterlich überzeugt wie von der Überlegenheit seiner Nation; er sendet Rosaura keine Juwelen, sondern nur sein Porträt. Aber er ist ein fescher Kerl, was Rosaura durchaus zu würdigen weiß: *Dieser Franzose gefiele mir nicht übel,* sagt sie sich mit Kennermiene, *wenn er nur nicht so affektiert wäre.* Der Spanier ist so gravitätisch, daß er sich nur *geometrischen Schrittes* bewegt, und so durchdrungen von seinem alten Adel, daß er glaubt, Rosaura durch die Übersendung seines Stammbaums ohne weiteres für sich zu gewinnen. Aber er ist auch leidenschaftlich und außerdem nicht ganz im Unrecht, wenn er den Italienern mangelnden Stolz zum Vorwurf macht. Der Italiener schließlich schickt Rosaura einen Liebesbrief und geht ihr mit seiner Eifersucht gewaltig auf die Nerven. Aber er ist der einzige, der ihr treu ergeben bleibt, während die anderen Kavaliere sich von der verkleideten Rosaura auf Abwege locken lassen. Damit hat er den Wettbewerb für sich entschieden, denn Rosaura, der, wie sie einmal freimütig eingesteht, *eigentlich alle* ganz gut gefallen, hat sich zugleich vorgenommen, letzten Endes nur *Liebe* und *Treue* den Ausschlag geben zu lassen. *Glaube mir,* sagt sie, als sie mit ihrer Zofe über die zu treffende Wahl spricht, *ich werde mich bei der Lösung dieses Problems nicht nur mit dem Herzen, sondern auch mit dem Verstand beraten. [...] Wenn man nur einen Liebhaber will, braucht man nur ein Auge zu öffnen, aber wenn es darum geht, einen Mann für die Ehe zu wählen, sollte man tunlichst beide Augen aufsperren; und falls das nicht genügt, muß man dazu noch das Mikroskop der Vorsicht gebrauchen.*[143] Spätestens bei diesen Worten wird erkennbar, daß *La vedova scaltra* durchaus nicht die «reine» Komödie ist, die sie auf den ersten Blick zu sein scheint, ein Spiel, das sich selbst genug ist und nur den eigenen Gesetzen gehorcht, ohne sich für eine Sache zu engagieren oder sich in historische Prozesse zu verstricken. Wie bei Marivaux, dem Goldoni vielleicht mit keinem anderen seiner Stücke so nahe kommt wie hier, handelt es sich auch in dieser Komödie um einen Prozeß der Selbstvergewisserung, den das Bürgertum vorerst nur durch Besinnung auf die eigene Subjektivität betreiben kann. Wie es in der Ästhetik des 18. Jahrhunderts der «Geschmack» ist, der es ermöglicht, das ästhetische Urteil auf der Reaktion des eigenen Inneren zu begründen, und es zugleich, wie Kant analysierte, Anspruch auf allgemeine Gültigkeit erheben zu lassen[144], so sind es in der Komödie das «Herz» und seine Regungen, deren genaue Analyse dem Individuum Aufschluß über sich selbst gibt; indem Rosaura alle Formen der Liebe abweist, die nicht in der autonomen Innerlichkeit, sondern in äußerlichen Instanzen begründet sind, etwa in der Herkunft, erteilt sie zugleich den Gesellschaftsformen, die mit diesen Spielarten der Liebe verbunden sind, eine Absage. Besonders bei Marivaux wird deutlich, daß die Zergliederung des Innersten, des «Herzens», im Kern immer auch eine Analyse der gesellschaftlichen Ordnung ist. Goldoni scheint dieser Spur zunächst folgen zu wollen, aber schon bald gibt er seiner Neigung nach, Kompromisse zu schließen: Bereits in *Pamela* (1751) reicht das Urteil des eigenen Innern nicht mehr aus, vielmehr muß die plötzliche Entdeckung einer adeligen Geburt hinzukommen, um die gewünschte Eheschließung zu ermöglichen.

Innerhalb von Goldonis Gesamtwerk nehmen die in den ersten Jahren der Zusammenarbeit mit Medebach entstehenden Stücke allerdings insofern eine Sonderstellung ein, als in ihnen eine umfassende, kritische Bestandsaufnahme der Verhältnisse in Venedig um die Mitte des Jahrhunderts unternommen wird. Hatte, ein knappes Jahrzehnt früher, Pantalones Sohn den willensschwach gewordenen, nicht mehr besserungsfähigen Vater von der Führung der Geschäfte kurzerhand ausgeschlossen, so wird eine ähnlich robuste Möglichkeit der Erneuerung jetzt nicht mehr ins Auge gefaßt. Im Gegenteil. Immer häufiger muß der schon dem Ruhestand nahe Pantalone reaktiviert werden, um die chaotischen Zustände, die die nachfolgende Generation der Florindos, Lelios und Pasqualinos angerichtet hat, wieder in Ordnung zu bringen. Daß nach Panatalone und Momolo offenbar eine Generation von blutarmen Schwächlingen herangewachsen ist, mag mit der besonderen Situation Venedigs zusammenhängen, das in den Jahren um die Jahrhundertmitte endgültig den Anschluß verliert. Während mit dem Frieden von Aachen (1748), der die Serie der europäischen Erbfolgekriege beschließt, für Italien ein halbes Jahrhundert des Friedens und der Reformen aus dem Geiste der Aufklärung beginnt, verschlechtert sich die Lage Venedigs weiter, da an einen Aufschwung des Handels angesichts der Einkreisungs- und Freihafenpolitik Österreichs nicht zu denken ist. Gewiß machen die Ideen der Aufklärung nicht an den Grenzen der Republik halt, aber sie bleiben hier in einer Art von frei schwebender Existenz befangen, da es in Venedig nicht möglich ist, sie in die Praxis umzusetzen.

Diese Umstände dürften zu der «sentimentalen» Wende, der Besinnung auf die Stimme des «Herzens» als einzig verläßlicher Instanz, beigetragen haben; sie vollzieht sich zwischen *La bancarotta* und *Momolo cortesan* auf der einen und *La vedova scaltra, La putta onorata* und *La buona moglie* auf der anderen Seite. Charakteristisch, und zwar über das einzelne Stück hinaus, sind in *La buona moglie* zwei Äußerungen, die in deutlichem Kontrast zueinander stehen. Pasqualino, Pantalones Sohn und seit einem Jahr mit Bettina verheiratet, nimmt sich nach dem Tode des Schurken Lelio endlich vor, sich zu bessern:

Lelio ist schuld gewesen, daß ich meine Frau schlecht behandelt und sie geschlagen habe, Lelio ist schuld, daß ich soviel Geld verschleudert habe, sogar die tausend Dukaten von meinem Vater, mit denen ich mich hätte selbständig machen sollen. Ich muß endlich mein Leben ändern. Mit meiner Frau werde ich Frieden schließen; meinen armen alten Vater werde ich um Verzeihung bitten; ich will wieder so solide werden, wie ich früher einmal war, das Spiel und die Weiber sein lassen. [...] Aber was werden meine Freunde sagen? Alle werden sich über mich lustig machen; alle werden sagen: Seht euch diesen Heini an, der hat Angst vor seiner Frau und seinem Vater! Und überhaupt: wenn ich nicht mehr spiele, kann ich das Geld nicht zurückgewinnen, das ich verloren habe.

Ganz anders äußert sich, im Gespräch mit ihrer leichtsinnigen Schwester Catte, Pasqualinos Frau Bettina:

CATTE *Wenn die Frau Marchesa sich so verhält, kannst du es auch tun.*

BETTINA *Was die anderen tun, ist mir egal. Ich weiß schon, wie ich mich zu verhalten habe.*

CATTE *Dein Mann läßt dich ja doch bald im Stich.*

BETTINA *Soll er mich doch verlassen, ich verlasse ihn nicht. [...]*

CATTE *Er wird dir immer ein schlechter Mann sein.*

BETTINA *Und ich ihm immer eine gute Frau.*[145]

Von schwachen und unselbständigen Männern, wie Pasqualino einer ist, ist nichts mehr zu erwarten, weder im Beruf noch in der Familie; vollends verfehlt wäre es, mit ihnen eine Reform des Gemeinwesens unternehmen zu wollen. Offensichtlich sind es solche Erfahrungen, die Goldoni in seiner – ohnehin ausgeprägten – Neigung, selbstbewußte und tatkräftige Frauen in den Mittelpunkt seiner Komödien zu stellen, noch bestärken, von *La putta onorata* über *La Locandiera* bis zu den Frauen der *Rusteghi*. Aber selbst wenn man diese auffällige Konstante allein auf seine Gewohnheit, die jeweils favorisierte Schauspielerin bzw. Soubrette mit einer möglichst vorteilhaften Rolle auszustatten, zurückführen wollte, so änderte dies doch nichts an der Tatsache, daß in Goldonis Komödien eine Perspektive, die möglicherweise geeignet wäre, einen Ausweg aus der beengten und verstockten Gegenwart zu weisen, in der Regel von einer Frau ausgeht, die sich ihrer selbst und ihrer Gefühle gewiß ist: In einer Welt, die voller Unsicherheiten und bedenklicher Entwicklungen ist, ist es allein das intakte, unbeirrbare Gefühl, auf dem sich eine bessere Zukunft bauen läßt.

Bei dieser «sentimentalen» Wendung kommt der Komödie *La putta onorata* insofern eine Schlüsselstellung zu, als hier *Welt* und *Theater* – die beiden *Bücher* also, aus denen Goldoni, wie er stets betont, alle wesentlichen Erfahrungen bezogen hat – zum erstenmal eine Einheit bilden. Die Protagonistin ist nicht der «Typus» des ehrbaren Mädchens, sie ist, unverwechselbar, Bettina, das Mädchen aus dem Stadtteil Castello, wo ein großer Teil der kleinen Leute lebt; und sie ist auch nicht das «ehrbare Mädchen» «an sich», hinter dessen Tugendhaftigkeit vielleicht nicht mehr stünde als ein Mangel an Gelegenheit oder an Temperament, vielmehr hat sie vor allem einen ganz handfesten Grund, mit ihrer *Reputa-*

tion es so überaus genau zu nehmen, daß sie nicht einmal ihren Verlobten Pasqualino ins Haus läßt: sie weiß, daß es um ihre Heiratschancen geschehen wäre, wenn ihre Tugend auch nur dem geringsten Verdacht ausgesetzt würde. Wie berechtigt ihre Sorge ist, geht aus der Bemerkung hervor, mit der Pasqualino, der sich schon hier als durchaus fragwürdiger Charakter entpuppt, ihre Weigerung quittiert:

Bravo, so gefällt es mir. Da sieht man doch, daß sie ein anständiges Mädchen ist … Ich habe sie nur auf die Probe stellen wollen. Wenn sie mir die Tür geöffnet hätte, hätte sie mich nicht wiedergesehen.

Wenn solche Fallen gestellt werden, dann ist selbst die überschaubare Welt eines eng umgrenzten Stadtviertels keine Idylle mehr; umso weniger, als es um das Gemeinwesen insgesamt nicht gut steht, wie schon aus der Eingangsszene hervorgeht:

(Marchese Ottavio in Hauskleidung am Schreibtisch, Marchese Beatrice in Gala)

OTTAVIO *Ja, Signora, ich habe verstanden; lassen Sie mich diesen Brief schreiben.*

BEATRICE *Heute ist Abendgesellschaft bei der Contessa.*

OTTAVIO *Das freut mich.* «Bester Freund.»

BEATRICE *Ich hoffe, daß auch Sie kommen werden.*

OTTAVIO *Bedaure.* «Wenn ich auf Ihren Brief nicht geantwortet habe …»

BEATRICE *Aber Sie werden mich nach Hause begleiten?*

OTTAVIO *Ich schicke Ihnen die Gondel.* «Bitte verzeihen Sie mir, da …»

BEATRICE *Soll ich etwa allein nach Hause gehen?*

OTTAVIO *Lassen Sie sich begleiten.* «Bitte verzeihen Sie mir, da meine Geschäfte …»

BEATRICE *Aber wer soll mich begleiten?*

OTTAVIO *Meinetwegen der Teufel.* «… meine Geschäfte mich daran gehindert haben.»

BEATRICE *Mein Herr Gemahl, Sie sind ein Vieh.*

OTTAVIO «Im übrigen habe ich mich bemüht, Ihnen zu dienen …»

BEATRICE *Mit Ihnen kann ich nicht mehr leben.*

OTTAVIO *Dann krepieren Sie meinetwegen.* «Ich habe mit dem bewußten Kaufmann gesprochen …»

BEATRICE *Werden Sie mich jetzt begleiten?*

OTTAVIO *Gnäfrau nein.*

BEATRICE *Soll ich zu Hause bleiben? (Er schreibt.)*

OTTAVIO *Gnäfrau nein. (Er schreibt.)*

BEATRICE *Dann gehe ich jetzt.*

OTTAVIO *Gnäfrau ja, Gnäfrau ja, Gnäfrau ja.*

Indem Goldoni brutale Umgangsformen im privaten Bereich und ein offenbar höchst nachlässiges Geschäftsgebaren miteinander synkopiert, gibt er von der ersten Szene an zu erkennen, daß zerrüttete Familien und wirtschaftlicher Niedergang einander wechselseitig bedingen. Die

Barnaboti, das nach dem Viertel um San Barnaba so genannte Adelsproletariat, ist der eigentliche Herd von Korruption und Fäulnis: durch die kleine Zahl der herrschenden Patrizierfamilien aus der politischen Macht verdrängt, ist den Bagatelladeligen nichts geblieben als der Dünkel über ihren Stand und das Stimmrecht im Großen Rat, das zu verkaufen häufig die einzige Einnahmequelle darstellt; sie sind längst unter die Armutsgrenze abgesunken – *Wie oft sieht man einen dieser Herren,* sagt Bettina einmal, *ein Viertelpfund dunkles Mehl im Schnupftuch nach Hause tragen!* –, aber sie können vom Spiel nicht lassen und ruinieren sich weiter, bis es nichts mehr zu versetzen gibt. Dann überlegen sie, ob sie als Scharlatane mit dem «Stein des Weisen» oder doch lieber als professionelle Falschspieler ihr Glück versuchen sollen. Selbst wenn sie schon kurz vor der Verhaftung stehen, bieten sie mit hochfahrenden Phrasen ihre «Protektion» an, weil sie hoffen, auf diese Weise ein ehrbares Mädchen aus dem Volk, wie es Bettina ist, sich gefügig zu machen. Diesen Typus des «scaduto», des heruntergekommenen und verdorbenen Aristokraten, bringt Goldoni in immer neuen Varianten auf die Bühne, weil er in ihm den Inbegriff des Niedergangs und der Korruption sieht. Erst um das Jahr 1760, also kurz vor der Übersiedelung nach Paris, verschwinden diese Figuren aus seinen Stücken.

In dieser verpesteten Atmosphäre wirkt Bettinas erster Auftritt wie ein Aufatmen – in einem ganz wörtlichen Sinne. Es ist einer der großen Einfälle Goldonis, ihre Erscheinung unauflöslich mit einem Gestus des Heraustretens verbunden zu haben, dessen Wirkung auch durch die niederen Dienste, die sie verrichten muß, nicht beeinträchtigt wird:

BETTINA *(auf dem Balkon, Schuhe putzend) Die liebe Sonne! Wie ich sie genieße! Gesegnet sei dieser Balkon! Hier kann ich ein bißchen freier atmen. Ich komme ja sonst nicht aus dem Haus, und ich würde vor Schwermut sterben, wenn ich dieses Fleckchen hier nicht hätte. Zum Glück komme ich nicht ins Gerede. Im Hofe ist nie jemand; keiner hört mich, keiner sieht mich. Ich kann es nicht leiden, wenn geklatscht wird. Aber wahrscheinlich wird auch über mich geredet, weil Herr Pantalon regelmäßig zu Besuch kommt. Sollen sie doch reden! Er ist alt, er ist zu mir wie ein Vater, und er hilft mir, weil er ein gutes Herz hat. Wie sagt doch das Sprichwort: «Tue recht und fürcht dich nicht.» Er hat auch versprochen, mich zu verheiraten; aber für mich gibt es nur Pasqualino, einen andern will ich nicht.*

Bettina wird über ihre Umgebung eigentlich nicht herausgehoben, und was sie zu sagen hat, ist alles andere als außergewöhnlich. Aber sie ist doch von ihrem ersten Auftritt an mit einer Aura umgeben, durch die es plötzlich möglich erscheint, daß dem allgemeinen Niedergang doch noch werde Einhalt geboten werden können: nicht durch ein Charisma, das nicht ganz von dieser Welt ist – Bettina ist das genaue Gegenteil einer Jeanne d'Arc –, sondern durch eine menschliche und moralische Substanz, an die die Verdorbenheit der Gesellschaft noch nicht heranreicht. Trotzdem kommt keinen Augenblick lang die Illusion auf, eine Wendung zum Besseren sei nun ganz unausweichlich; dadurch unterscheidet sich *La putta onorata* von dem knappen Dutzend Komödien Goldonis, deren Titel alle mit *Der* bzw. *Die gute …* anfangen (Vater, Mutter, Tochter), daß hier noch nicht eine langweilige Pseudomoral gepredigt wird, an die niemand mehr glauben mag, am wenigsten der Autor selbst. In der Gestalt der Bettina erscheint eine Art von Chance, die diese Gesellschaft noch einmal hat, nicht mehr. Schon im Verlauf der Handlung mehren sich die Zeichen dafür, daß alles auch ganz anders ausgehen könnte. Pasqualino, der Sohn Pantalones (was Bettina am Anfang noch nicht weiß), hat außer einer übellaunigen Bemerkung – es paßt ihm nicht, Bettina auf dem Balkon anzutreffen – nicht viel zu bieten; immer wieder ist es sein Vater, der die Richtung angibt und den unverschämten Ottavio in seine Schranken weist. Zu dessen Verblüffung droht Pantalone sogar mit einer Herausforderung zum Duell, obwohl er als Bürger nur mit einem Dolch bewaffnet sein, nicht aber einen Degen tragen darf. Auch Bettina läßt sich nicht einschüchtern: *Befehlen Sie Ihrer Dienerschaft*, bescheidet sie den Marchese, als dieser von ihr *Gehorsam* verlangt. Nur Pasqualino läßt sich noch, wie ein Hund, durch die Androhung von Prügeln einschüchtern.[146]

Zwar will Goldoni mit der *Putta onorata* das Publikum nicht nur unterhalten, sondern es auch dazu ermuntern, mit überalterten Autoritäten, die schon längst keine mehr sind, endlich aufzuräumen, aber er läßt sich selbst durch den Erfolg seines Stückes nicht dazu hinreißen, einen Optimismus zu proklamieren, für den er offensichtlich keinen hinreichenden Grund in der Realität zu entdecken vermag. Fallen «Fortsetzungen» in der Regel deshalb schwächer aus, weil die Masche, die zum Erfolg geführt hatte, weitergestrickt wird – deshalb wird *Pamela maritata* (1760, *Pamela als Ehefrau*) noch viel langweiliger sein als ihre ledige, selbst schon an der eigenen Tugend dahinsiechende Vorgängerin –, so wird dagegen in der traurigen Komödie *La buona moglie* alles zurückgenommen, was auf eine bessere Zukunft zu verweisen schien. Daß der Marchese sein lasterhaftes Treiben fortsetzen würde, war zwar zu erwarten, und es überrascht auch nicht, daß der Schwächling Pasqualino allen schlechten Einflüssen nachgibt, seine Frau ohrfeigt und sich tagelang herumtreibt. Daß aber Bettina schon nach einem Jahr nicht mehr wiederzuerkennen ist, läßt schon in der Eingangsszene jene gedrückte Stimmung entstehen, die umso trostloser ist, als sie sofort den Vergleich mit der früheren Situation hervorruft. Bettina sitzt zu Hause, stopft Strümpfe, versucht ihr Kind zu beruhigen, das nicht einschlafen will und trauert der Zeit nach, als sie noch frei und ungebunden war: *Nie hätte ich gedacht, daß Pasqualino mir ein so elendes Leben bereiten würde!* Als ihre Verstimmung den Höhepunkt erreicht hat, ruft sie die Dienerin:

BETTINA *Momola, Momola. Die Schlampe ist bestimmt wieder auf dem*

Balkon. [...] Komm endlich her! Wo zum Teufel steckst du? [...] Den
ganzen Tag auf dem verwünschten Balkon!
MOMOLA *Ich wollte gerade den Aschenmann rufen.*
BETTINA *Natürlich, den Aschenmann! Eines will ich dir sagen: Solange du*
mein Brot ißt, hast du dich gefälligst von deinen Balkonen fernzuhalten!
MOMOLA *Liebe gnädige Frau, was ist denn dabei, wenn ich ein bißchen auf*
den Balkon gehe? [...]
BETTINA *Es paßt mir eben nicht, daß du es tust. [...] Und vor allem merke*
dir, wenn du bei mir bleiben willst: Lasse dich auf keine Unterhaltung
mit einem Mann ein! [...] Als ich noch ledig war, habe ich mit keinem
geredet.

Hatte sich durch den Gestus des Heraustretens mit der Gestalt der Bettina unwillkürlich die Hoffnung auf eine qualitative Erneuerung der in
Korruption und Gemeinheit erstarrten Lebensverhältnisse verbunden,
so wird gleich zu Beginn des neuen Stückes diese Erwartung als Illusion
entlarvt: Mit der Unausweichlichkeit eines Naturgesetzes wiederholt sich
bei jeder Generation aufs neue der Rückzug in die Dumpfheit einer
freudlosen Existenz; die enttäuschte Hoffnung schlägt um in die aggressive Genugtuung, wenigstens dafür gesorgt zu haben, daß es auch der
nachfolgenden Generation nicht besser ergehen wird. Von dieser Verwandlung in eine keifende Kleinbürgerfrau erholt sich die Gestalt der
Bettina nicht mehr, auch nicht durch die Festigkeit, mit der sie an ihrer
Ehe festhält; weder sie selbst noch ihr jämmerlicher Pasqualino behalten
jenes Mindestmaß an Liebenswürdigkeit, das notwendig ist, um überhaupt ein Interesse an ihrer Verbindung zu wecken und ihr Fortdauern
als wünschenswert erscheinen zu lassen. Bezeichnenderweise ist es dann
auch weder ihr «Charakter» als «gute Ehefrau» noch der wieder einmal
erneuerte Vorsatz Pasqualinos, sich zu bessern, wodurch schließlich doch
noch alles gut ausgeht, sondern, im Augenblick der höchsten Not – *Wir*
sind am Ende, sagt Bettina, *wir wissen nicht mehr, wie es weitergehen*
soll –, Pantalones Entschluß, die Schwiegertochter in seinen Haushalt
aufzunehmen, und dazu, auf ihre Bitte hin, auch seinen Sohn Pasqualino.
Offizielle Moral und tatsächlicher Handlungsverlauf treten auseinander.
Während das Stück schon mit seinem Titel an das Publikum appelliert,
an den Maximen bürgerlicher Moral festzuhalten, um auf diese Weise
den Weg aus der Krise zu finden, ist der inhaltliche Befund katastrophal:
die Aufnahme der Jüngeren in Pantalones Haus ist die Konsequenz aus
der Feststellung, daß diese Generation nicht in der Lage ist, ihre Geschäfte selbst und in eigener Verantwortung zu führen. Das ist die völlige
Umkehrung des Schlusses von *La bancarotta.*

Mit dem uneingestandenen Auseinandertreten von offizieller Moral
und tatsächlicher Handlung hängt wohl auch eine andere Verschiebung
zusammen, die sich zunächst so unauffällig vollzieht, daß sie nur in den
Abschattungen des venezianischen Dialekts bemerkbar wird. Hatte in

La putta onorata Bettina sich nur zu einem rauhen *Strissima* als Antwort auf den süßlichen Gruß des Marchese durchringen können, anders als ihre Schwester Catte, die in moralischer Hinsicht ziemlich unbedenklich ist, so hat sich gegen Ende des zweiten Stückes die Grußpraxis der beiden Schwestern verändert:

BEATRICE *Seien Sie gegrüßt, Bettina.*
BETTINA *Ihre Dienerin, lustrissima.*
BEATRICE *Guten Tag, Frau Catte.*
CATTE *Strissima, strissima.*

«Illustrissima», die Respektspersonen zustehende Anrede, wird von den Angehörigen des einfachen Volkes normalerweise zu «Lustrissima» verkürzt (ursprünglich wohl in der irrigen Annahme, daß es sich bei dem anlautenden «Il-» um den bestimmten Artikel handele); die weitergehende Reduzierung auf «Strissima» kann zwar auch ohne Hintergedanken gebraucht werden, aber sie klingt ziemlich flüchtig und wird entsprechend eingesetzt. In diesem Sinne übernimmt gegen Ende von *La buona moglie* Catte weitgehend den kritisch gegen den heruntergekommenen Adel gerichteten Part, der ursprünglich der ihrer Schwester war, wie sie überhaupt, als Bettina vor Hunger schon ganz entkräftet und demoralisiert ist, die letzte ist, die mit einfachen Worten jene elementare Humanität zum Ausdruck bringt, die den anderen längst abhanden gekommen ist:

BETTINA *Geh weg, laß mich allein. […]*
CATTE *Daß du überhaupt noch am Leben bist! Seit Tagen hast du nichts gegessen; wenn ich nur zwei Stunden lang nichts habe, gehe ich schon ein.*
BETTINA *Ach, ich habe jetzt ganz andere Sorgen, als etwas zu essen!*
CATTE *Dann iß wenigstens ein frisches Ei. Momola soll es dir zubereiten.*
BETTINA *Ich geb's ja doch wieder von mir; ich kann nichts bei mir behalten.*
CATTE *Man muß sich dazu zwingen.*
BETTINA *Ich kann nicht mehr. Wenn es nicht geht, dann geht es nicht.*
CATTE *Warum sagst du nicht gleich: Wenn ich nicht will, dann will ich nicht.*

Der armen Catte wird das nicht gedankt; statt dessen wirft Bettina ihr vor, sie sei eigentlich schuld an der kaputten Ehe mit Pasqualino, und weinerlich beklagt sie sich, niemand habe Mitleid mit ihr:

CATTE *Bin ich niemand, Schwester?*
BETTINA *Du denkst nur an dich, meine Liebe. Ich kenne dich.*

Als die völlig mittellose Marchesa, deren Mann die Gläubiger mittlerweile haben festsetzen lassen, sich hilfesuchend an Bettina wendet, ist diese nicht nur großmütig, sondern offenbar auch zutiefst geschmeichelt, obwohl jetzt genau die Situation eingetreten ist, auf die sie früher mit dem Wort vom *Viertelpfund Mehl* angespielt hatte. Jedenfalls bietet sie der Marchesa den durch Pasqualinos Herumtreiberei freigewordenen

Platz im Ehebett an, was Catte zu dem sarkastischen Kommentar veranlaßt, es wäre auch genug, die Dienerin Momola zu entlassen und die
Marchesa deren Arbeiten verrichten lassen. *Wie redest du von einer Lustrissima!,* wird sie von ihrer Schwester daraufhin angefahren.

So unverkennbar also einerseits ist, daß sich hier ein Austausch der
Positionen von Bettina und Catte vollzogen hat, so ist andererseits doch
festzustellen, daß diese Entwicklung gleichsam unter der Oberfläche der
Handlung bleibt, insofern, als sie keinen Einfluß hat auf die Bilanz, die
am Schluß gezogen wird. Weder schadet es Bettina, daß sie – über die
zitierten Stellen hinaus – eine ganze Reihe von ungerechten und ziemlich
dummen Äußerungen von sich gibt, die besonders gegen ihre Schwester
gerichtet sind, noch profitiert Catte davon, daß am Schluß sie es ist, die
allein noch eine Position vertritt, die zuvor daraufhin angelegt war, Bettina die Sympathien des Publikums zu gewinnen: *Ich kann diese heruntergekommene Lustrissimi nicht mehr sehen,* sagt Catte nun. *Wenn sie etwas
brauchen, kommen sie angekrochen, aber sobald es ihnen nur ein bißchen
besser geht, sind sie so unverschämt wie zuvor.* Es hilft ihr alles nichts: als
am Schluß nach Gut und Böse sortiert wird, geht sie allein leer aus. Der
Marchese wird zwar nicht ausdrücklich rehabilitiert, aber durch eine un-
erwartete Erbschaft kommt er wieder frei; immerhin läßt Pantalone es
sich nicht nehmen, ihm diese Nachricht persönlich ins Gefängnis zu bringen. Die Marchesa, die schon vorher Besserung gelobt hatte, wird mit
einem väterlich-ernsten Verweis in Gnaden nach Hause entlassen. Was
seinen Sohn Pasqualino betrifft, so will Pantalone ihn zunächst nicht in
sein Haus nehmen, aber durch Bettinas Bitten läßt er sich schnell erwei-
chen. Nur Catte, die dazukommt, als alle weinend sich in den Armen liegen, wird ohne Nachsicht abgefertigt und mit Hausverbot belegt; darüberhinaus untersagt Pantalone seiner Schwiegertochter ausdrücklich
jeden weiteren Umgang mit ihrer Schwester, und Bettina findet das auch
ganz in Ordnung, zumal Catte sich völlig unbeeindruckt zeigt: *Je älter der
wird,* sagt sie, *desto geiziger wird er auch. [...] Bei dem ist nichts zu holen.
Geh nur, Schwester, du bist arm dran. Mit diesem Alten möchte ich nicht
leben müssen, nicht für alles Gold der Welt. Ich und mein Zendal, wir gehen jetzt. Wer nicht will, der hat schon. Wer mich nicht will, der verdient
mich nicht.* Trotz dieses temperamentvollen Abgangs jedoch kann kein
Zweifel sein, wie das Publikum den Schluß der Komödie auffaßte und
wie Goldoni ihn auch verstanden wissen wollte. Cattes Worte haben ausschließlich den Zweck, ein letztes Mal jenen Hintergrund von Amoralität
und Verworfenheit abzugeben, vor dem sich umso strahlender die schöne Einigkeit der anderen abheben soll:

PANTALONE *Höre nur, was für eine reizende Schwester du hast.*
BETTINA *Die spinnt ja. Die kann einem leid tun.*
PASQUALINO *Laß dich bloß nicht mehr mit der ein.*[147]
Wenn ein Stück wie *La buona moglie,* und besonders die Szene zwischen

Bettina und Catte (III,5) noch immer zum Anlaß genommen wird, um von dem «Goldonischen Maß» zu sprechen, das «stets gegenwärtig»[148] sei, dann ist vom Publikum des 18. Jahrhunderts, das auf eine Ästhetik der Empfindung festgelegt ist – je heftiger die seelische Bewegung, die es auslöst, je ergiebiger der Tränenstrom, den es hervorbringt, desto besser das Kunstwerk – erst recht nicht zu erwarten, daß es in der Lage gewesen wäre, Goldoni kritisch («gegen den Strich») zu lesen und überhaupt wahrzunehmen, daß konventionelle «Moral» und die Mentalität des selbstgerechten Spießers, gerade auch bei Goldoni, nahe beieinander liegen. Genauso abwegig wäre es, dem Autor unterstellen zu wollen, er habe für sich selbst ein anderes Verständnis seiner Komödie entwickelt als für sein Publikum: der Schluß von *La buona moglie* steht nicht unter einem unausgesprochenen Vorbehalt von seiten des Autors. Umso bemerkenswerter daher die sozusagen inoffizielle Tendenz, die sich durchsetzt, weil sie offenbar einer innerhalb des Bürgertums verbreiteten Stimmung entspricht. Der Verringerung der kritischen Distanz gegen den Adel auf der einen Seite entspricht auf der anderen, daß Bettina, die ihre unverbildete, kräftige Natur offenbar – daran läßt *La putta onorata* keinen Zweifel – ihrer plebejischen Herkunft zu verdanken hat, vom Augenblick ihrer Verheiratung an bestrebt ist, sich gegen ihr ursprüngliches Milieu abzugrenzen. *Meine Ehe ist ja wohl nicht mit deiner zu vergleichen,* faucht sie ihre Schwester an, die das Gejammer über ihre Situation geduldig angehört und schließlich in ihrer etwas rauhen Herzlichkeit bemerkt hatte, auch sie liebe ihren Mann, *aber ich mache nicht so viele Faxen.* Selbst die gemeinsame Kindheit, auf die Catte hinweist, will Bettina plötzlich nicht mehr gelten lassen. *Ach,* sagt sie mit aggressiver Sentimentalität, *wie oft hast du meine* – meine! – *arme Mutter zum Weinen gebracht.*[149] Pasqualino mag noch so ein Schwächling sein, er mag sie schlagen und tagelang irgendwo herumlungern – als Sohn des Kaufmanns Pantalone bedeutet er für sie eine Standeserhöhung, an der sie um jeden Preis festzuhalten gedenkt. Die Kritik am Adel, dem man insgeheim nacheifern möchte, wird unfein und bleibt denen vorbehalten, die nichts zu verlieren haben. Insofern ist die Geschichte von Bettina und ihrer Schwester Catte zugleich ein Lehrstück über das Auseinandertreten von Bürgertum und Proletariat.

Natürlich schreibt Goldoni seine Komödien nicht nach Maßgabe trennscharfer Distinktionen und politischer Kategorien; trotzdem ist unverkennbar, daß er in der Periode der Zusammenarbeit mit Medebach und dem Theater Sant'Angelo in besonderer Weise darauf bedacht ist, die gesellschaftliche und soziale Realität seiner Zeit zu erkunden, ohne sich dabei von konventionellen Rücksichten beeinträchtigen zu lassen. Auf die Kritik, seine Komödie *La famiglia dell'antiquario* (1749, *Die Familie des Antiquitätensammlers*) lasse ein gutes Ende und eine lehrreiche Moral vermissen, antwortet Goldoni, einem *freundlichen Trugbild* ziehe

er die *unangenehme Wahrheit* vor; diese bestehe hier in dem *unversöhnlichen Haß,* mit dem die Frauen, und ganz besonders Schwiegertochter
und Schwiegermutter, einander zu verfolgen in der Lage seien.[150] Tatsächlich jedoch geht es in diesem Stück, dessen ursprünglicher Titel
Schwiegermutter und Schwiegertochter lautete, weniger um bestimmte
Typen bzw. anthropologische Konstanten als um ein gesellschaftliches
Spannungsfeld, in dem die einzelnen Charaktere in ihrem Verhältnis zueinander im Vordergrund stehen. Die Komödie ist eine der besten, die
Goldoni geschrieben hat: sie verbindet die klare, schlackenlose Struktur
der klassischen Komödie mit einer vorbehaltlosen Analyse der Gegenwart, jedoch ohne jenes voraussehbare, allzu glatte Funktionieren, von
dem noch *La vedova scaltra* nicht ganz frei war, und ohne die romanhaften, der Handlung nicht integrierten Momente, die in den beiden Komödien um Bettina und Catte stehengeblieben waren.

Die Handlung setzt mit einem Überraschungseffekt ein: Graf Anselmo
wird durch die Rechnungen, die ihm sein Diener präsentiert, nicht etwa
aus der Fassung gebracht, vielmehr ordnet er mit der größten Selbstver-
ständlichkeit an, sie zu bezahlen. Ermöglicht wird ihm dieses ganz unge-
wöhnliche Verhalten durch die – erst wenige Tage zurückliegende – Verheiratung seines Sohnes Giacinto mit Doralice, der Tochter des reichen
Kaufmanns Pantalone, dessen Eitelkeit durch diese Verbindung offensichtlich sehr geschmeichelt ist. Aber auch der Graf hat ohne weiteres
zugestimmt, da ihm seine Familie gleichgültig ist und auch Geld ihn nur
insoweit interessiert, als es ihm dadurch möglich wird, seiner Leidenschaft
für Antiquitäten ungehindert zu frönen, obwohl er davon nichts versteht
und daher ständig von Brighella und Arlecchino hereingelgt wird. Dagegen erklärt Gräfin Isabella, sich mit der *Kaufmannstochter,* wie sie Doralice nennt, nicht abfinden zu wollen; sie versteift sich darauf, ihr das Geld
für standesgemäße Kleidung vorzuenthalten. Im Unterschied zu ihrer
aufgeregten Schwiegermutter kann Doralice sich darauf beschränken, auf
ihre Rechte hinzuweisen, und zwar mit solcher Gelassenheit, daß Anselmo, der sonst nie zuhört, einen Augenblick lang seine Medaillen vergißt:

DORALICE *Mit der Frau Schwiegermutter kann ich über diese Dinge nicht
reden; sie mag mich nicht. Bitte geben Sie mir also das Geld für ein neues
Kleid.*
ANSELMO *Geld habe ich nicht.*
DORALICE *Sie haben kein Geld? Was ist mit den 20 000 Scudi geschehen?
(immer ruhig)*
ANSELMO *Darüber brauche ich Ihnen keine Rechenschaft abzulegen.*
DORALICE *Aber meinem Mann. Meine Mitgift steht ihm zu, alle anderen
haben die Finger davon zu lassen.*
ANSELMO *Und Sie sagen das mit dieser Ruhe?*
DORALICE *Wenn man im Recht ist, braucht man sich nicht zu erhitzen.*

Die Tendenz des Stückes scheint damit absehbar zu sein: Goldoni habe dieses Mal, so kann vermutet werden, die würdelose Anpassung des Bürgertums an die Aristokratie, die in *La buona moglie* noch nicht direkt namhaft gemacht worden war, ausdrücklich zum Thema gemacht und bis zur ehelichen Verbindung gesteigert, aber er halte es zugleich für angebracht, dem Dünkel und der Anmaßung des Adels einen Dämpfer zu versetzen. Je weiter jedoch die Handlung fortschreitet, desto deutlicher erweist sich, daß diese Komödie nicht darauf angelegt ist, in eindeutiger Weise die Schwäche eines bestimmten Charakters der Lächerlichkeit preiszugeben und dadurch einer moralisch einwandfreien Position zum Durchbruch zu verhelfen. Wenn die Gräfin ihre Schwiegertochter mit einem *stillen Wasser* vergleicht, das sich auf unauffällige Weise solange ausbreite, bis schließlich alle darin umkommen, so ahnt sie ganz richtig, worauf das alles hinaus will: Während sie selbst ihr Pulver schnell verschossen hat – ihren stolzen Ausspruch *Ich bin und bleibe, wer ich bin* kann sie nicht beliebig oft wiederholen –, kann Doralice, im Bewußtsein ihrer Mitgift nicht aus der Ruhe zu bringen, eine Teufelei nach der anderen ersinnen, wodurch sie sich ihrerseits ins Unrecht setzt. Gegen Ende des ersten Aktes geht sie dennoch auf den Vermittlungsversuch eines Hausfreundes ein, zum Zeichen ihres guten Willens Isabella, die Ältere, zuerst zu grüßen:

CAVALIERE *(nimmt Isabella beiseite) Signora Contessa, ich habe es geschafft. Signora Doralice bedauert ihr Verhalten. Sie ist bereit, sich bei Ihnen zu entschuldigen; aber Sie wissen natürlich, daß Sie das nicht zulassen dürfen. Ihnen ist genug, daß sie es tun würde; und zum Beweis dafür wird Sie sie jetzt zuerst grüßen.*

ISABELLA *(leise zum Cavaliere) Grüßen – sonst nichts?*

CAVALIERE *(leise zu Doralice) Signora Contessina, jetzt ist die Reihe an Ihnen. Jetzt tun Sie bitte das, was Sie mir versprochen haben.*

DORALICE *Signora, Sie sind älter als ich, daher: Meine Verehrung! (ab)*

ISABELLA *Unverschämtheit! Das wirst du büßen. (ab)*

CAVALIERE *Da haben wir den Salat. (ab)*

Nach der unvergleichlichen Dreckschleuder Donna Claudia (in der Komödie *Il cavaliere e la dama*, 1749) ist Doralice die zweite in der Serie jener zwar souverän und elegant, aber auch mit eiskalter Gemeinheit vorgehenden Frauen, die Goldoni besonders liegen und die in Mirandolina, der Protagonistin von *La Locandiera*, ihre ungekrönte Königin finden werden. Pantalone ist entsetzt, als er erfährt, daß seine Tochter Colombina, die Dienerin Isabellas, kurzerhand geohrfeigt hat: *Es wäre doch besser gewesen, wenn ich sie mit einem Kaufmann verheiratet hätte. Aber auch ich habe mich vom Adelsfieber anstecken lassen.* Er hätte sich wohl gewünscht, durch die Nobilitierung der nachfolgenden Generationen von seinem in einem langen Leben erworbenen Vermögen den Makel des sauren Schweißes und der Pfennigfuchserei, der ihm noch anhaftet, zu nehmen; die zugleich vitale und destruktive Rücksichtslosigkeit jedoch, die bereits seine Tochter an den Tag legt, ist ihm noch ganz fremd.

Daß eine Komödie am Ende gut auszugehen habe, ist eine Konvention, die Goldoni in der Regel willig akzeptiert, selbst um den Preis eines Verstoßes gegen das Gebot der «Wahrscheinlichkeit»: so ist Pasqualino, Bettinas nichtsnutziger Ehemann, viel zu oft in seiner völligen Haltlosigkeit vorgeführt worden, als daß eine dauerhafte «Umkehr» überhaupt noch als denkbar erschiene. Selbst der unverbesserliche Lügner Lelio, der in einer von Corneille inspirierten Komödie *(Il bugiardo, Der Lügner)* zunächst im Gefängnis landet, weil sein Laster in einer Welt, der der ehrbare Kaufmann als Leitbild dient, nicht zu tolerieren ist, wird in einer späteren Fassung von seinem Autor begnadigt; mit der schrittweise sich vollziehenden Desillusionierung Goldonis über die Chancen einer grundlegenden Änderung der Verhältnisse in Venedig bedarf es keiner rigoristischen Ethik mehr. Umso auffälliger ist daher, daß in *La famiglia dell'antiquario* der unversöhnte Schluß niemals zur Disposition gestellt wird, obwohl mit der Entlarvung der verleumderischen Colombina, die den Konflikt nach Kräften geschürt hatte, die Möglichkeit einer – zumindest oberflächlichen – Einigung gegeben wäre: was Goldoni in anderen Stücken sich gewiß nicht hätte entgehen lassen. Hier jedoch führt diese Entwicklung gerade zum endgültigen Zerwürfnis zwischen den beiden Damen, die in ihren Zimmern ausharren, während die dienstfertigen Hausfreunde zwischen ihnen hin- und hereilen, um die Friedensbedingungen auszuhandeln:

DOTTORE *(aus dem Zimmer Isabellas kommend) Wenn Signora Doralice sich zu Signora Isabella bemüht, wird diese sie auf das liebevollste umarmen. […]*

CAVALIERE *(aus dem Zimmer Doralices kommend) Signora Doralice ist gern bereit, sich von Signora Isabella umarmen zu lassen. Signora Isabella soll aber zu ihr kommen. […]*

DOTTORE *Die Signora Contessa sagt, sie sei eine Standesperson, und es schicke sich daher nicht für sie, ihren Platz zu verlassen.*

CAVALIERE *(aus Doralices Zimmer kommend) Signora […] Doralice sagt, sie sei zwar keine Standesperson, aber sie habe eine Mitgift von zwanzigtausend Scudi mitgebracht, und daher lasse sie sich nicht schikanieren. […]*

DORALICE *(in der Tür stehend, während Isabella aus ihrem Zimmer kommt) Nein, ich gehe nicht hin. Sagen Sie der Alten, sie soll herkommen, wenn sie etwas will.*

ISABELLA *Unverschämte Person, das sagst du zu mir?*

DORALICE *Meine Verehrung, junge Frau. (ab)*

ISABELLA *Sie oder ich! (ab)*

Ginge es in diesem Stück tatsächlich nur um ein psychologisches Problem, die im Vorwort genannte *Unversöhnlichkeit der Frauen, wenn sie hassen,* so hätte Goldoni wohl keine Veranlassung gesehen, die Szene aus Venedig nach Palermo zu verlegen; eine Fiktion, die so durchsichtig ist, daß von niemandem im Ernst erwartet wird, an sie zu glauben. Zu deutlich verweist der Zustand der Erstarrung und Handlungsunfähigkeit, der am Schluß eintritt, auf die tatsächliche Situation Venedigs, die ja auch dadurch geprägt ist, daß die wesentlichen Kräfte der Gesellschaft einander blockieren: weder ist das Patriziat in der Lage, die Bürger mit ihrem Kapital und ihren Fähigkeiten zum Nutzen des Gemeinwohls an der politischen Macht zu beteiligen, noch zeigt sich das Bürgertum der historischen Aufgabe gewachsen, eine grundlegend neue Ordnung zu etablieren, ohne sich doch immer wieder an einer Lebensform zu orientieren, die ihre Zeit gehabt hat. Dieser Gesellschaft, die gezwungen ist, auf Gedeih und Verderb unter einem Dach zu leben, ist nicht zu helfen; so bleibt nur die Möglichkeit, sie zu entmündigen und Pantalone mit der Verwaltung des Chaos zu betrauen. Das ist der gleiche Schluß wie in *La buona moglie* – und doch ein anderer. Hatte dort der alte Pantalone mit ungebrochenem Selbstvertrauen das Ruder in die Hand genommen, so ist er sich nun bewußt, allenfalls den sofortigen Kollaps verhindern, nicht aber eine Perspektive für die Zukunft eröffnen zu können: *Ich sehe also, es ist nicht möglich, daß man sich umarmt und Frieden schließt, und täte man es mit Gewalt, so finge morgen alles von vorne an.*[151] Die Herrschaft Pantalones, so wird in dem Stück erkennbar, in dem Goldoni die Summe seiner bisherigen Erfahrungen zieht, ist alles andere als die venezianische Spielart eines von Zweifeln nicht angekränkelten aufklärerischen Optimismus, sie ist eher eine Art von letzter Chance, die dieser Gesellschaft noch einmal gegeben und von ihr schon fast vertan ist.

Hatte Goldoni seine Kritiker, die sich in irgendeiner Weise durch die weitgehende Ausschaltung der Masken benachteiligt fühlten, bisher ignorieren können, so ergibt sich eine gänzlich neue Lage, als nach der Wiederaufnahme der *Vedova scaltra* im Herbst 1749 der Widerstand gegen die «Reform» sich konzentriert und organisiert. Nach einer Serie großer Erfolge – zu denen auch das von Galuppi komponierte musikalische Lustspiel *L'Arcadia in Brenta* zählt, eine witzige Satire auf Modeerscheinungen wie die kostspieligen Landaufenthalte und das alberne Akademienwesen – hält es der Patrizier Michele Grimani, der Eigentümer des Theaters San Samuele, an dem nach wie vor Imer mit seiner Truppe auftritt, für geboten, gegen eine Konkurrenz vorzugehen, die ihm über den Kopf zu wachsen droht. Er versucht, den aus Brescia stammenden Abate Pietro Chiari (1711–1785), einen ehemaligen Jesuiten und gewesenen Sekretär des Kardinals Federico Lante delle Rovere, den es erst seit kurzem nach Venedig verschlagen hat, zu einem Anti-Goldoni aufzubauen; als, wenige Tage nach Wiederaufnahme der *Vedova scaltra,* Chiaris «La scuola delle vedove» herauskommt, ist der Erfolg so groß, daß Goldoni es immerhin für angezeigt hält, die Maske anzulegen und

Pietro Chiari.
Zeitgenössischer
Kupferstich

sich die Sache anzusehen. *Man hatte mir gesagt, dieses Lustspiel sei eine Parodie meines Stücks. Aber nichts weniger: es war meine «Witwe» selbst; die vier Fremden waren von denselben Nationen, Intrige, der Gang der Szenen, alles einerlei! Nichts war geändert als der Dialog, und dieser Dialog war mit Beleidigungen und Schmähungen gegen mich und meine Schauspieler angefüllt. Ein Akteur sagte einige Stellen aus meinem Stück her, ein anderer setzte hinzu: «Einfältiges Zeug!» Man wiederholte einige witzige Einfälle, ein paar Scherze aus meinem Original und rief dann im Chor: «Abgeschmackt, abgeschmackt!»* Vor allem ist Goldoni erbittert über die Reaktion des Publikums – er nennt es *undankbar* –, und zwar so sehr, daß er unverzüglich darangeht, auf das Machwerk des Konkurrenten zu erwidern mit einem *Prologo apologetico alla commedia intitolata «La vedova scaltra»*, in dem der *Theaterreformer* Prudenzio (Medebach) und der Autor Polisseno (Goldoni) die Poetik der im Namen von Vernunft und Natur erneuerten Komödie verteidigen. Medebach sieht einen Skandal heraufziehen und alarmiert den Besitzer des Theaters Sant'Angelo, Antonio Condulmer, der einer der ersten Familien Venedigs angehört und mehrfach in die höchsten Staatsämter gewählt wird; als einer der drei Staatsinquisitoren wird er einige Jahre später (1755) Casanova unter die Bleidächer bringen. Obwohl dieser einflußreiche Patrizier es sich nicht nehmen läßt, Goldoni persönlich aufzusuchen, läßt dieser sich nicht bewegen, seinen *Prolog* zurückzuziehen. *Den Tag darauf erschien meine Broschüre. Ich hatte dreitausend Exemplare abziehen lassen, die ich unentgeltlich an alle Kaffeehäuser, an meine Freunde, Gönner und Bekannten verteilte.* Daß nach dieser spektakulären Aktion beide Stücke – also nicht nur das gegnerische Machwerk, wie Goldoni in den *Memoiren* behauptet – sofort verboten werden, versteht sich von selbst und wäre kaum der Erwähnung wert, wenn die Behörden nicht die Gelegenheit ergriffen hätten, mit sofortiger Wirkung anzuordnen, daß die Manuskripte sämtlicher Stücke vor einer Aufführung dem Magistrato contro la Bestemmia zur Prüfung vorzulegen seien. Vom 15. November 1749 an ist in Venedig die Theaterzensur wiedereingeführt.

Ausgestanden ist die Sache damit nicht. Obwohl Chiari bei weitem nicht das intellektuelle und artistische Format Carlo Gozzis, des bedeutendsten Gegners der «Reform» hat, gelingt es ihm doch, für mehr als ein Jahrzehnt den Publikumsgeschmack so zu beeinflussen, daß Goldoni sich zu Kompromissen genötigt sieht, die ihm nicht liegen und die letzten Endes dazu führen, daß ein großer Teil der zwischen 1750 und 1760 entstehenden Stücke nicht zu retten ist. Schon nach der ersten Runde der Auseinandersetzungen mit Chiari ist Goldoni nicht mehr ganz der alte. Der große Pantalone Cesare d'Arbes wird nach Dresden berufen und verläßt Venedig mitten in der Saison, was zur Folge hat, daß sämtliche Logen gekündigt werden. Am Teatro Sant'Angelo verbreitet sich Nervosität. Als am Ende des Theaterjahres das Publikum die verfehlte, seit längerem fertiggestellte, aber wohlweislich zurückgehaltene Komödie *L'erede fortunata (Die glückliche Erbin)* durchfallen läßt (Karneval 1750), glaubt Goldoni die Situation nur dadurch retten zu können, daß er für die kommende Saison nicht weniger als sechzehn neue Stücke ankündigt. Zu diesem Zeitpunkt hat er weder *zu einem einzigen Stück den Stoff vorrätig,* noch eine Ahnung davon, welch ein *schreckliches Jahr*[152] er durchzustehen haben wird.

Trotzdem kann schon Anfang Oktober 1750, zu Beginn des halsbrecherischen Unternehmens, Teodora Medebach in der programmatischen Komödie *Il teatro comico* die Titel aller Stücke nennen, die in dieser Saison auf die Bühne kommen sollen: *Il teatro comico, Le femmine puntigliose (Die ehrgeizigen Frauen), La bottega del caffè, Il bugiardo (Der Lügner), L'adulatore (Der Schmeichler), I poeti* – der endgültige Titel wird *Il poeta fanatico* sein –, *Pamela, Il cavalier di buon gusto, Il giocatore (Der Spieler), Il vero amico (Der wahre Freund), La finta ammalata, La donna prudente, L'incognita perseguitata dal bravo impertinento (Die verfolgte Unschuld)* – später kurz *L'incognita* genannt –, *L'avventuriere ono-*

rato (Der ehrliche Abenteurer), La donna volubile (Die Flatterhafte), I pettegolezzi delle donne. Als Ende Februar 1751 zum Beschluß des Karnevals auch die letzte der sechzehn Komödien über die Bühne gegangen ist, kann Goldoni stolz behaupten, daß trotz der ungeheuren Anstrengung seine Phantasie noch immer nicht erschöpft sei. Trotzdem muß die Frage wohl gestellt werden, ob der Aufwand sich gelohnt habe, und zwar nicht nur im Hinblick auf die schwere nervöse Erschöpfung, deren Folgen sich nie mehr ganz verlieren werden. Gewiß ist der lästige Konkurrent Chiari zunächst einmal weit abgeschlagen; dafür aber hat Goldoni mit einigen der sechzehn Stücke sich auf ein Niveau begeben, das sich von dem des Abate nur noch schwer unterscheiden läßt. Eigentlich sind nur die ersten drei Komödien in inhaltlicher, künstlerischer und technischer Hinsicht mit den in der ersten Zeit der Zusammenarbeit mit Medebach entstandenen Stücken zu vergleichen, allenfalls noch Nr. 4, *Il bugiardo,* die Neufassung einer schon zwei Jahre zuvor entstandenen Charakterstudie nach dem berühmten Lustspiel von Corneille. Was folgt, ist – bestenfalls – Durchschnitt, mit Ausnahme der Komödie Nr. 16, die den beiden Stücken um die standhafte Bettina nahesteht.

Il teatro comico ist nicht nur eine *in Handlung umgesetzte Poetik* und dazu ein bühnenwirksames, lebhaftes und unterhaltsames Lustspiel, sondern auch ein professionelles Stück Public Relations-Arbeit, durch die das Publikum der «Reform» günstig gestimmt werden soll. Geschickterweise läßt Goldoni die *Charakterkomödie* nicht als eine künftige Errungenschaft anpreisen, vielmehr läßt er Orazio und seine Leute so tun, als habe sie sich schon längst unwiderruflich durchgesetzt. *Ich dachte immer,* sagt der zurückgebliebene Poet Lelio, *die Charakterkomödien seien gar nicht nach dem Geschmack der Italiener. – Ganz im Gegenteil, in Italien will man nichts anderes mehr sehen,* antwortet Anselmo, *dadurch hat außerdem der gute Geschmack im Publikum sich schon so weit verbreitet, daß auch die einfachen Leute über die Vorzüge und Schwächen der Komödien urteilen können.*[153] Damit führt Goldoni den schon in *La putta onorata* erfolgreich begonnenen Versuch fort, Autor und Publikum als eine Art verschworener Gemeinschaft erscheinen zu lassen: dort hatte er die Gondolieri für sich gewonnen, indem er sie als sachverständigen und über Erfolg und Mißerfolg entscheidenden Teil des Publikums auf die Bühne brachte. *Wenn das Stück den Gondolieri gefällt, ist es gut,* hatte der vor dem Theater wartende Menego gesagt, als von drinnen lebhafter Beifall zu hören war. *Wenn wir in die Hände klatschen, tun es alle.* Der Prinzipien seiner «Reform» nunmehr sicher und in Übereinstimmung mit seinem Publikum, scheint Goldoni mit den sechzehn Komödien die begonnene Arbeit unmittelbar fortsetzen zu wollen: *Le femmine puntigliose,* ein Stück mit straff und souverän geführter Handlung, kritisiert mit unerhörter Schärfe sowohl ein Bürgertum, das die eigenen Interessen vernachlässigt und alle Energie darauf verschwendet, eine ihm nicht gemäße

Lebensform zu kopieren, als auch eine Aristokratie, die keinen anderen Lebensinhalt kennt als einen durch nichts gerechtfertigten Dünkel, dabei aber jederzeit bereit ist, gegen Geld den eigenen Stand zu verraten. Florindo, der der Meinung ist, als Kaufmann genug Kapital angesammelt zu haben, um sich ins Privatleben zurückziehen zu können, ist mit seiner Frau Rosaura aus der Provinz nach Palermo gereist, wo sie nichts anderes im Sinn hat, als zu einer *conversazione* eingeladen zu werden: *Ich wäre schon zufrieden, wenn ich nur ein einziges Mal sagen könnte, ich sei zu einem Empfang eingeladen gewesen, bei dem viele vornehme Damen sich mit mir unterhalten und mich als ihresgleichen behandelt hätten.* (Die ursprüngliche Ortsangabe «Florenz» mußte geändert werden, als die erste Sammlung von Goldonis Komödien bei dem Florentiner Verleger Bettinelli zu erscheinen begann; gemeint ist, wie immer, Venedig.) Dabei geht es nicht einmal um die Erfüllung eines Herzenswunsches, vielmehr werden alle Anstrengungen nur unternommen, um, wie Florindo sagt, *zu tun, was die anderen tun.* Das ist das Stichwort für Pantalone, der ein weiteres Mal die Gelegenheit ergreift, das Evangelium des soliden und erfolgreichen Kaufmannsstandes zu predigen:

PANTALONE *Da liegt der Hund begraben. […] Auf diese Weise ruinieren sich die Männer, und die Familien geraten in Unordnung. Nur um zu tun, was die andern tun, übernimmt man sich und verliert den Kredit. Warum schafft man Juwelen an, die ein Vermögen kosten und totes Kapital bilden, das nichts mehr abwirft? Um zu tun, was die anderen tun. Warum rennt man ins Unglück? Warum macht man Pleite? Um zu tun, was die andern tun.*

Zwar sind Graf Lelio und Gräfin Beatrice bereit, gegen Bezahlung die von Rosaura gewünschte Zusammenkunft zu arrangieren, aber sie können nicht verhindern, daß ihre Standesgenossinnen die Bürgersfrau aus der Provinz, die eine Ungeschicklichkeit nach der anderen begeht, der Lächerlichkeit preisgeben. Sind die Damen unter sich, dann allerdings erweist sich, daß auch sie nichts anderes mehr im Kopf haben als das ganz äußerliche Ritual des Ranges und der Etikette; auch sie tun nur das, was die anderen tun, auch sie handeln gegen ihre eigenen Absichten, nur um sich nichts zu vergeben:

ELEONORA *Warum ist Contessa Flaminia eben nicht ausgestiegen? […]*

OTTAVIO *Als sie gerade aussteigen wollte, hat sie die Karosse der Marchesa Ortsensia gesehen, und um sie nicht grüßen zu müssen, hat sie ihrem Kutscher befohlen, umzukehren.*

ELEONORA *Aber wenn sie einander begegnet wären, wer hätte dann zuerst grüßen müssen?*

CLARICE *Die Marchesa, denn ihr Wagen war noch in Bewegung, während der der Contessa schon zum Stillstand gekommen war.*

ELEONORA *Aber die Marchesa Ortensia ist vornehmer als die Contessa Flaminia. Schließlich sind wir blutsverwandt.*

CLARICE *Also was die Herkunft betrifft, so ist Contessa keineswegs weni-ger. Schließlich ist sie mit meiner Familie verwandt.*[154]

Vor diesem Hintergrund ist der Schluß der Komödie zu sehen. Am Ende erscheint Rosaura vor ihren Peinigerinnen, bekundet, daß sie ihre Tor-heit eingesehen habe und denunziert Contessa Beatrice als unehrenhaft und käuflich, die daraufhin zusammen mit Conte Lelio aus der Gesell-schaft ihrer Standesgenossen ausgeschlossen wird und die Stadt verläßt. Damit ist die alte, ständische Ordnung zwar wiederhergestellt, aber auf eine derart oberflächliche Weise – die Zurückbleibenden sind ja um nichts besser als die beiden, die sich kompromittiert haben –, daß es ei-gentlich keinen Zweifel mehr daran geben kann, wie substanzlos diese Einteilung der Gesellschaft geworden ist.

Hatte die zweite der sechzehn Komödien die Kritik an einer Ständege-sellschaft in inhaltlicher Hinsicht fortgeführt, so wird in dem darauffol-genden Stück, *La bottega del caffè*, dieses Motiv aufgenommen: Don Marzio – eine der markantesten Gestalten, die Goldoni hervorgebracht hat – ist ein heruntergekommener Edelmann, den es aus Neapel nach Venedig verschlagen hat, wo er seine Zeit damit verbringt, allerlei Unheil zu stiften durch sein indiskretes und boshaftes Geschwätz, das ihm aber schon so zur Natur geworden ist, daß er sich der Würdelosigkeit und Nie-dertracht seines Tuns nicht einmal bewußt ist. *Er ist zu überhaupt nichts imstande,* wird über ihn gesagt, *eigene Geschäfte hat er keine, und deshalb mischt er sich immer in anderer Leute Sachen ein.*[155]

Immerhin aber ist Don Marzio ein wirklicher, unverwechselbarer «Charakter», ganz im Gegensatz zu den eher unspezifischen Vorstellun-gen, die Goldoni sonst mit diesem Begriff verbindet; eine besonders ausgeprägte Eigenschaft oder Neigung (zur Lüge, zum Spiel) genügt ihm schon, um von einem Charakter zu sprechen. Wenn das Stück dennoch nicht nach Don Marzio benannt ist, dann vor allem deshalb, weil nicht er im Mittelpunkt steht, sondern der unverändert bleibende Schauplatz, wo alle Personen einander über den Weg laufen, streiten, sich aussprechen, intrigieren und sich versöhnen, je nachdem, wie ihnen gerade zumute ist. Zwar hatte Goldoni auch schon in früheren Stücken zuweilen die Einzel-personen zurücktreten lassen zugunsten chorartiger Ensembles – etwa in den Gondolieri-Szenen von *La putta onorata* –, erst im *Kaffeehaus* aber wird dieses Formprinzip bestimmend für das ganze Stück, auch wenn noch nicht alle Partien so kunstvoll zu einer vielstimmigen Komposition verarbeitet sind, wie dies in den Meisterwerken der späteren Zeit – *Il campiello, Le baruffe chiozzotte* – der Fall sein wird; aber auch schon in *I pettegolezzi delle donne,* der letzten der sechzehn Komödien, in der das Gerücht, das ehrbare Mädchen Checca stamme gar nicht aus einer or-dentlichen Familie, sondern sei die Tochter eines alten, stadtbekannten Armeniers, der getrocknete Früchte aus seiner Heimat – *Abagigi* – ver-kaufe, sich zunächst von Mund zu Mund und unter dem Siegel der Verschwiegenheit ausbreitet, bis es schließlich, von den Schandmäulern der Stadt (deren jede, für sich genommen, eigentlich eine ganz normale, durchschnittliche Kleinbürgersfrau ist) in eine kunstvolle Fuge von Mißgunst und Schadenfreude gesetzt, alle Heiratspläne wegzufegen droht.

Von den sechzehn Komödien sind es also immerhin vier, die mit Konsequenz und beträchtlichem innovativem Vermögen frühere Ansätze und Motive fortführen. Zwar ließe sich allenfalls auch *Pamela*, das Stück, mit dem Goldoni einen der größten Erfolge seiner Laufbahn erlebt, für die «Reform» in Anspruch nehmen, insofern hier zum erstenmal keine einzige Maske mehr verwendet wird, insgesamt aber ist es nicht mehr als der triviale Abklatsch eines der großen literarischen Erfolge der Zeit, des gleichnamigen, im Jahre 1740 erschienenen Romans von Samuel Richardson. Der larmoyante Tonfall, die Standhaftigkeit der Häuslerstochter Pamela Andrews, die ihre Tugend gegen die Nachstellungen ihres adligen Brotherrn verteidigt, das Aroma sexueller Ausschweifungen, das umso pikanter ist, als es ständig mit den stärksten Affekten des Abscheus belegt wird, die Spekulation, daß soviel Tugend schließlich mit der Überwindung der Standesgrenzen durch Eheschließung belohnt werden müsse – das ergibt ein Gebräu, nach dem das Publikum des 18. Jahrhunderts süchtig ist. Auch Goldoni wendet dieses Rezept mit Erfolg an, obwohl bei der Umarbeitung des Romans zu einem Drama natürlich die Briefe und Tagebücher Pamelas fortfallen, die Richardsons Original mit einer durchaus neuartigen psychologischen Tiefendimension versehen hatten. Da psychologische Differenziertheit und Intensität jedoch ohnehin nicht Goldonis Stärke sind – das dürfte im übrigen der Grund dafür sein, daß er sich mit dem Werk von Marivaux nicht einmal in einem Nebensatz auseinandersetzt –, ist bei ihm Pamela derart auf ihre Ehrbarkeit fixiert, daß diese schließlich eine paradoxe Wirkung zeitigt: zwar war auch Bettinas Moral nicht nur in absoluten ethischen Prinzipien, sondern auch in handfesten Interessen begründet, aber sie war doch vor allem charakterisiert durch jene «gesunde, sichere Jungfräulichkeit [...] ohne Kälte und Roheit», von der in der «Italienischen Reise» einmal (in anderem Zusammenhang) die Rede ist.[156] Indem Pamela dagegen kein anderes Thema mehr kennt als ihre Tugend, reduziert sie diese schließlich auf ihren Tauschwert:

BONFIL *Hier, Pamela, sind fünfhundert Guineen für dich. Du kannst darüber verfügen wie du willst.*

PAMELA *Meine Ehrbarkeit ist mehr wert als alles Gold der Welt.*

Pamela übertreibt, denn natürlich hat alles seinen Preis, auch ihre Tugend: für die Standeserhöhung per Heiratsurkunde wäre sie ohne weiteres zu haben. Schon der Titel der englischen Vorlage sagt eigentlich nichts anderes: «Pamela or Virtue Rewarded». Wenn die exemplarische Geschichte Pamelas das Versprechen enthält, eine tugendhafte Lebensführung werde immer honoriert, dann liegt es allerdings nahe, im Umkehrschluß zu folgern, daß eine unbelohnt bleibende Moral kein absoluter Wert, sondern sinnlose Schinderei wäre. Was den nachhaltigen, europaweiten Erfolg des Pamela-Stoffes ausmacht, ist also gerade nicht ein Eintreten für eine spezifisch bürgerliche, universalistische, über die feudale Ordnung mit ihren vielfältigen Privilegien hinausweisende Ethik, sondern die Instrumentalisierung der Moral mit dem Ziel, die bürgerliche Welt so schnell wie möglich hinter sich zu lassen.

In Goldonis Stück gibt Lord Artur seinem Freund Lord Bonfil zu verstehen, angesichts von Pamelas Ehrbarkeit komme nur die Ehe in Frage, wenn er sich ihr nähern wolle; zugleich aber weist er ihn auf die möglichen Konsequenzen eines solchen Schrittes hin:

ARTUR […] *Ihre Verwandten werden sich heftig bei Ihnen beklagen über den Schimpf, den Sie Ihrer Familie zugefügt haben, und Sie werden Sie ständig dafür verantwortlich machen, daß Ihr Ruf beschädigt sei. Wo immer man sich trifft, in Gesellschaften, bei Tisch, im Theater wird man abfällig über Sie reden. Ein Mann, der seiner zärtlichen Liebe alles aufgeopfert hat, kann das ertragen. Eines aber, Milord, werden Sie nicht hinnehmen können: die Demütigungen, die man Ihrer Frau bereiten wird. Die vornehmen Damen werden mit ihr nicht verkehren wollen; mit Frauen aus dem Volk wollen Sie nichts zu tun haben. Alsbald aber werden Sie sich umgeben sehen von einem Schwiegervater mit schwieligen Händen und einer ganzen Schar von tölpelhaften Verwandten, die Ihnen die Schamröte ins Gesicht treiben. Die große Liebe, die Liebe, die blind macht und alles verschönert, diese Liebe dauert nicht lange.*[157]

Das sind starke Argumente, würdig eines Autors, der aus den Erlebnissen der unglückseligen Rosaura gelernt hat und der es auch versteht, über den sentimentalen und verlogenen Schund, der gerade in Mode ist, hinauszudenken.

Goldoni aber hat sich offenbar dafür entschieden, sich nicht mehr auf bedenkliche und in ihrem Ausgang ungewisse Konflikte einzulassen, wenn er die Möglichkeit sieht, ein Stück auf elegantere Art zu Ende zu bringen; er schreibt im Vorwort: *Die Belohnung der Tugend ist das Thema des englischen Autors, das auch mir ganz ausgezeichnet gefällt; aber ich wollte nicht, daß zu diesem Zweck das Ansehen einer Familie geschädigt werde. Obwohl Pamela niedrig geboren ist und aus dürftigen Verhältnissen kommt, verdient sie es, von einem Adligen geheiratet zu werden, indessen bringt ein Cavaliere ihren Verdiensten doch ein zu großes Opfer, wenn er sie trotz ihrer niedrigen Geburt zur Frau nimmt.*[158] Wie die *Memoiren* bestätigen werden, hat Goldoni bei diesen Worten die Verhältnisse in Venedig vor Augen, wo ein Patrizier, der sich nicht standesgemäß verheiratet, seine Nachkommen von der Teilhabe an der Macht ausschließt. *Die Komödie, die eine Sittenschule ist oder wenigstens sein sollte, darf die menschlichen Schwachheiten in keiner anderen Absicht schildern, als um sie zu bessern. Ist es aber erlaubt, unter dem Vorwand, die Tugend zu belohnen, eine unglückliche Nachkommenschaft aufzuopfern?*[159] Da Goldoni diese Frage offensichtlich verneint, aber auch nicht darauf verzichten will, der tugendhaften Pamela zu ihrem Lord zu verhelfen, bedient er sich kurzerhand des alten Tricks der «Agnition»: er läßt Pamelas Vater, einen Grafen, von dessen Existenz niemand wußte, weil er vor vielen Jahren aus politischen Gründen in die Verbannung hatte gehen müssen, durch den König begnadigen und nach England zurückkehren. Einer Verbindung zwischen Pamela und dem Lord steht nun natürlich nichts mehr im Wege, allerdings ist damit auch die ganze Geschichte sinnlos geworden, denn mit dem Motiv der «belohnten Tugend» war ja gerade gemeint, daß der Standesunterschied überwunden, nicht jedoch einfach beseitigt werden sollte. Den Autor, der entschlossen ist, sich von ideologischem Ballast zu befreien, kümmert das weniger. Als *Miledi*, Bonfils Schwester, die das vermeintliche Mädchen aus dem Volk nach Kräften beleidigt und schikaniert hatte, die plötzlich ebenbürtige Pamela um Entschuldigung bittet – es sei ihr immer nur um die Ehre der Familie gegangen –, erhält sie zur Antwort:

PAMELA *Ja, Miledi, ich verstehe, billige und lobe Ihr Feingefühl. Das einfache Mädchen Pamela war eine Gefahr für die Reinheit Ihres Blutes. Pamela, die nun von besserem Stande ist, darf auf Ihre Güte hoffen.*[160]

Wie aus dem weiteren Verlauf des Gesprächs zweifelsfrei hervorgeht, sind diese Worte so gemeint, wie sie gesagt sind, keineswegs mit einem ironischen oder bitteren Nebensinn: Pamela, schon ganz Gräfin, hat im Augenblick der Agnition, des «Wiedererkennens» ihrer eigentlichen Herkunft, bereits vergessen, wie ihr eben noch zumute war. *Ich wollte für die beiden Liebenden eine günstige Wendung herbeiführen,* kommentiert Goldoni sein Vorgehen. *Indem ich Pamela zur Standesperson machte, wollte ich ihre Tugendhaftigkeit belohnen, ohne das edle Blut eines Cavaliere, der nicht nur den Verlockungen der Liebe, sondern auch den Geboten der Ehre zu folgen hat, zu beleidigen.*[161] Hatten Goldonis Komödien bisher – gewiß nicht ohne Inkonsequenzen und Läßlichkeiten im einzelnen – ein gesellschaftliches Bezugssystem erkennen lassen, dessen Antagonisten der bürgerliche Kaufmann Pantalone und der parasitäre Aristokrat waren, so ist nach *Pamela* eine über das einzelne Stück hinausweisende Orientierung nicht mehr zu erkennen. Das gilt für die Mehrzahl der sechzehn Komödien, umso mehr, als hier der Zeit- und Arbeitsdruck dazu führt. daß die bereits im Titel vorgegebenen Eigenarten eines «Charakters» auf eine recht oberflächliche und voraussehbare Weise abgehandelt werden: Der *Schmeichler* schmeichelt, der *Poeta fanatico* kann das Verseschmieden nicht lassen, der *Spieler* spielt, der *Wahre Freund* Florindo schließlich erweist sich drei lange Akte hindurch als erbarmungsloser Vollstrecker seines in der ersten Szene gefaßten *heroischen Entschlusses,* zugunsten Lelios seiner eigenen Liebe zu Rosaura zu entsagen; er bleibt auch standhaft, als Rosaura ihm mitteilt, daß sie für Lelio nichts mehr empfinde und ihm zu verstehen gibt, daß sie ihn, Florindo, mittlerweile viel lieber sehe. Da Rosauras Vater Ottavio von Geiz besessen ist und danach trachtet, seine Tochter ohne Mitgift zu verheiraten, steigen Florindos Chancen vorübergehend, denn im Gegensatz zu ihm ist Lelio nicht bereit, Rosaura auch ohne klingende Münze zu nehmen: *Ich liebe sie, aber ich will mich nicht ruinieren.* Als sich dann aber herausstellt, daß der Vater des Mädchens die Mitgift doch nicht verweigert, fühlt sich Florindo wieder an seine Freundespflichten erinnert, obwohl seine Verbindung mit Rosaura mittlerweile in greifbare Nähe gerückt ist: *Eine heroische Tat will getan sein!*, und zwar ohne daß nach Rosauras Gefühlen überhaupt gefragt würde. Die *heroische Tat* besteht dann darin, daß Florindo behauptet, er könne Rosaura nicht mehr heiraten, da er bereits mit ihrer Tante Beatrice heimlich die Ehe geschlossen habe. Als Rosaura daraufhin ihrer Enttäuschung Ausdruck verleiht, treibt Florindo – *Jetzt noch eine letzte Anstrengung im Namen der vollkommenen Freundschaft!* – die Provokation auf die Spitze, indem er, zu der schwer gekränkten Rosaura gewendet, höhnisch sagt, sie liebe ihn anscheinend noch immer. Danach reicht Rosaura dem ungeliebten Lelio, der sie nur ihrer Mitgift wegen heiratet, die Hand, und Florindo klärt sie über sein Manöver auf:

FLORINDO *Halten sie diesen Betrug der zärtlichsten, der beständigsten Freundschaft zugute.*

ROSAURA *O Himmel! Ich wußte nicht, daß es eine so seltene, eine so vollkommene Tugend auf der Welt geben könnte. Ich bewundere Sie, Herr Florindo, ich bewundere Sie und verurteile Sie nicht. Ich hoffe, daß meine Ehe glücklich wird, denn sie wurde von einem tugendhaften Herzen gestiftet [...].*

FLORINDO *Und ich werde durch die Zufriedenheit über Eure vorbildliche Verbindung für alle Schmerzen entschädigt sein.*[162]

Gewiß läßt sich zur Entschuldigung dieses verschrobenen Unsinns anführen, in Panik versetzt durch die leichtfertig übernommenen Verpflichtungen, habe der Autor anscheinend alle Bedenken fallenlassen müssen, um nur ein weiteres Stück auf die Bühne zu bringen; angesichts der völligen Indifferenz jedoch, mit der Goldoni auf der Bühne Schindluder treibt mit dem menschlichen Herzen und darüberhinaus eine Prämie aussetzt auf Egoismus und Geldgier, liegt aber auch der Gedanke nahe, hier bereite sich schon jene Verdüsterung vor, die für seine Produktion während der fünfziger Jahre kennzeichnend sein wird. Deutlich sadistische Züge finden sich dann selbst in den Komödien, die als Ganze in venezianischem Dialekt geschrieben sind. *Le donne gelose* (1752, *Die eifersüchtigen Frauen*), das erste Stück dieser Art, ist zwar durchaus «lustig», aber die Komik ist hier von der Art, «wie wenn eine Hyäne Pfötchen gibt»[163]; nicht um Eifersucht als Passion geht es, sondern allein um Geld wird gestritten, und zwar in der wüstesten und rücksichtslosesten Weise. In *Le donne de casa soa* (1757, *Die Hausfrauen*) machen die Frauen aus dem

Kleinbürgertum, wenn sie ihren Haushalt in Ordnung gebracht haben – selbst das Nachtgeschirr, rühmt sich eine von ihnen, sei bei ihr so blank gewienert, *daß man daraus essen könnte*[164] –, Jagd auf die unverheirateten Personen in ihrer Umgebung, um sie in einen Ehestand zu hetzen, der genauso roh, lieblos und ohne jede Hoffnung ist wie ihr eigener. Dabei ist durchaus nicht eindeutig bestimmbar, wie Goldoni selbst zu seinen Gestalten und zu den brutalen Happy endings seiner Stücke steht; wahrscheinlich verhält er sich ihnen gegenüber genauso indifferent wie im Falle des *Vero amico,* wenn es nicht sogar die dunklen, dämonischen, ja sadistischen Seiten seines Charakters sind, die hier ausgelebt werden, während sie normalerweise unter der fast immer heiteren und glatten Oberfläche verborgen sind und sich nur vereinzelt, als *Hypochondrie* oder Nervenkrise, bemerkbar machen. Dieser «dunkle» Goldoni ist noch weitgehend unentdeckt.

Als die Fronarbeit der sechzehn Komödien beendet ist, ist Goldoni zwar erschöpft, aber er hat auch soviel Selbstvertrauen gewonnen, daß er sich fähig glaubt, den Erwartungen auch eines anspruchsvollen und literarisch gebildeten Publikums gerecht werden zu können. In Turin, wohin er (auf eigene Kosten) mit Medebachs Truppe im Frühjahr 1751 reist, ist der französische Einfluß so groß, daß seine Stücke zwar mit Erfolg gespielt, aber auch mit einer gewissen Reserve aufgenommen werden, da der Vergleich mit Molière allgegenwärtig ist: *Recht gut! Aber freilich ist es nicht von Molière.* [165] Um dieses Publikum, das sich des Französischen als Umgangssprache bedient, eines Besseren zu belehren, schreibt Goldoni die Komödie *Il Molière,* wobei er der Verpflichtung, einen dem französischen Alexandriner ähnlichen Vers zu gebrauchen, sich nicht entziehen zu können glaubt. Die vierzehnsilbigen, paarweise reimenden «versi martelliani», für die er sich entscheidet, sind benannt nach Pier Jacopo Martello aus Bologna (1665–1727), der sie für seine eigenen Tragödien entwickelt hatte. Natürlich weiß Goldoni, daß das Verseschmieden nicht seine Stärke ist; seiner spezifischen Begabung gemäß ist eine bewegliche Prosa, die die Distanz zur Wirklichkeit so gering wie möglich hält, nicht ein starres Versmaß, das zwischen den Dingen und der Sprache jene Hohlräume entstehen läßt, in denen das falsche Pathos und die falschen Gefühle nisten. Daher ist Goldoni dort am besten, wo er sich des venezianischen Dialekts bedient; selbst sein erbittertster Gegner, Carlo Gozzi, räumt ohne weiteres ein, daß er hier unübertroffener Meister sei. Aber auch in dieser Hinsicht ist Goldoni nicht mehr frei; nachdem Chiari auf seinen *Molière* mit einem «Molière maritato geloso» («Molière als eifersüchtiger Ehemann») reagiert hat, bricht im Publikum eine solche Begeisterung für dieses Versmaß aus, daß sich Goldoni auch in Zukunft immer wieder gezwungen sehen wird, auf die scheppernden Verse zurückzukommen, obwohl er sie schon bald – wie dem Vorwort zu der zwei Jahre

Pietro Longhi: Carlo Goldoni

später entstandenen Tragikomödie *La sposa persiana* zu entnehmen ist –
aufrichtig verwünscht haben mag: *Es war nicht meine Absicht, die Prosa*
aus der Komödie zu verbannen, als ich mich damals für die Verse ent-
schied, vielmehr wollte ich mich ihrer von Fall zu Fall, dem jeweiligen Ge-
genstand entsprechend, bedienen. Plötzlich aber hörte man auf allen Büh-
nen Venedigs nichts anderes mehr als jene in martellianische Tracht geklei-
deten Verse; und ich sah mich zu meinem Bedauern gezwungen, weitere

131

Komödien in dieser Art zu schreiben, um dem Publikum zu gefallen und zum Vorteil meines Theaters. Ich sagte mir: eines Tages wird man dieser gereimten Verse überdrüssig sein wie Süßigkeiten, die, im Unmaß genossen, schließlich Übelkeit erzeugen.[166] Während Chiari in künstlerischer Hinsicht nichts zu verlieren hat und daher jeder Mode bedenkenlos folgen kann, trägt der Zwang, immer wieder Verse schreiben zu müssen, zehn Jahre lang in erheblichem Maße zur Desorientierung Goldonis bei; mit den Tragikomödien *Gli amori di Alessandro Magno e Artemisia* (1759) und *Zoroastro* (1760) sowie mit der Tragödie *Enea nel Lazio* (1760) ist er wieder auf dem Niveau von *Belisario* und *Rosmonda* angelangt; fast zur gleichen Zeit allerdings entstehen auch die reifen Komödien in venezianischem Dialekt. Was jedoch die drei Komödien betrifft, die einen Dichter zum Protagonisten haben – nach *Il Molière* entstehen noch *Terenzio* (1754) und *Torquato Tasso* (1755) –, so würde wohl auch die beste Prosafassung nicht mehr ins Gewicht fallen. Die Handlung des Molière-Stücks, in der die Auseinandersetzungen um den «Tartuffe» mit einer Liebesgeschichte verknüpft werden, ist auf eine derart geistlose und subalterne Art ausgeführt, daß Goldonis Berufung auf das bewunderte Vorbild, wäre sie nur nach dieser Komödie zu beurteilen, nichts anderes wäre als Größenwahn. Womöglich noch übertroffen wird die Peinlichkeit des *Molière* durch den wenige Jahre später entstandenen *Torquato Tasso,* in dem es nicht nur um eine läppische Liebesintrige geht, sondern vor allem um eine Abrechnung mit der Academia della Crusca, die den Anspruch erhebt, allein darüber zu befinden, welche Wörter der italienischen Hochsprache, dem Toskanischen, anzugehören verdienten und welche, wie Kleie («crusca»), auszuscheiden seien. Auf den Gedanken, das Leben des großen Epikers zum Gegenstand einer Komödie zu machen, verfällt Goldoni, da *Tasso sein ganzes Leben hindurch von den Akademikern della Crusca gequält wurde, die behaupteten, «Das befreite Jerusalem» wäre nicht durch das Sieb gegangen, welches das Sinnbild ihrer Gesellschaft ist.* Indem er den Cavalier del Fiocco, einen besonders pedantischen Anhänger dieser Akademie, auf der Bühne der Lächerlichkeit preisgibt, glaubt Goldoni seine geschworenen Feinde, die Literaten, zu treffen, die ihn seit den Anfängen der «Reform» als roh und ungebildet hinstellen, wobei sie natürlich mit besonderer Vorliebe die Tatsache ausschlachten, daß für den Venezianer Goldoni das Italienische in der Tat eine Art Fremdsprache ist, die er erst spät, während des Aufenthalts in Pisa, einigermaßen sicher zu beherrschen gelernt hatte. Anders als Tasso, der sich der Kritik der Puristen gebeugt und eine revidierte Fassung (1593) seines Hauptwerkes vorgelegt hatte – *Sein «Befreites Jerusalem» liest die ganze Welt, allein sein «Erobertes Jerusalem» liest niemand* –, versucht Goldoni zu demonstrieren, daß die pedantischen Vorschriften der Akademiker der Sprache alles Leben austreiben. Die vollkommen anspruchslose und platte Art jedoch, mit der er dieses Vorhaben in Szene setzt, läßt nur allzu deutlich erkennen, daß es ihm weder um den Dichter noch um die Sache geht, sondern allein um den Versuch, seinen Gegnern Paroli zu bieten. «So fühlt man die Absicht, und man ist verstimmt.»[167]

Obwohl sein Vertrag mit Medebach noch lange nicht abgelaufen ist, ist Goldoni wohl schon seit dem Frühjahr 1752 entschlossen, ihn nicht zu verlängern. Er ist enttäuscht, weil er für die sechzehn Komödien kein zusätzliches Honorar erhalten hat, zutiefst verärgert, als sich herausstellt, daß Medebach ihm die Einkünfte aus der geplanten Buchausgabe seiner Komödien streitig macht. Trotzdem scheint sich die Verstimmung zunächst in Grenzen gehalten zu haben; auch der große Erfolg des *Molière,* der sich nach der Turiner Uraufführung im Herbst 1751 in Venedig wiederholt, dürfte sich eher besänftigend auf die Gemüter ausgewirkt haben. Dann aber tritt ein Ereignis ein, durch das das Betriebsklima endgültig vergiftet wird: *Marliani, der Brighella der Gesellschaft, war verheiratet. Seine Frau, die, so wie er, vorher eine Seiltänzerin gewesen war, war eine junge, sehr hübsche, sehr liebenswürdige Venezianerin voller Geist und Talente und hatte sehr glückliche Anlagen für das Theater. Aus jugendlicher Unbesonnenheit hatte sie ihren Mann verlassen, jetzt, nach drei Jahren, kam sie wieder zu ihm und engagierte sich bei der Truppe des Medebach als Soubrette unter dem Namen Corallina.*[168] Was die Stunde geschlagen hat, wenn Goldoni in diesen Ton verfällt, ist nicht schwer vorherzusagen; es ist ja nicht das erste Mal. Neu hingegen ist, daß Maddalena Raffi Marliani – darauf verweist schon ihre eigenwillige Lebensführung – von einem ganz anderen Kaliber ist als die kleinen Schauspielerinnen à la Passalacqua, die sich mit dem Theaterdichter eingelassen haben, weil sie ihn vielleicht ganz amüsant fanden, vor allem aber, weil sie sich von einem Verhältnis mit ihm jene Förderung erhofften, die sie in ihrer von gnadenloser Konkurrenz geprägten Situation bitter nötig hatten. Die ehemalige Seiltänzerin Maddalena Raffi Marliani dagegen hat, bevor sie zu Medebach kommt, jahrelang ein Leben geführt, in dem sie von Kopf bis Fuß auf Liebe eingestellt war, und sonst gar nichts. Welche Erfahrungen sie schließlich bewogen haben mögen, zu ihrem Mann zurückzukehren, ist nicht bekannt; aber es läßt sich unschwer vorstellen, welchen Effekt das plötzliche Erscheinen dieser Frau, die von einer Aura der Unabhängigkeit, Rücksichtslosigkeit und Leidenschaftlichkeit umgeben ist, in der kleinen und vergleichsweise bürgerlichen Welt des Sant'Angelo machen mußte. Wenn, wie schon August Wilhelm Schlegel bemerkte, Goldoni sich eigentlich nur auf zwei verschiedene weibliche Charaktere versteht – «das muntere und das gefühlvolle Mädchen, auf andere Unterscheidungen läßt er sich nicht ein»[169] –, dann war bisher, trotz seiner Vorliebe für die «munteren» Soubretten, allein schon dadurch für einen gewissen Ausgleich gesorgt, daß die Prima Donna, die zugleich immer die Erste Liebhaberin ist, keinesfalls zugunsten der Soubrette, der nur die Rolle der Dienerin («serva») zusteht, benachteiligt werden durfte.

Auch nach dem Erscheinen der Marliani scheint Goldoni zunächst gewillt zu sein, den üblichen Proporz walten zu lassen; als aber die neue Soubrette gleich in *La serva amorosa,* dem ersten Stück, das er für sie schreibt, Triumphe feiert, wird Teodora Medebach unruhig, und Goldoni beeilt sich, sie mit der Komödie *La moglie saggia (Die kluge Ehefrau)* zufriedenzustellen. Aber die Prima Donna, die seit Jahren die vernünftigen, braven und gefühlvollen Frauen und Mädchen spielt und in diesen Rollen dem Publikum und dem Theaterdichter nur allzu vertraut ist, müßte mit Blindheit geschlagen sein, wenn sie übersehen wollte, daß sie im Vergleich mit der kapriziösen, unberechenbaren und verwegenen Neuen auf verlorenem Posten steht; die Zeiten sind endgültig vorbei, da Goldoni ihr dafür dankbar war, daß sie ihm *interessante, rührende Ideen und Charaktere voll unschuldiger und naiver komischer Laune an die Hand* gegeben hatte. *Madame Marliani hingegen, die von Natur lebhaft, geistreich und schlau war, gab meiner Einbildungskraft einen neuen Schwung und munterte mich auf, diejenige Gattung des Lustspiels zu bearbeiten, die Feinheit und Verschlagenheit erfordert.* Als die Medebach, mit deren Gesundheit es ohnehin nicht zum besten steht, sich gar nicht mehr zu helfen weiß, flieht sie in die Krankheit: *Madame Medebach war beständig krank. Ihre Launen wurden immer lächerlicher und unangenehmer; sie weinte und lachte oft in einem Atem und schrie, machte Grimassen und Verdrehungen. Die guten Leute von ihrer Familie glaubten, sie sei behext, und ließen einen Exorzisten kommen. Man behängte sie rundum mit Reliquien, und sie spielte und scherzte mit diesen heiligen Dingen wie ein Kind von vier Jahren.*[170] Wenn Goldoni noch mehr als dreißig Jahre später es für angebracht hält, von der Frau seines Prinzipals, die ihm nichts getan hat, in diesem ziemlich niederträchtigen Ton zu reden, dann liegt die Vermutung nahe, daß vor allem er selbst seinerzeit *behext* gewesen sei. Jedenfalls nutzt er die Gelegenheit, um im Herbst 1752 eine Komödie zu schreiben, die dadurch völlig aus dem Rahmen fällt, daß es in ihr keine Rolle für die Prima Donna gibt, so daß der Soubrette allein das Feld überlassen ist. *Von allen Komödien, die ich bisher hervorgebracht habe,* schreibt Goldoni im Vorwort, *ist diese die moralischste, die nützlichste und die lehrreichste.*[171] Das Gegenteil ist richtig. *La Locandiera* ist vollkommen amoralisch, sie ist zu nichts nutze, und man kann auch nichts aus ihr lernen. Aber sie ist sein Meisterwerk.

War es seit jeher Goldonis Prinzip gewesen, seinen Schauspielern Rollen «auf den Leib zu schreiben», so verhält es sich dieses Mal umgekehrt: es ist die Marliani, die ihm die Rolle der Mirandolina diktiert. Maddalena Marliani «ist» die junge Gasthofswirtin, in die alle verliebt sind: der Marchese di Forlipopoli, der von altem Adel, aber vollkommen verarmt ist, der Conte d'Albafiorita, der seinen Titel gekauft hat, der Kellner Fabrizio, der seine Chefin unbedingt heiraten will, und schließlich auch der Cavaliere di Ripafratta, der eben noch ein geschworener Weiberfeind war und dann am gründlichsten und am schnellsten der Wirtin erliegt: so schnell, daß am Ende des zweiten Aktes das Stück eigentlich schon zu Ende sein könnte, so gründlich, daß sich der Autor selbst wundert über das, was sich da verselbständigt hat und sich nun fast ohne sein Zutun abspielt: *Anfänglich bezweifelte ich selbst, ob ich ihn bis zum Schluß der Komödie tatsächlich so weit bringen könnte, mit Haut und Haaren verliebt zu sein; wie man sehen kann, ging es dann aber wie von selbst, als ob die Natur die Führung übernommen hätte, so daß er schon am Ende des zweiten Aktes besiegt war.*[172] Trotzdem – und obwohl der Autor selbst angibt, er habe zunächst nicht gewußt, wie er die Handlung weiterführen sollte – wirkt der dritte Akt, in dem der verliebte Cavaliere grausam verhöhnt wird, keineswegs wie ein entbehrlicher Zusatz.

Mirandolina ist indessen nicht zu reduzieren auf die biographische Konstellation, der sie ihre Entstehung verdankt. Als Goethe dreieinhalb Jahrzehnte später die Komödie während seines römischen Aufenthalts kennenlernt, ist er so beeindruckt, daß er auf sie in seinem Aufsatz «Frauenrollen auf dem römischen Theater durch Männer gespielt» zurückkommt. Da auf den Bühnen des Kirchenstaates keine Frauen auftreten dürfen, haben auswärtige Besucher sich zunächst mit dem befremdlichen Eindruck auseinanderzusetzen, den die Besetzung von Frauenrollen mit Männern hervorbringt. Goethe legt sich die Sache schließlich so zurecht, daß er in ihr einen zusätzlichen ästhetischen Reiz sieht. Der Schauspieler, der eine Frau darstellt, «hat die Eigenheit des weiblichen Geschlechts in ihrem Wesen und Betragen studiert; [...] er spielt nicht sich selbst, sondern eine dritte und eigentlich fremde Natur. Wir lernen diese dadurch nur desto besser kennen, weil sie jemand beobachtet, jemand überdacht hat, und uns nicht die Sache, sondern das Resultat der Sache vorgestellt wird.» Geht es in diesen Bemerkungen ausschließlich um einen Zuwachs an artistischem Vermögen und um ein noch bewußteres Verfügen über die Mittel des künstlerischen Ausdrucks, so verändert sich die Argumentation in dem Augenblick, da Goethe sie auf Goldonis Komödie anwendet: Er lobt zunächst den Darsteller der Mirandolina, der die «verschiedenen Schattierungen, welche in dieser Rolle liegen, so gut als möglich» ausgedrückt habe, und fährt dann fort: «Ich bin überzeugt [...], daß eine geschickte und verständige Actrice in dieser Rolle viel Lob verdienen kann: aber die letzten Scenen, von einem Frauenzimmer vorgestellt, werden immer beleidigen: Der Ausdruck jener unbezwinglichen Kälte, jener süßen Empfindung der Rache, der übermüthigen Schadenfreude, werden uns in der unmittelbaren Wahrheit empören; und wenn sie zuletzt dem Hausknecht die Hand gibt, um nur einen Knecht-Mann im Hause zu haben, so wird man von dem schalen Ende des Stückes wenig befriedigt sein. Auf dem Römischen Theater dagegen war es nicht die lieblose Kälte, der weibliche Übermuth selbst, die Vorstellung erinnerte nur daran; man tröstete sich, daß es wenigstens dießmal nicht wahr sei [...].»[173] Hier handelt es sich nicht mehr um das ruhige Erörtern eines im Kantischen Sinne «interesselosen» ästhetischen Phänomens, hier geht es plötzlich um die außerästhetische Wirklichkeit, die als so bedrängend erfahren wird, daß der «einfache» ästhetische Schein offenbar nicht mehr ausreicht, sie zu neutralisieren: «nicht wahr» wäre das auf der Bühne Dargestellte ja auch, wenn die Rolle der Mirandolina mit einer Frau besetzt wäre. Dabei ist keineswegs von einem Vorwurf an die Adresse des Autors die Rede, etwa in dem Sinne, daß er die fragwürdigen Eigenschaften Mirandolinas übertrieben habe; im Gegenteil, Goethe scheint zu der Auffassung zu neigen, in dieser Komödie werde allzu deutlich und schonungslos eine Wahrheit ausgesprochen, die, mit guten Gründen, üblicherweise eher im verborgenen gehalten werde und allenfalls durch die Eigenart der römischen Theater erträglich scheine. Der tiefste Grund für Goethes Unbehagen aber dürfte sein, daß Mirandolina keine herkömmliche Komödiengestalt mehr, sondern ein durchaus neuer Sozialcharakter ist.

Nach der Aufführung einer französischen Fassung der *Locandiera* in Paris am 1. Mai 1764, *Camille aubergiste,* wird das literarische Orakel der französischen Metropole, Baron von Grimm, bemerken, die dem Stück eigentlich angemessene Pointe wäre gewesen, wenn die Gastwirtin bei dem Versuch, den Cavaliere für sich zu entflammen, sich ihrerseits in ihr Opfer verliebt hätte. In der Tat wäre eine solche Entwicklung typisch für eine konventionelle, sich als «Sittenschule» verstehende Komödie: Der Cavaliere wäre für seine Feindseligkeit gegenüber den Frauen, Mirandolina für ihren Übermut auf die angenehmste Weise «bestraft» worden, und das Stück hätte mit der üblichen Eheschließung enden können. Dagegen gilt für Goldonis *Locandiera,* daß die Handlung hier kein in irgendeiner Weise als «moralisch» oder gesellschaftskritisch interpretierbares Ziel verfolgt, obwohl auf den ersten Blick die Tendenz des Stückes klar erkennbar zu sein scheint: Mirandolina fertigt nacheinander die drei adligen Bewerber ab und heiratet schließlich ihren Angestellten Fabrizio, der zwar keinen hohen Rang in der Gesellschaft innehat, dafür aber daran gewöhnt ist, durch geregelte Arbeit sein Auskommen zu finden. Tatsächlich jedoch ist Fabrizio seiner ihm weit überlegenen Chefin, für die er ungefähr so wichtig ist wie ein Bauer im Schachspiel, hilflos ausgeliefert. *Armer Dummkopf,* denkt Mirandolina, als er einmal zu maulen wagt, weil sie den Cavaliere umgarnt, *was bildet der sich bloß ein. Meinetwegen soll er sich ruhig Hoffnungen machen, dann tut er alles für mich.* Von Liebe also keine Spur. Was die Vertreter der Aristokratie betrifft, so bedarf es keiner großen Anstrengungen, sich ihrer zu entledigen, zumal die beiden Herren, die kaum einen Moment voneinander lassen können, nach Kräften daran arbeiten, ihre eigene Stellung zu untergraben:

MARCHESE *Zwischen Ihnen und mir gibt es doch wohl einen Unterschied.*
CONTE *In diesem Gasthof gilt Ihr Geld genausoviel wie meines.*

MARCHESE *Ich bin der Marchese di Forlipopoli.*
CONTE *Und ich bin der Conte d'Albafiorita.*
MARCHESE *Was für ein Graf! Mit einem gekauften Titel.*
CONTE *Ich habe meinen Titel gekauft, als Sie den Ihren verkauft haben.*[174]
Wenn der Vorhang sich in genau dem Augenblick hebt, da der Streit zwischen dem Marchese und dem Conte sich wieder einmal einem Höhepunkt nähert, so wird mit dieser Technik des sich «Einblendens» sogleich erkennbar, daß die beiden schon längere Zeit in dieser Weise reden; und wenn die Komödie ihrem Ende zugeht, dann haben sie ihr Thema – ein anderes kennen sie nicht – noch lange nicht beendet. Sie streiten um Rangfragen, aber indem sie sich nur in einem einzigen Medium, dem des Geldes, zueinander in Beziehung setzen, tragen sie selbst unablässig dazu bei, jeden *Unterschied* zwischen sich zu eliminieren, letzten Endes sogar sich selbst, da die «Charakterlosigkeit des Geldes» immer mehr von ihnen Besitz ergreift. Wie das Geld «an und für sich der mechanische Reflex der Wertverhältnisse der Dinge ist und allen Parteien sich gleichmäßig darbietet, so sind innerhalb des Geldgeschäftes alle Personen gleichwertig, nicht, weil jede, sondern weil keine etwas wert ist, sondern nur das Geld»[175]. Eine ständisch gegliederte Gesellschaft, die sich schon so weitgehend auf die mit der Geldwirtschaft verbundenen egalitären Tendenzen eingelassen hat, ist bereits in voller Auflösung begriffen, so daß man sie nur noch sich selbst zu überlassen braucht. Nicht zuletzt dieser Umstand dürfte zu Goethes reservierter Haltung dieser Komödie Goldonis gegenüber beigetragen haben.

Wenn auch Mirandolina sowohl den Conte als auch den Marchese kaum beachtet, so hat sie mit ihnen doch mehr gemeinsam, als auf den ersten Blick ersichtlich ist. Zwar geht es ihr nicht um Geld, sondern um das intellektuelle *Vergnügen*, den Cavaliere di Ripafratta in sich verliebt zu machen, in ihrer Wirkungsweise jedoch sind Geld und Intellekt, wie Georg Simmel erkannt hat, durchaus vergleichbar, da beide das einzelne Phänomen seiner Individualität berauben und es abstrakt werden lassen; beiden, Geld wie Intellekt, ist eine gewisse «Charakterlosigkeit» eigentümlich: «Wenn Charakter immer bedeutet, daß Personen oder Dinge auf eine individuelle Daseinsart […] entschieden festgelegt sind, so weiß der Intellekt als solcher davon nichts: denn er ist der indifferente Spiegel der Wirklichkeit, in der alle Elemente gleichberechtigt sind […]. Der Intellekt […] ist absolut charakterlos […], weil er ganz jenseits der auswählenden Einseitigkeit steht, die den Charakter ausmacht. Eben dies ist ersichtlich auch die Charakterlosigkeit des Geldes.»[176] Tatsächlich ist Mirandolina vollkommen unempfänglich für die charakterliche Eigenart des Cavaliere, der zwar manchmal etwas mürrisch ist, aber durchaus kein Kauz, trotz seiner feindseligen Haltung gegenüber den Frauen; er ist wohlhabend, trumpft aber nicht ständig mit seinem Geld auf, wie es der Conte tut, und in seinem Verhalten ist er vornehmer als der Marchese, der sich soviel auf seinen alten Adel zugute hält, aber bei erstbester Gelegenheit über die anderen herzieht:

MARCHESE *Wenigstens wir beide können in aller Offenheit miteinander reden; aber dieser Esel von Conte ist es nicht wert, daß wir uns mit ihm abgeben.*

CAVALIERE *Lieber Marchese, ich bitte Sie, respektieren Sie die anderen, wenn Sie wollen, daß man Ihnen mit Respekt begegnet.*

Wenn später die beiden Schauspielerinnen auftreten und sich zunächst als Standespersonen ausgeben, dann sind es bezeichnenderweise allein Mirandolina und der Cavaliere, die das schwindelhafte Spiel sehr schnell durchschauen, allerdings aus ganz konträren charakterlichen Dispositionen heraus: Mirandolina, weil sie die Kunst der Verstellung noch viel besser beherrscht als die beiden Schauspielerinnen, die im Vergleich mit ihr geradezu stümperhaft agieren; der Cavaliere, weil vor seinem geradlinigen Charakter die falsche Prätention sehr rasch zuschanden wird. Im übrigen schafft er sich die beiden zwar mit kurz angebundener Entschiedenheit vom Halse, aber, indem er sich dabei des Jargons der professionellen Theaterleute bedient, doch auch mit einer Art von grimmigem Humor; zugleich wird damit deutlich, daß er sich in der Welt auskennt und jedenfalls kein Tor ist. Umso erschreckender wirkt daher seine völlige Hilflosigkeit gegenüber Mirandolina. Kein Zweifel, der Cavaliere di Ripafratta ist eine der ganz wenigen wirklich überzeugenden Männergestalten, die Goldoni hervorgebracht hat: kein Schwächling, kein «scaduto», aber auch keine aus moralisch-didaktischen Gründen aufgebaute Kunstfigur wie der programmatisch so genannte *Cavaliere di buon gusto;* vielmehr ein wirklicher Charakter, nicht bloß der Träger von ein oder zwei mehr oder weniger bizarren Eigenschaften, wie das in Goldonis Charakterkomödien leider allzuoft der Fall ist.

Mirandolina läßt das alles kalt. Für den Charakter des Cavaliere interessiert sie sich überhaupt nicht, wahrscheinlich nimmt sie ihn nicht einmal wahr; was sie allein beachtenswert findet – nicht nur im Falle des Cavaliere, sondern bei allen Menschen –, ist die Beziehung, in der die betreffende Person zu ihr, Mirandolina, steht:

Alle, die dieses Haus betreten, verlieben sich in mich, alle liegen mir zu Füßen. [...] Und dieser Herr Cavaliere, dieser Brummbär, wagt es, sich mir gegenüber abweisend zu verhalten? Das ist der erste Gast in diesem Haus, dem es kein Vergnügen bereitet, es mit mir zu tun zu haben. Ich sage ja nicht, daß sich alle sofort in mich verlieben müßten: aber sich rein gar nichts aus mir zu machen? Da kommt mir die Galle. Ein Weiberfeind ist er? Er kann die Frauen nicht sehen? Armer Irrer! Er ist nur noch keiner begegnet, die sich auf so etwas versteht. Aber es kommt schon noch. Das kommt noch. Wer weiß, ob es nicht schon passiert ist. Bei dem will ich es darauf ankommen lassen. Wenn sie mir erst einmal nachlaufen, dann langweilen sie mich auch schon. Der Adel ist nichts für mich. Geld ist zwar wichtig,

*aber ich mache mir nichts daraus. Wenn aber alle nach meiner Pfeife tan-
zen, wenn sie nach mir schmachten und mich anbeten – das gefällt mir!* [177]
In diesem Zusammenhang von einem «weiblichen Don Juan» zu sprechen, «der mehr an der Eroberung als am Besitz interessiert ist»[178], liegt
zwar nahe, führt aber in die Irre, da von erotischem Begehren bei Mirandolina nicht die Rede sein kann; eher trifft auf sie die Bemerkung zu,
mit der Kant einmal die Tätigkeit des Verstandes charakterisiert: «Dieser ist jederzeit geschäftig, die Erscheinungen in der Absicht durchzuspä-
hen, um an ihnen irgendeine Regel aufzufinden.»[179] Der zwanghafte Charakter, der dieser Tätigkeit eigentümlich ist, kommt bei Mirandolina mit
besonderer Deutlichkeit zum Ausdruck: unruhigen Blickes mustert sie
die Männer immer nur mit dem einen Ziel, in ihnen die «Regel» bestätigt
zu finden, daß sie sich ihrer, Mirandolinas, Herrschaft unterwerfen. Findet sie diese Bestätigung nicht, dann gerät sie in Panik und ruht nicht
eher, bis sie alles beseitigt hat, was sich ihrem Herrschaftsanspruch entzo-
gen hatte. Wie das Geld die «Differenz» zwischen den Ständen zum Verschwinden bringt, so duldet Mirandolinas Intellekt nichts, was sich seinem Zugriff entzöge.

Mirandolina hat keinen gesellschaftlichen Ehrgeiz, sie will keine
menschlichen Bindungen, nicht einmal auf Reichtümer legt sie wert; alles
was sie will, ist, die zu sein und zu bleiben, die sie ist. Das ist das Ergebnis
einer ganz auf die Herrschaft des Verstandes eingestellten Haltung. «Alle
Hingabe und Aufopferung scheint aus den irrationalen Kräften des
Gefühls und Willens zu fließen, so daß die bloßen Verstandesmenschen
dieselbe als einen Beweis mangelnder Klugheit zu ironisieren […] pfle-
gen.»[180] In diesem Sinne wäre nicht nur das einem Menschen entgegenge-
brachte Gefühl, sondern schon eine bestimmte Neigung zu den Dingen
ein Stück «Hingabe», das sofort die Angst, sich zu verlieren, nach sich
zöge. Deshalb genügt es Mirandolina auch nicht, den Cavaliere zu besie-
gen; sie muß ihn zusätzlich noch, im dritten Akt, verhöhnen. Immerhin
scheint sie so viel an ihm wahrgenommen zu haben, daß es mit seiner
Weiberfeindschaft nicht weit her ist; zwar gibt er sich noch im Gespräch
mit Conte und Marchese ziemlich robust – *Eine Frau ist wie die andere* –,
indessen kommt schon bald heraus, daß seiner Abneigung eher ein Mißtrauen zugrunde liegt, unter dem er selbst am meisten leidet: *Warum
kann ich die Frauen nicht ertragen? Weil sie sich verstellen, lügen und
schmeicheln.* Hier ist auch die Erklärung für die rätselhafte Tatsache zu
suchen, daß er – scheinbar – so schnell sich selbst untreu wird: indem
Mirandolina die Parole *Aufrichtigkeit* ausgibt, hat sie ihren Feldzug
schon gewonnen, denn sie hat damit die heimliche Sehnsucht des Cavaliere – und daher auch seine schwächste Stelle – getroffen. Was immer sie
sagt und tut, es geschieht im Namen ihrer angeblichen *sincerità,* bis hin zu
der Wendung *mit meinen eigenen Händen,* womit sie alles begleitet, was
sie dem Cavaliere als besondere Fürsorglichkeit angedeihen läßt. Ob-

wohl dieser Trick nicht einmal besonders raffiniert ist und eigentlich sehr leicht zu durchschauen sein müßte – auch für den Cavaliere, der ja nicht dumm ist –, verfehlt er seine Wirkung nicht, als Mirandolina in der Rolle der aufmerksamen Wirtin auftritt:

CAVALIERE *(zu seinem Diener) Nimm die Schüssel.*
MIRANDOLINA *Verzeihung. Gestatten Sie, daß ich selbst, mit meinen Händen serviere.*
CAVALIERE *Das gehört aber nicht zu Ihren Aufgaben.*
MIRANDOLINA *Oh, Signore, wer bin ich denn? Eine vornehme Dame? Ich bin die Dienerin meiner verehrten Gäste. […]*
CAVALIERE *Ich danke Ihnen. Was bringen Sie mir da?*
MIRANDOLINA *Das ist eine Kleinigkeit, die ich mit diesen Händen zubereitet habe.*
CAVALIERE *Ich bin sicher, daß es gut ist. Wenn es von Ihnen ist, ist es gut.*
MIRANDOLINA *Zuviel Ehre, Signore. Ich kann nicht gut kochen; aber einem Cavaliere wie Ihnen zuliebe wünschte ich, ich könnte es.*
CAVALIERE *(für sich) Morgen bin ich in Livorno! Wenn Sie zu tun haben, lassen Sie sich durch mich nicht stören.*
MIRANDOLINA *Nein, Signore; ich habe genügend Leute. Aber ich wüßte gern, ob Ihnen das Essen schmeckt.*
CAVALIERE *Natürlich, sofort. (Er probiert.) Gut, ausgezeichnet. Eine Köstlichkeit! Aber ich könnte nicht sagen, was es ist.*
MIRANDOLINA *Ja, Signore, ich habe so meine Geheimnisse. Diese Hände können mancherlei Schönes tun.*
CAVALIERE *(zu seinem Diener, außer Atem) Gib mir zu trinken.*[181]

An dieser Stelle wird erkennbar, worin der eigentliche Zauber Mirandolinas besteht: Es ist die Fähigkeit, ihren Worten die Aura einer erotischen Verheißung zu geben, auch und gerade dann, wenn eigentlich in klaren und deutlichen Begriffen von ganz alltäglichen Dingen die Rede ist; daß das erotische Fluidum ihrer Worte, das sonst nur atmosphärisch spürbar ist, hier einmal deutlicher wird, ist die Ausnahme und hängt mit der besonderen Bedeutung des Motivs von den «eigenen Händen» zusammen.

Mirandolina führt vor, wie man die Männer dazu bringt, sich zu verlieben, heißt es im Vorwort.[182] Dabei geht es ihr nicht darum, «die Frauen» im allgemeinen zu rächen; abgesehen davon, daß sie durch ihr Verhalten den Cavaliere ja gerade in seiner misogynen Überzeugung bestärkt und den letzten Rest an Liebesfähigkeit in ihm zerstört, wäre Mirandolina die letzte, sich an einem allgemeinen Ziel zu orientieren. Vielmehr ist sie in ihrer Eitelkeit getroffen, was bei ihr im wesentlichen bedeutet, daß sie sich in intellektueller Hinsicht provoziert fühlt. Dementsprechend wählt sie ihre Strategie. Wenn der Cavaliere sagt, daß *die Frauen […] sich verstellen, lügen und schmeicheln,* so handelt es sich in formaler Hinsicht um ein durch den Verstand gefälltes, «logisches» oder «begriffliches» Urteil,

das mit dem Anspruch auftritt, einen unbezweifelbaren Sachverhalt auszusprechen. Hierauf reagiert Mirandolina, indem sie sich einerseits in einer Begriffssprache ausdrückt, die «klar und deutlich» (im cartesiani-
schen Sinne) ist, andererseits aber versieht sie ihre Worte mit erotischen
Akzenten und Verheißungen, mit Elementen also, denen die logisch-
begriffliche Sprache nicht gewachsen ist, da sie in ihr nicht aufgehen und
von ihr auch nicht zu erfassen sind. Indem sie nun den Cavaliere dazu
bringt, mehr und mehr auf diese nichtbegrifflichen Elemente ihrer Worte
einzugehen, demonstriert Mirandolina, daß der Verstand bei ihm nicht
die gleiche, unangefochtene Stellung innehat wie bei ihr selbst. Dabei verhält es sich durchaus nicht so, daß der unglückselige Cavaliere blind in die
Falle tappte; eigentlich ist ihm klar, was hier gespielt wird:

CAVALIERE [...] *Ich kenne dich. Du willst mich zugrunde richten, du willst*
mich umbringen. Aber sie macht es mit so viel Anmut! [183]

Es ist zu spät. Der Cavaliere kann die Situation zwar noch mit dem Verstand erfassen, zugleich aber muß er sich eingestehen, daß die Verstan-
deserkenntnis ohnmächtig geworden ist und sein Handeln nicht mehr
zu bestimmen vermag: was an dieser Stelle bereits ihn zu beherrschen
begonnen hat und bis zum Ende des zweiten Aktes vollends von ihm
Besitz ergriffen haben wird, ist Mirandolinas «Anmut» – ein nichtbe-
griffliches Etwas, das dem Bereich des «Je ne sais quoi» angehört (wie
das 18. Jahrhundert diese Art von Phänomenen bezeichnet).[184] Deshalb
ist der Cavaliere schon an dieser Stelle verloren: nach der Suspendie-
rung des Intellekts ist es nun ausschließlich das Gefühl, das sein Handeln bestimmt.

Goldoni hat es auf einzigartige Weise verstanden, den Prozeß der
grausamen Desillusionierung des Cavaliere in Handlung umzusetzen;
der dritte Akt der *Locandiera* gehört zum Besten, was er hervorgebracht
hat. Hatte Mirandolina den Cavaliere bisher mit der Wendung von ihren
eigenen Händen geködert, so wird dieses Motiv jetzt in verwandelter
Form, zum Ding materialisiert, wiederaufgenommen: mit dem Bügel-
eisen, das sie so überaus virtuos zu handhaben versteht, demonstriert Mirandolina dem entsetzten Cavaliere nun, was sie eigentlich unter «eigen-
händig» versteht:

CAVALIERE *Können Sie nicht wenigstens für einen Augenblick zu bügeln*
aufhören?

MIRANDOLINA *Verzeihen Sie! Die Wäsche für morgen muß unbedingt fertig*
werden.

CAVALIERE *Die Wäsche liegt Ihnen also mehr am Herzen als ich?*

MIRANDOLINA *Natürlich. (Sie bügelt.)*

CAVALIERE *Und Sie geben das auch noch zu?*

MIRANDOLINA *Sicher. Denn die Wäsche brauche ich, aber von Ihnen habe*
ich überhaupt nichts. (Sie bügelt.) [...]

CAVALIERE *Seien Sie nicht so hart zu mir. Glauben Sie mir, ich liebe Sie, ich* schwöre es. (*Er will sie bei der Hand nehmen, sie verbrennt ihn mit dem Eisen.*) O weh!

MIRANDOLINA *Entschuldigen Sie, es war keine Absicht.*

CAVALIERE *Ach, das ist nichts. Aber Sie haben mich ja schon viel schlimmer verbrannt.*

MIRANDOLINA *Wo denn, Signore?*

CAVALIERE *In meinem Herzen.*

MIRANDOLINA *Fabrizio!* (*Sie ruft und lacht dabei*)

CAVALIERE *Bitte rufen Sie nicht gerade den.*

MIRANDOLINA *Aber wenn ich doch ein anderes Eisen brauche. […]*

CAVALIERE *Beim Himmel! Wenn der kommt, spalte ich ihm den Schädel. […]*

MIRANDOLINA *Mir scheint, Sie gehen etwas zu weit, Herr Cavaliere.* (*Mit dem Eisen in der Hand entfernt sie sich ein paar Schritte vom Bügeltisch.*)

CAVALIERE *Verzeihen Sie … ich bin außer mir.*

MIRANDOLINA *Wenn ich jetzt in die Küche gehe, werden Sie wohl zufrieden sein.*

CAVALIERE *Nein, liebe Mirandolina, bleiben Sie.*

MIRANDOLINA *Das ist aber seltsam.* (*Sie geht weiter.*)

CAVALIERE *Verzeihen Sie mir.* (*Er folgt ihr.*)

MIRANDOLINA *Kann ich nicht rufen, wen ich will?* (*Sie geht weiter.*)

CAVALIERE *Ich gestehe es: Ich bin eifersüchtig auf ihn.* (*Er folgt ihr.*)

MIRANDOLINA *Er läuft mir nach wie ein Hündchen.* (*Sie geht weiter.*)

CAVALIERE *Zum erstenmal spüre ich, was Liebe ist.*

MIRANDOLINA *Niemand hat mir jemals Befehle erteilt.* (*Sie geht weiter.*)

CAVALIERE *Ich will Ihnen nicht befehlen: ich bitte Sie.* (*Er folgt ihr.*)

MIRANDOLINA (*hochmütig, sich umwendend*) *Was wollen Sie eigentlich von mir?*

CAVALIERE *Liebe, Mitgefühl, Mitleid.*

MIRANDOLINA *Ein Mann, der noch heute morgen die Frauen nicht leiden konnte, verlangt jetzt auf einmal Liebe und Mitleid? Um so einen kümmere ich mich nicht, das gibt es nicht, dem glaube ich nicht. […]* (*Ab*)[185]

Indem Mirandolina nicht mehr auf eine Fürsorglichkeit und Zärtlichkeit verheißende Art von ihren *Händen* spricht, sondern sich ihres Bügeleisens bedient, um den Cavaliere auf Distanz zu halten und erbarmungslos alles Gefühl, das er ihr entgegenbringt, zu versengen, gibt sie endgültig zu erkennen, daß sie in Liebe und menschlicher Zuwendung nichts als Schwäche sieht. Ihr größter Triumph ist daher, daß sie den Cavaliere schließlich dazu bringt, nur noch von *Liebe, Mitgefühl, Mitleid* zu reden. Keiner dieser drei Begriffe hat noch etwas mit dem Verstand, seinen allgemeinen Kategorien und seiner Tendenz zur Abstraktion zu tun; sie verweisen vielmehr darauf, daß hier einem Menschen die Herrschaft über sich selbst entglitten ist, daß er des Wohlwollens und der Zuwendung anderer bedarf, um weiterexistieren zu können.

Eleonara Duse als Mirandolina

Für Mirandolina ist der Cavaliere damit an einem Punkt angelangt, der das genaue Gegenteil dessen markiert, was sie, in ihrem eigenen Leben, als allein erstrebenswertes Ziel ansieht: sich selbst in einem Zustand völliger Unabhängigkeit zu erhalten, ohne Gefahr zu laufen, auch nur einen Bruchteil ihres Wesens durch Hingabe an andere Menschen in Frage zu stellen. Am Schluß jedoch stellt sich heraus, daß sie durch die allzu selbstgewisse Ausschließlichkeit, mit der sie allein den Intellekt gelten läßt, den Bogen überspannt hat. Als der Cavaliere, dem sie so übel mitgespielt hat, auch die anderen Gäste in einen allgemeinen Aufruhr hineinzuziehen droht, bekommt sie es mit der Angst zu tun und redet sogar von Reue:

MIRANDOLINA (allein) [...] Wenn der Cavaliere jetzt kommt, bin ich aufgeschmissen. Der ist ja außer Rand und Band. [...] Jetzt bereue ich fast, was ich getan habe. Es hat mir zwar Spaß gemacht, daß dieser arrogante Weiberfeind mir derart nachgelaufen ist, aber jetzt ist er dermaßen wütend, daß mein Ruf und sogar mein Leben in Gefahr sind. Ich muß mir etwas einfallen lassen. Ich bin allein, niemand würde mich verteidigen. Nur der gute Fabrizio könnte mir in einem solchen Falle helfen. Ich werde ihm also versprechen, ihn zu heiraten ... Aber ... versprechen, immer nur versprechen, er wird mir das nicht mehr abnehmen .... Dann wäre es fast besser, ich heiratete ihn tatsächlich. Immerhin käme das meinem Geschäft zugute, und mein Ansehen wäre auch gerettet; aber was meine Freiheit betrifft, so wäre darüber noch lange nicht das letzte Wort gesprochen.[186]

Sich selbst in Gefahr gebracht zu haben bereut sie, nichts anderes; und wenn sie den mittlerweile etwas nachdenklich gewordenen Fabrizio in einem kurzen Wortwechsel dazu bringt, seinen Widerstand aufzugeben, weil sie ihn angesichts der heraufziehenden Gefahr plötzlich dringend braucht, dann quittiert sie diesen Erfolg mit den gleichen Worten – *Auch das wäre geschafft!* –, mit denen sie zuvor ihren Sieg über den Cavaliere festgestellt hatte. Aber nicht nur ihn hat Mirandolina in die Falle gelockt, auch sich selbst, wie sich nun herausstellt, hat sie festgesetzt, und zwar an einem Ort, der das sicherste aller Gefängnisse ist: in ihrem eigenen Inneren; so erfolgreich hat sie es verteidigt, seine Mauern so sehr verstärkt, daß am Schluß absehbar wird, wie, in nicht allzu ferner Zukunft, Einsamkeit und Menschenverachtung die tiefe Fragwürdigkeit ihres Charakters immer mehr hervortreten lassen und ihre Züge entstellen werden.

Nach der erfolgreichen Uraufführung der *Locandiera* am 26. Dezember 1752 setzt Teodora Medebach, eifersüchtig auf die neue Paraderolle der Rivalin, bei ihrem Manne durch, daß das Stück vom Spielplan abgesetzt und statt seiner wieder *Pamela* gegeben wird, woraufhin Goldoni interveniert und den Direktor darauf hinweist, es sei nicht in seinem Interesse, ältere Stücke den Neuheiten vorzuziehen. Maddalena Marliani, erzürnt darüber, daß sie den Dichter nicht dazu bewegen kann, bei Medebach und seiner Truppe zu bleiben, steigert sich in Rachepläne von alttestamentarischem Ausmaß hinein und beruhigt sich auch nicht, als Goldoni, schon nach seinem Weggang vom Sant'Angelo, noch einmal ein Stück für sie schreibt, mit dem sinnigen Titel *La donna vendicativa (Die rach-süchtige Frau)*. Von allen diesen Querelen ist in der letzten Arbeit, die Goldoni, im Karneval 1753, für Medebach liefert, nichts zu spüren: *Le donne curiose* ist eine unbeschwerte, lustige, aber nicht seichte Komödie. Pantalone ist unter die Freimaurer gegangen (die im Stück natürlich nicht direkt genannt werden), er veranstaltet mit seinen Freunden geheimnisvolle Zusammenkünfte, von denen die Frauen ausgeschlossen sind, was natürlich deren Mißtrauen und Neugier hervorruft. Nachdem sie das Mittel gefunden haben, diese Treffen auszuspionieren, sind sie von deren Harmlosigkeit so enttäuscht, daß einer Auflösung in Wohlgefallen und allgemeine Versöhnung nichts im Wege steht. Die Komödie bemüht sich weder um besonderen Tiefsinn, noch ist sie als ernsthafte Auseinandersetzung mit der Freimaurerei gedacht; umso bemerkenswerter ist daher, daß anscheinend schon die unvoreingenommene Berührung mit dieser Gesellschaft und ihrem liebenswert versponnenen Humanitätsideal ausreicht, um eine Atmosphäre hervorzubringen, in der jedenfalls ein freieres Atmen möglich ist als in der alltäglichen Realität jenes Jahrhunderts, das sich auf seine Aufgeklärtheit so viel zugute hält.

San Luca

Goldoni hat es wohl kaum erwarten können, dem Sant'Angelo den Rücken zu kehren; schon im Frühjahr 1752, also ein knappes Jahr vor dem Übertritt an das Theater San Luca, hat er mit dem Patrizier Antonio Vendramin einen Vertrag über zehn Jahre geschlossen, zu Bedingungen, die in der Tat außerordentlich günstig sind: Für acht Komödien, die pro Jahr zu liefern sind, erhält Goldoni insgesamt 600 Dukaten (450 waren es bei Medebach), schon nach einem Jahr erhöht Vendramin aus freien Stücken die Summe auf 800 Dukaten; außerdem behält Goldoni alle Rechte an seinen Werken. Die Verpflichtung, die Schauspieler während ihrer Gastspiele auf der Terraferma zu begleiten, entfällt. Besonders willkommen ist ihm, daß das Theater San Luca nicht von einem Direktor geleitet wird: *Ich hatte nunmehr allein mit dem Eigentümer des Theaters, dem Nobile Vendramini, zu tun.*

Daß es richtig war, in den Vertrag eine Vereinbarung über die Rechte des Autors aufzunehmen, bestätigt sich spätestens in dem Augenblick, da Goldoni den Verleger Bettinelli aufsucht, um ihm das Manuskript für den dritten Band seiner Gesammelten Werke zu übergeben; *allein wie groß war mein Erstaunen, als dieser phlegmatische Mann mir geradezu mit eiskaltem Tone sagte: er könne von mir keine Handschriften mehr annehmen, er bekomme sie aus Medebachs Händen und werde die Ausgabe für die Rechnung dieses Schauspielers besorgen*[187]. Um einen Prozeß zu vermeiden, wendet Goldoni sich an den Verleger Paperini in Florenz, schon im Mai 1753 kann der erste Band der neuen Ausgabe erscheinen. In einem Vorwort weist der Autor besonders darauf hin, daß die von Medebach zum Druck beförderten Stücke, die er oft unter äußerstem Zeitdruck habe fertigstellen müssen, von ihm nicht durchgesehen und überarbeitet worden seien; statt vierundvierzig fehlerhafter Komödien werde die neue Ausgabe fünfzig von ihm selbst revidierte und mit Vorworten und Anmerkungen versehene Stücke enthalten, so daß sie, bei gleichem Preis und besserer Ausstattung, insgesamt ein Viertel mehr an Inhalt zu bieten habe. Zwar gelingt es Bettinelli, vermutlich durch eine Intervention von Medebachs Protektor Condulmer, die neue Ausgabe in Venedig verbieten zu lassen, aber es bereitet Goldoni keinerlei Schwierigkeiten, von jedem Band fünfhundert Exemplare in die Stadt schmuggeln zu lassen, wo sie – unter den Augen der Obrigkeit, die sich um derlei Quisquilien nicht kümmert – unbehelligt verkauft werden können.

Im übrigen aber erweist sich Goldonis neue Situation keineswegs als rosig. Er hat erheblichen Ärger mit den Schauspielern, die an seine Stücke nicht gewöhnt sind und die auch nicht diszipliniert werden durch die Autorität eines umsichtigen und erfahrenen Direktors, wie es Medebach jedenfalls war; außerdem bereitet es Goldoni Schwierigkeiten, sich umzustellen auf die ungewohnten Dimensionen seiner neuen Wirkungsstätte, die viel größer als das Sant'Angelo ist. Dort hat Medebach inzwischen den Abate Chiari unter Vertrag genommen. Trotzdem versucht Goldoni wie gewohnt weiterzumachen, obwohl bereits der Titel seiner neuen Komödie – *Il geloso avaro (Der eifersüchtige Geizige)* – anzeigt, wie schwer es ihm mittlerweile fällt, solche Charaktere zu finden, die substantiell genug sind, um mit einigem Interesse rechnen zu können. Das Stück fällt im Oktober 1753 durch, und auch der zweiten Komödie, die Goldoni im San Luca auf die Bühne bringt, *La donna di testa debole*, ergeht es nicht besser. Trotzdem wird er auch in den folgenden Jahren nicht davon ablassen, sich in diesem Genre zu betätigen; es entstehen *Il vecchio bizzarro* (1754, *Der seltsame Alte*), *L'amante di se stesso, o l'egoista* (1757), *La donna sola* (1757), *Lo spirito di contradizzione* (1758); *La donna bizzarra* (1758), *L'apatista o l'indifferente* (1758, *Der Gleichgültige*) – allesamt Produkte einer gequälten Phantasie, die offenbar den Kontakt mit der Realität verloren hat und fast nur noch verschrobene Sonderlinge und ausschließlich mit sich selbst beschäftigte Psychopathen zu ersinnen vermag.

Hatte die «Reform» zu einem wesentlichen Teil darin bestanden, die romanhaften, «spanischen», die Handlung durch phantastische Erfindungen überwuchernden Elemente von der Bühne zu verbannen, so sieht Goldoni nun, auf der Suche nach dem verlorenen Erfolg, sich veranlaßt, seine Auffassung zu revidieren. Sein Konkurrent macht ihm vor, wie man es anstellt, «ein Theater mit Zuschauern zu füllen». Da es, wie Chiari verkündet, vor allem darauf ankomme, zu «überraschen» und zu «gefallen», sind alle Handlungselemente, alle Episoden, Gefühle, Farben so anzuordnen, daß der gewünschte «Effekt» entsteht.[188] Offensichtlich hat Chiari mit seinen nach diesem Rezept in martellianischen Versen geschriebenen Stücken Erfolg, und so muß auch Goldoni diesen Weg einschlagen, zu seinem Vorteil, wie es scheint, denn *La sposa persiana* (1753) wird mit 34 Aufführungen zu seinem größten Erfolg überhaupt; mit *Ircana in Julfa* (1755) und *Ircana in Ispaan* (1756) wird die sentimentale Geschichte der persischen Sklavin Ircana zu einer mit exotischen Requisiten üppig versehenen Trilogie erweitert.

Gewiß ist die Vorliebe für alles Exotische, die sich im Verlauf des 18. Jahrhunderts durchsetzt, im Zusammenhang zu sehen mit der fortschreitenden «Beherrschung des Raums» durch ein Bürgertum, das sich seiner Möglichkeiten zunehmend bewußter wird. Hatte bisher vor allem die Mythologie dazu gedient, die Wirklichkeit zu «verfremden» sowie einen «durch die poetische Tradition legitimierten Vorwand für Nuditäten, Entführungen und Umschlingungen» zu bieten, so wird sie im Verlaufe des 18. Jahrhunderts zunehmend durch die Exotik ergänzt: der «Verstand befreit sich von seinen Vorurteilen, er gibt vor, sich zu verändern, er spielt damit, sich von außen zu betrachten. Durch den exotischen Schmuck und Dekor, so unwahr er auch sein mag, weicht das Begehren in die Welt einer anderen Moral aus, in ein Klima, in dem seine Wünsche sich ohne Widerstand erfüllen lassen. In der Literatur dient die Exotik zugleich der Gesellschaftssatire: man enthüllt die Skandale der Hauptstadt unter dem durchsichtigen Schleier einer Fiktion, die sie nach Laputa verpflanzt oder dem Staunen eines Persers aussetzt.»[189] Allerdings gilt, was von den «Lettres persanes» Montesquieus gesagt werden kann, längst nicht für die Masse der mit exotischen Elementen künstlich interessant gemachten literarischen Machwerke, ob es sich nun um Voltaires «Zaïre» oder um Goldonis «persische» Trilogie handelt. Wenn der reiche Finanzier Machmut seinen Sohn Tamas, der sein Herz an die Sklavin Ircana verloren hat, zwingen will, Fatima zu heiraten, die Tochter des vornehmen Offiziers Osman, dann handelt es sich, wie Goldoni selbst bemerkt, *um etwas sehr Alltägliches in unsern Lust- und Trauerspielen,* was mit Exotik nicht eben viel zu tun hat. *Aber,* setzt er hinzu, *schon die Namen Fatima, Machmut, Tamas bereiten das Publikum auf ganz außergewöhnliche Dinge vor; und der Salon des Finanziers, mit seinem Sopha und Kissen auf türkische Art möbliert, die Trachten, die Turbane im orientalischen Kostüme kündigten eine fremde Nation an, und alles Fremde erregt Neugier.*[190] Keineswegs steht Goldoni allein mit seiner naiven und anspruchslosen Ansicht des Exotischen – auch die Zeitgenossen verlangen nicht mehr als ein Sopha, eine Prise Opium, Mokka und allenfalls einen Serail, um sich in den Orient versetzt zu fühlen und sich aus dieser Illusion auch nicht durch die pedantischen «versi martelliani» reißen zu lassen, die mit erbarmungsloser Monotonie und Geschwätzigkeit noch das fadenscheinigste Geheimnis des Orients breitwalzen. Bei der *Sposa persiana* handelt es sich um «eines seiner besten Stücke», urteilt noch zwei Jahrzehnte später Baron Grimm[191], der dem Autor im übrigen nicht besonders wohlgesonnen ist. Und auch Goldoni selbst beklagt sich zwar über das ihm aufgezwungene Versmaß, im übrigen aber läßt er sich nicht ungern herbei, das Publikum nach Wunsch mit den sentimentalen Rührstücken zu bedienen: *Die Verse der «Sposa persiana» hatten aller Welt den Kopf verdreht: das Publikum wollte weitere Verse, und um es zufriedenzustellen, brachte ich im folgenden Karneval «Il filosofo inglese» heraus.*[192] Bis zu seinem endgültigen Abschied von Venedig wird so gut wie keine Saison vergehen, ohne daß Goldoni ein weiteres Stück dieser Art hervorbrächte: *La Peruviana* (1754, *Die Peruanerin*), *Il medico olandese* (1756), *La bella selvaggia* (1757), *La Dalmatina* (1758), *La bella Giorgiana* (1761), *La Scozzese* (1761). Nur im Zusammenhang der Welt, die er kennt, deren Gestalten er gesehen und gehört hat, ist Goldonis Phantasie unerschöpflich; sie kümmert dahin, wenn sie sich etwas ausdenken soll, wovon er keine Anschauung hat. Deshalb sind seine exotischen Stücke vom ersten bis zum letzten Vers tot, obwohl sie nicht gestorben sind: denn sie haben nie gelebt. Aber erst im Zeitalter der Romantik wird der historische Sinn weit genug entwickelt sein, um ein ebenso vernichtendes wie endgültiges Urteil fällen zu können: «Nichts ist weniger orientalisch, weniger persisch als die ‹Sposa persiana›. […] Ich muß gestehen, daß ich diese Komödien Goldonis vollkommen unerträglich finde, und zwar weil Stil und Gegenstand, Gegenstand und Personen absolut nicht zueinander passen, ebensowenig wie die Personen zu der Nation, der sie angeblich angehören.»[193]

Obwohl Goldoni im ersten Jahrfünft seiner Arbeit für das Teatro San Luca unvermindert produktiv ist, hinterlassen die Jahre 1753 bis 1758 den Eindruck einer schweren, von Verdüsterung und Orientierungslosigkeit geprägten Schaffenskrise. Trotzdem sieht er auch im Rückblick offenbar keinen Anlaß, sich von den verfehlten Charakterstücken und dem pseudoexotischen Unfug zu distanzieren, während er sich für eine dritte Gruppe von Komödien eher entschuldigen zu müssen glaubt, zum Beispiel für das im Karneval 1755 uraufgeführte, in venezianischem Dialekt und freien Versen geschriebenen Lustspiel *Le massere (Die Dienerinnen)*: *Der Gegenstand dieses Stücks ist aus der niedrigsten Klasse der bürgerlichen Gesellschaft genommen; allein die Natur zeigt in allen Ständen interessante Bürger und Fehler, die gerügt zu werden verdienen. Im Ganzen ist dieses Stück mehr auf Belustigung als auf Unterricht angelegt. Die Köchinnen in Venedig haben […] in der Karnevalszeit einen freien Tag, den sie ganz zu ihrem Vergnügen anwenden dürfen; und die Weiber dieses Standes würden eher den besten Bedingungen entsagen, als die Vorrechte dieses Tages sich nehmen lassen. […] Ich mag keinen Auszug von diesem Stück geben, dessen Inhalt der Natur und der Sache nach nicht interessant sein kann.*[194] Hatte Goldoni bereits in den Gondolieri-Szenen der *Putta onorata* sowie in *La bottega del caffè* Ansätze zu einer durchaus neuen, vielstimmigen Komödienform entwickelt, so ist *Le massere* die erste Komödie, in der alle Einzelstimmen zu einem ensembleartigen Ganzen verarbeitet sind, ohne dabei ihre individuelle Farbe zu verlieren. An die Stelle einer über mehrere Akte konstruierten Handlung treten die Situationen des alltäglichen Lebens, die in jedem Augenblick neu entstehen und gleich darauf mit ihm vergangen sind. Hatten die Grausamkeit und die kalte, menschenverachtende Intelligenz Mirandolinas sich in der makellos konstruierten, keinen bloß stofflichen Rest und keine stumpfe Stelle duldenden Form wiederholt, so widersagt die Form

hier aller Gewaltsamkeit, indem sie über den Augenblick nicht hinauszuweisen scheint. Das bedeutet natürlich nicht, daß der Autor die Handlung dem Zufall oder dem Chaos überließe, wohl aber muß er die Fähigkeit entwickeln, den Handlungselementen nicht von oben, von einem
übergeordneten Standpunkt aus eine Ordnung zu oktroyieren, sondern
sie dazu zu bringen, sich wie von selbst zu organisieren. In diesem Sinne
ist es einer von Goldonis glücklichsten Einfällen, das Stück mit dem
schrillen, die Stille eines frühen Wintermorgens jäh zerschneidenden
Pfiff des Bäckerjungen Momolo beginnen zu lassen, der gekommen ist,
die von den Mägden vorbereiteten Brotlaibe zum Backen abzuholen.
Augenblicklich entwickelt sich eine ganze Serie von kleinen Szenen: hier
ein Gespräch über die klirrende Kälte, dort die alte Rosega, die eine
Menge Leckerbissen und Wein beiseite geschafft hat und damit den Jungen zu einem vertraulichen Imbiß zu ködern versucht, dann wieder Zanetta, die etwas Mehl unterschlagen hat und Momolo bittet, ihr aus der
Verlegenheit zu helfen. Es ist eine kleine Welt, die sich hier öffnet, in der
jeder jeden kennt und wo der Bäckerjunge seine Kundinnen schon durch
ihre Art zu husten auseinanderzuhalten vermag:

MOMOLO *(osservando le finestre dell'altra casa)*
  Le usa ste massere dormir più dei paroni.
  Tasè, tasè; me par … sì ben, la se cognosse.
  La vecchia xe levada; la cognosso alla tosse.[195]

Eine kleine Welt; aber eine Welt, kein Panoptikum, wie es die bürgerlichen «Charakterkomödien», die etwa gleichzeitig entstehen, jetzt immer häufiger werden. Gewiß enthält das Stück – ebenso wie der ein Jahr
später, zum Beschluß des Karnevals 1756 aufgeführte, glorreiche *Campiello* – keine «Moral» im Sinne einer praktischen Nutzanwendung, was
Goldoni wohl auch zu seinem eigentümlich distanzierten Urteil veranlaßt. Eher besteht in diesen Komödien die moralische Botschaft, wenn
von einer solchen denn unbedingt die Rede sein muß, in der Humanität
eines Maßes, das den Menschen noch nicht über den Kopf gewachsen
und abstrakt geworden ist, oder auch in der Art und Weise, wie die beiden Alten, Biasio und Zulian, einander die Vorzüge und die Fürsorglichkeit ihrer Dienerinnen schildern: *Die meine ist eine Perle. Sie ist geschwind wie der Wind. Kaum ist die Sonne aufgegangen, ist sie auch schon
auf den Füßen. Rasch macht sie Feuer und kommt in mein Zimmer; wenn
ich ausgeschlafen habe, öffnet sie mir das Fenster, wärmt mir zuvorkommend die Strümpfe und das Flanelleibchen und bringt mir den Kaffee, den
wir zusammen trinken … Heutzutage findet man solche Mädchen gar
nicht mehr! – Und erst die meine! Am Abend sitzt man zu zweit beim warmen Kamin; man erzählt sich Geschichten; man spielt etwas, sie brät mir
Kastanien: die muß man nur sehen, diese Kastanien, zart wie Butter – der
reine Marzipan.*[196] Die kleine Idylle eines friedlichen und umsorgten Alters, die hier einen Moment lang sichtbar wird, ist gewiß nichts Weltbe

wegendes; dennoch ist ihr humaner Gehalt unverkennbar in einer Umgebung, die den Alten gegenüber sich sonst eher roh und verständnislos verhält: auch Goldoni hat wiederholt der Versuchung nicht widerstehen können – am unangenehmsten wohl in *Il bugiardo* –, sich über die körperlichen Gebrechen alter Menschen lustig zu machen. Allerdings dürfte die Szene schon zur Zeit ihres Entstehens vom Absturz in die Sentimentalität bedroht gewesen sein: der geringste falsche Ton wäre genug, Biasio und Zulian in die beiden Alten des «Endspiels» zu verwandeln, die aus ihren Mülltonnen heraus, bis zum Halse im Abfall falscher Gefühle steckend, quengelnd nach ihrem Brei verlangen. Gerade in diesem Zusammenhang aber bewährt sich die vielstimmige, ensembleartige Anlage des Ganzen, die keiner einzelnen Stimme unbedingten Vorrang vor den anderen einräumt: Wenn im folgenden Akt (IV,2) Dorotea und Costanza in einem Duett, das genauso angelegt ist wie der Dialog der beiden Alten *(La mia ... La mia ... La mia ...)*, sich lautstark über ihre Dienstboten beklagen, die alles andere als engelsgleich sind, dann sind auch die Lobreden der beiden Alten soweit relativiert, daß die Gefahr von Sentimentalitäten und seniler Geschwätzigkeit gebannt ist. Dieses Kompositionsprinzip, das Goldoni in den venezianischen Komödien entwickelt, die in den letzten Jahren vor der Übersiedelung nach Frankreich entstehen, setzt auf eine fast schon pointillistisch zu nennende Weise eine Szene scheinbar unverbunden neben die andere und betont damit die Hinfälligkeit und Flüchtigkeit des Augenblicks; indem Goldoni den Augenblick nur für sich selbst einstehen läßt, befreit er ihn auch von jeder Schwere und läßt ihn dadurch, gerade in seiner Vergänglichkeit, umso reiner hervortreten.

Zu Beginn des Jahres 1754 meldet sich der verschollene Bruder plötzlich mit einem Brief aus Rom, nachdem er ungefähr ein Jahrzehnt nichts von sich hatte hören lassen. Vermutlich werden ihm, nach dem Tode seiner Frau, die beiden Kinder lästig, und er spekuliert wohl darauf, daß Carlo und Nicoletta Goldoni ihre Kinderlosigkeit noch nicht ganz verwunden haben. Zwar beklagt Goldoni – wahrscheinlich aus Rücksicht auf seine Frau – sich niemals auch nur mit einer Silbe über diesen Zustand, aber die Promptheit, mit der er einwilligt, den zehnjährigen Antonio Francesco und die fünfjährige Petronilla Margherita aufzunehmen, ist doch ein Indiz dafür, daß die zusätzliche Belastung beiden eher willkommen ist. Dann aber machen sich jahrelange Überarbeitung und der ständige Verdruß über Chiari und die übrige Schar der Gegner bemerkbar. *Ich fühlte mich vollkommen erschöpft. [...] Meine Hypochondrie fiel mich von neuem mit mehr als gewöhnlicher Heftigkeit an. [...] Bei meinen Anfällen lagen sowohl physische als moralische Ursachen zu Grunde; bald stiegen mir die Dünste in den Kopf und erhitzten die Einbildungskraft, bald zerrüttete Furcht die tierische Ökonomie.*[197] In Modena, wo er eigentlich etwas Erholung hatte finden wollen, erkrankt er an einer schweren

Lungenentzündung; kaum genesen, reist er «seinen» Schauspielern nach, die in Mailand die *Sposa persiana* mit großem Erfolg aufführen. Erleichterung verschafft ihm, daß er sich mit einem Leidensgenossen austauschen kann, dem vorzüglichen Schauspieler Angeleri, der von dem Tic besessen ist, überall auftreten zu können, nur nicht auf einer Bühne seiner Vaterstadt Mailand. Endlich gelingt es ihm, seine Phobie zu überwinden, aber nach Schluß der Vorstellung wartet das Publikum vergeblich darauf, ihn gebührend feiern zu können: Angeleri ist tot. Von Entsetzen geschüttelt, erlebt Goldoni die schwerste Krise seines Lebens, bis es schließlich seinem Arzt gelingt, die erlösenden Worte zu finden: *Betrachten Sie, sagte er mir, Ihr Übel wie ein Kind, das Sie mit einem bloßen Degen angreift. Wenn Sie sich in acht nehmen, so kann es Ihnen nicht schaden, aber bieten Sie ihm die Brust dar, so ist das Kind imstande, Sie umzubringen.* War die Angst bisher gestaltlos und daher nicht zu fassen – «Dünste» *(vapeurs)* ist die zeitgenössische, auch von Goldoni gebrauchte Bezeichnung für die Heimsuchung durch hypochondrische Anfälle –, so ist sie in dem Augenblick beherrschbar geworden, da sie in ein Bild mit klaren Konturen gefaßt ist. *Diesem Apolog verdanke ich meine Gesundheit. Ich habe ihn nie vergessen und seine Hilfe immer nötig gehabt. Auch jetzt droht mir bisweilen dieses böse Kind noch, und ich muß alle meine Kräfte sammeln, um es zu entwaffnen.*[198] Gegen Ende dieses an Fährnissen reichen Jahres, am 7. November 1754, stirbt Goldonis Mutter im Alter von achtundsiebzig Jahren. Die *Memoiren* lassen ihren Tod unerwähnt, erst später wird er ihn als eine nun schon länger zurückliegende Tatsache nachtragen.

In Anbetracht von Goldonis seit jeher ausgeprägter Vorliebe für häufige Ortswechsel läßt sich nicht ohne weiteres sagen, wann er zum erstenmal den Gedanken faßt, seine vertraute Umgebung auf Dauer zu verlassen. Aber es scheint, als ergriffe er nun jede sich bietende Gelegenheit, um sich für einige Zeit aus Venedig abzusetzen. 1755 hält er sich einige Zeit in Bologna auf, im Jahr darauf schreibt er für die französischen Schauspieler des Herzogs von Parma drei Libretti, darunter *La buona figliola (Das brave Mädchen)*, eine Bearbeitung der *Pamela*, die, zunächst von Egidio Duni vertont, erst vier Jahre später, jetzt mit der Musik von Niccolò Piccinni, zur erfolgreichsten Oper des Jahrhunderts wird. Goldoni wird zum Hofdichter ernannt und bezieht eine jährliche Pension. Im Sommer 1758 erhält er eine Einladung nach Rom, der er Ende November Folge leistet; unmittelbar nach seiner Ankunft muß er jedoch feststellen, daß die Schauspieler des Theaters Tordinona, die noch auf dem Niveau der heruntergewirtschafteten Commedia dell'arte sind, nicht einmal begreifen, was er von ihnen überhaupt will, und auf seine vorsichtige Kritik mit frechen Antworten reagieren. Das Theater ist miserabel besucht, das Publikum wird beherrscht von der Schar der *petits collets*, der Abbés, die ihren pöbelhaften Neigungen keinen Zwang antun und alles niederkreischen, was ihnen gegen den Strich geht. Einen gewissen Ausgleich für diese Erfahrungen bietet dagegen das Teatro Capranica, wo *Pamela* vom 26. Dezember 1758 bis zum Ende des Karnevals 1759 ununterbrochen gespielt wird; trotz des großen Erfolges jedoch sieht Goldoni offensichtlich auch hier nicht die Möglichkeit einer wirklich produktiven Zusammenarbeit, denn als die Schauspieler ihn zum Abschied bitten, eine «Pamela maritata» für sie zu verfassen, merkt er skeptisch an, es habe sich hierbei lediglich um eine *freundliche Geste* gehandelt.[199] Immerhin läßt er sich nichts anmerken und macht sich an die Arbeit, obwohl er eigentlich keinen Anknüpfungspunkt für eine Fortsetzung sieht; denn am Schluß des ersten Stückes bleibt *Pamela, die im Wohlstand lebt, von ihrem Manne geliebt und von aller Welt verehrt wird, weder etwas zu wünschen noch zu fürchten übrig.*[200] Sollte es wirklich so schwierig sein, aus dieser Konstellation ein neues Stück entstehen zu lassen? «Pamela oder Ein Puppenheim»? Das aber hieße, das weite Land der Seele selbst zum Drama zu machen, in ihr die – eigentlichen? – Konflikte aufzusuchen, die entstehen, wenn alle äußeren Widerstände beseitigt sind. Dem Bewußtsein des 18. Jahrhunderts, das Goldoni in exemplarischer Weise verkörpert, ist hier die Grenze gezogen. Zwar ist *Eifersucht* das Stichwort, mit dem er sich schließlich aus der Verlegenheit hilft, aber nicht als innerpsychische Regung bildet sie den Konflikt des Fortsetzungsstückes, eher hat sie Dingcharakter, vergleichbar dem Fächer (in Goldonis gleichnamiger, schon in Paris entstandener Komödie), der von Hand zu Hand geht und dadurch Verwirrung stiftet; in *Pamela maritata* wird das Requisit «Eifersucht» zunächst willkürlich, durch Verleumdung, in Umlauf gebracht, sie zirkuliert dann eine Weile und stiftet allerlei Verwirrungen, bis sie schließlich, wenn alle Mißverständnisse aufgeklärt sind, sich in Nichts auflöst und verschwindet, ohne Spuren zu hinterlassen.

Hatte der Aufenthalt in Rom sich als fast vollständiger Mißerfolg erwiesen, so ist Goldoni dennoch, als er am 2. August 1759 die Rückreise antritt, alles andere als begierig, wieder nach Venedig zu kommen, wo sich seine Erfolgsaussichten inzwischen nicht verbessert haben: Von sechs neuen Komödien, die das San Luca während seiner Abwesenheit herausgebracht hat, war allein *La Dalmatina* einigermaßen erfolgreich, vermutlich aufgrund ihrer «exotischen» Einfärbung. Besser als die um Mäßigung und Ausgleich bemühten *Memoiren* läßt der Briefwechsel mit Francesco Vendramin, der nach dem Tode seines Bruders Antonio Eigentümer des Theaters ist, erkennen, wie es Goldoni mittlerweile zumute ist. Er überhäuft Vendramin mit einer Fülle von in beleidigtem Ton vorgetragenen Anschuldigungen, selbst in solchen Fällen, in denen er als Jurist die Unhaltbarkeit seiner Position einsehen müßte. So ist es zwar verständlich, wenn Goldoni mit dem Gedanken spielt, vor der Rückkehr nach Venedig erst noch nach Neapel zu gehen, um auch dort seine Chancen zu erkunden, aber es ist doch recht seltsam, daß er in diesem Zuammenhang seinem Vertragspartner allen Ernstes einzureden versucht, eine weitere Unterbrechung von einem Jahr stehe nicht im Widerspruch zu dem Wortlaut des Vertrags, in dem von «zehn aufeinanderfolgenden Jahren» die Rede ist. Die Antwort fällt entsprechend lakonisch aus: «Das Wort ‹aufeinanderfolgend› erscheint nicht zufällig in unserem Vertrag.» Auf Vendramins Weigerung, einen jungen Mann namens Giovanni Simoni, den Goldoni mittlerweile als Sekretär beschäftigt, in Venedig als Schauspieler einzustellen, erfolgt eine besonders entrüstete Reaktion: *Wie ich höre, haben E. E. Erkundigungen über ihn eingezogen, die nicht zu seinen Gunsten ausgefallen sind. Warum aber erkundigen Sie sich nicht bei mir, sondern bei anderen? E. E. glauben mir also nicht, Sie haben kein Vertrauen zu mir, Sie meinen wohl, ich wolle Sie betrügen. Dieser junge Mann ist nicht mit mir verwandt, aber da ich mich verpflichtet habe, ihn zu unterhalten, muß ich es auch tun.* Ein derart eigenwilliges Rechtsverständnis könnte schon fast den Stoff für eine neue Charakterkomödie liefern, «Dr. Seltsam oder Der bizarre Advokat». «Ich wüßte nicht zu sagen», antwortet Vendramin ruhig, «was die von Ihnen übernommene Verpflichtung diesem jungen Manne gegenüber mit meinem Theater zu tun haben sollte.» Wie tief Goldonis Verstörung tatsächlich ist, läßt sich am ehesten wohl der Reaktion entnehmen, die auf Vendramins Versuch einer grundsätzlichen Klarstellung erfolgt. «Gleichwohl bitte ich Sie», hatte dieser geschrieben, «davon absehen zu wollen, die Motive, aus denen heraus ich Ihnen schreibe, zu interpretieren; denn ich bemühe mich beim Schreiben vor allem darum, einer wie auch immer gearteten Interpretation keinen Raum zu geben, und ich beabsichtige auch nicht, Ihnen mehr mitzuteilen als das, was ich geschrieben habe. Das heißt: wenn ich schreibe ‹der wichtigste Punkt ist›, dann meine ich auch den wichtigsten Punkt und nichts anderes. Wenn ich etwas vorschlage, so verbinde ich damit keine speziellen Hintergedanken, vielmehr geht es mir immer um die Allgemeinheit, um die Ruhe, den guten Namen und die Interessen Aller – wirklich Aller! –, denn meine höchste Zufriedenheit besteht darin, jeden einzelnen zufrieden zu sehen.»[201] Auf diesen wohlmeinenden und in seiner Lauterkeit nicht mißzuverstehenden Brief antwortet Goldoni postwendend, nun sei ihm, völlig klar, daß Vendramin und seine Schaupieler seiner überdrüssig seien, und er habe nichts dagegen, daß der Vertrag zum Jahresende vorzeitig aufgelöst werde.

Der eigentliche Grund für Goldonis Mißstimmung aber ist, daß er das Vertrauen in das Publikum verloren hat; angesichts der nach wie vor überwältigenden Nachfrage nach exotischen, mit möglichst vielen Überraschungseffekten durchsetzten Stücken macht er sich schon in einem Ende April an Gabriele Cornet geschriebenen Brief mit dem Gedanken vertraut, einen aussichtslos gewordenen Kampf gegen den Zeitgeist aufzugeben: *Ich, der ich [...] aus einer immer sich gleich bleibenden Einstellung heraus vorgegangen bin, werde stets mit Genugtuung sagen können, daß ich in Italien den guten Geschmack durchgesetzt habe; und sollte ich wegen der Unbeständigkeit des Publikums von meinem Wege abkommen, so geschähe dies nicht aus einer Laune heraus, sondern weil ich gezwungen bin zu gefallen. [...] Wir leben in einer schlimmen Zeit, in der die Wahrheit, auf sich allein gestellt, nicht überdauern kann.*[202] Wenige Monate später faßt er das Ergebnis solcher Überlegungen in einer knappen Formel zusammen: *Venedig hat genug von den Familiencharakteren, Venedig will Neuigkeiten. Versuchen wir also, es zufriedenzustellen.*[203] Aus Bologna schickt Goldoni die erste Komödie *nach dem herrschenden Geschmack* an Vendramin, *Gli amori di Alessandro Magno*; sie soll Teil eines Zyklus werden, *Il Monte Parnaso*, in dem jeder Muse ein Stück gewidmet sein soll: *Apollo fordert die neun Musen auf, in diesem Jahr die Stadt Venedig auf ganz besondere Weise zu unterhalten. [...] Jede Muse wird ein Thema vorschlagen, das dem ihr von den Dichtern zugeschriebenen Attribut entspricht.* Zu Klio, der Muse der Geschichte, gehört das Alexanderstück; zu Terpsichore *La scuola di ballo*, zu Melpomene die Tragödie *L'Artemisia*, zu Erato, die für die Liebe zuständig ist, *Gl'innamorati (Die Verliebten)*, und so fort; jedes Stück in einem anderen Versmaß, jedes mit den entsprechenden, den Reiz des Wunderbaren unterstreichenden aufwendigen Dekorationen. Als der erschrockene Vendramin die Kosten überschlägt, die allein für den *Alessandro* entstehen würden, zeigt sich der Dichter entgegenkommend: *Das Lager des Alexander besteht aus Zelten; daran mangelt es dem Theater nicht. Was das aus Amazonen bestehende Gefolge betrifft, so habe ich bereits gesagt w e n n m ö g l i c h; für die Bühne reichen außerdem die zwei, die ein paar Worte zu sagen haben. Einen Tempel haben die Schauspieler schon, und ein Mausoleum aus angemaltem Pappmaschee kostet nicht viel.*[204] Hatte Goldoni, bei aller Kompromißbereitschaft im einzelnen, sich jahrelang gegen den vorherrschenden Geschmack gestemmt, so scheint er sich nun mit einer fast wollüstigen Verzweiflung in sein Schicksal zu ergeben, als ein zweiter Chiari bei der Schmierenkomödie zu enden.

Vielleicht ist es gerade die Überzeugung, nichts mehr zu verlieren zu haben, die entscheidend dazu beiträgt, daß im Herbst 1759 die langjährige Schaffenskrise plötzlich zu Ende ist. Zwar entstehen tatsächlich mehrere der angekündigten Stücke, aber schon die Komödie *Gl'innamorati* ist dem Autor wichtig genug, die ursprünglich gewählten «versi martelliani» aufzugeben und das Stück in Prosa umzuschreiben; zum ersten und einzigen Male in Goldonis Werk ist «Liebe» kein mehr oder weniger konventionelles Komödienrequisit, sondern ein komplexes Ineinander unterschiedlicher und widersprüchlicher Gefühlsregungen, die dem Wunsch nach Nähe, aber auch der Furcht entspringen, sich an den anderen zu verlieren. Selbst den Zufall, der in den Stücken des «herrschenden Geschmacks» dazu herhalten muß, gegen alle Wahrscheinlichkeit und Motivation eine Art Handlung zusammenzuschustern, versteht Goldoni in der Komödie

Un curioso accidente (Ein seltsamer Zufall) so virtuos zu konstruieren, daß eine Art Glasperlenspiel von hohem ästhetischem Reiz entsteht. Der reiche Türke schließlich, der in *L'impresario delle Smirne* das Personal für ein komplettes Operntheater engagieren will, um es in seine Heimat zu importieren, sucht am Ende entsetzt das Weite, weil er der Eitelkeit, Prätention, Arroganz und Dummheit des Theatervolks, das sich scharenweise einstellt und von Goldoni mit intimer Kennerschaft auf die Bühne gebracht wird, nicht gewachsen ist.

Von einer vorzeitigen Kündigung des Vertrags mit Vendramin ist nun nicht mehr die Rede; in den drei Jahren, die Goldoni noch in Venedig bleiben wird, entsteht in kurzen Abständen eine Reihe von Komödien, die zu seinen besten zählen. Das bedeutet jedoch nicht, daß mit dem Ende der Schaffenskrise plötzlich auch die zunehmende Skepsis der letzten Jahre sich in Wohlgefallen aufgelöst hätte. Das Gegenteil ist der Fall. Die Jahre der letzten großen Komödien sind auch eine Zeit der Abrechnung, und zwar vor allem mit dem Publikum, für das seine Stücke eigentlich bestimmt waren. Das zeigt sich schon in quantitativer Hinsicht. Allein vier Stücke setzen sich mit dem Bürgertum à la mode auseinander, für das die Arbeit zur exotischsten aller Beschäftigungen geworden ist, das keinen anderen Lebensinhalt hat als das Vergnügen und dessen einziges Ideal die Mode ist. Alle leben grundsätzlich weit über ihre Verhältnisse, und sie entgehen dem finanziellen Ruin, wenn überhaupt, nur durch das Eingreifen eines strengen, erzkonservativen Verwandten – von Pantalone, dem Repräsentanten des Standes der ehrbaren Kaufleute, ist längst nicht mehr die Rede. Kommen diese Leute unter einem Dach zusammen oder zieht eine neue Partei ein, dann dauert es nicht lange, bis alle miteinander bis aufs Blut verzankt sind: produktiv ist die Gesellschaftsklasse nur noch, wenn es gilt, neue Gemeinheiten und Schikanen zu erfinden. Das ist der Inhalt der in venezianischem Dialekt geschriebenen Komödie *La casa nova* (1760). Diesem Bürgertum, das einmal «sein» Publikum war, gilt schließlich auch das umfangreichste Werk, das Goldoni auf die Bühne gebracht hat: die Trilogie über den Landaufenthalt (*Le smanie per la villeggiatura; Le avventure della villeggiatura; Il ritorno della villeggiatura*, 1761/62, *Die Sucht nach der Sommerfrische, Die Abenteuer der Sommerfrische, Die Rückkehr aus der Sommerfrische*).

Von keiner der Personen, die in den drei Stücken auftreten, kann angegeben werden, welchen Beruf sie ausübt und ob sie überhaupt einer geregelten Beschäftigung nachgeht. Wenn der Vorhang sich hebt, erscheint ein junger Mann, Leonardo, der gerade dabei ist, seinem Bedienten Anweisungen für einen Landaufenthalt zu erteilen und kostspielige Bestellungen aufzugeben. An Wachskerzen solle es *nicht fehlen*, ordnet er großspurig an, obwohl er wissen dürfte, daß allein schon die enormen Kosten, die diese aufwendige Beleuchtungsart verursacht, zum Ruin führen können; ferner seien Spielkarten *notwendig*, und schließlich seien *zehn Pfund Kaffee* und *fünfzig Pfund Schokolade* zu besorgen. Zwar hatte sein Diener ihn soeben noch darauf hingewiesen, er brauche nicht den gleichen Aufwand zu treiben wie ein florentinischer Graf mit Grundbesitz, riesigen Einkünften, öffentlichen Ämtern und hohen Würden, dessenungeachtet aber gibt Leonardo mit seinen Bestellungen ziemlich genau zu erkennen, wie seine gesellschaftlichen Ambitionen beschaffen sind. Wie zur standesgemäßen Repräsentation die entsprechende Illuminierung gehört, so ist auch das Getränk, das man wählt, von der eigenen Stellung im gesellschaftlichen Gefüge abhängig. Seit dem 17. Jahrhundert ist der Kaffee das Getränk der Bürger, die zu rechnen, die Zukunft zu kalkulieren und daher einen klaren Kopf zu behalten haben. Die englischen Puritaner machen ihn zu ihrem Leibgetränk, wozu auch beigetragen haben mag, daß dem Kaffee die Eigenschaft zugeschrieben wird, den Geschlechtstrieb zu dämpfen. Schon im Jahre 1674 hatten die besorgten Frauen von London eine Flugschrift in Umlauf gebracht, die den Titel trug «Petition der Frauen gegen den Kaffee, worin öffentlich zu bedenken gegeben wird, welche Unannehmlichkeiten ihrem Geschlecht erwachsen aufgrund des übermäßigen Gebrauchs dieses austrocknenden und schwächenden Getränks»[205]. Das Kaffeehaus gibt nicht nur einer Komödie Goldonis den Titel, auch die norditalienischen Aufklärer, deren Haupt Pietro Verri ist, nennen ihre Zeitschrift «Il Caffè». Die gute Gesellschaft dagegen hält sich an die Schokolade, die weniger ein Getränk als vielmehr eine dickflüssige, süße, sättigende Speise ist, was natürlich schon früh die Frage aufwerfen läßt, ob sie mit den Fastengeboten der Kirche zu vereinbaren sei. Man mußte wohl Jesuit sein, um hierauf die richtige Antwort zu finden, und so veröffentlicht im Jahre 1664 kein Geringerer als der Kardinal Francesco Maria Brancaccio eine gelehrte Untersuchung mit dem Titel «An chocolates acqua dilutus prou usu hodierno serbetur ieiunium ecclesiasticum frangat controversia»; das Ergebnis, zu dem er gelangt, läßt die vornehme Welt aufatmen: «chocolates non sit per se primum alimentum aut cibus, licet per accidens nutriret» («Schokolade ist im wesentlichen kein Nahrungsmittel und keine Speise, selbst wenn sie außerdem noch eine nährende Wirkung haben sollte»). Der berühmte Kardinal Herzog von York soll jeden Morgen dreißig Pfund («libbre») Schokolade verzehrt haben, von der im Jahre 1753 in Rom eine einzige Tasse den horrenden Preis von 38 Centesimi kostet[206]; eine libbra entspricht etwa 300 Gramm. Nur zehn Pfund Kaffee, aber fünfzig Pfund Schokolade – das sagt eigentlich schon alles über Leonardo. *Marchesino!*, *Gräflein,* höhnt der reiche Onkel Bernardino, als der Neffe ihn – vergeblich – anfleht, ihn vor dem sicheren Ruin zu bewahren. So bleibt ihm nichts anderes, als weiter zu hoffen, daß er trotz seiner miserablen Lage doch noch die kapriziöse Giacinta, oder vielmehr die mit ihrer Person verbundene Mitgift, wird heiraten können, andere Einnahmen sind nicht zu erwarten.

A. Perego: Die Redaktion der Zeitschrift «Il Caffè». Ölgemälde, 1764

Leonardos Schwester Vittoria ist sein getreues Ebenbild. Ihr ganzes Sinnen und Trachten ist darauf gerichtet, es mit der Sommerfrische *wie die anderen* zu halten, das heißt, dort möglichst viel Aufwand zu treiben. *In der Stadt strenge ich mich nicht besonders an,* sagt sie, *aber auf dem Land habe ich immer Angst, nicht genügend zur Geltung zu kommen.* Im wesentlichen bedeutet dies, daß für sie alles davon abhängt, ob der französische Schneider, Monsieur de la Réjouissance, sie rechtzeitig so ausstaffieren wird, daß sie ihren Konkurrentinnen mit der neuesten von Paris aus diktierten Mode zuvorkommen kann, in dieser Saison mit einer Kreation, die die Bezeichnung «Mariage» trägt. Da sie aber den Schneider mit der Bezahlung auf unbestimmte Zeit vertrösten muß, während Giacinta über einen zahlungskräftigen Vater verfügen kann, muß sie zu ihrem namenlosen Schmerz erleben, daß ihre Gegenspielerin ihr bereits zuvorgekommen ist. So wird ihr wohl nichts anderes übrigbleiben, als zu versuchen, sich in einer etwas weniger kostspieligen Mode hervorzutun: *Oh, für alles Gold der Welt könnte ich so nicht leben,* antwortet sie, als von einem Gastgeber die Rede ist, der in seiner Tageseinteilung den natürlichen Gegebenheiten folgt, *wenn ich vor der Morgendämmerung zu Bett gehe, kann ich keinen Schlaf finden.*[207] Auch was die Gestalt der Vittoria betrifft, so hat Goldoni nichts erfunden und nicht einmal übertrieben: weder die exaltierte, in möglichst ausgefallenen Superlativen schwelgende Ausdrucksweise noch die Mode, den Tag immer später beginnen zu lassen und dafür die Nacht zum Tage zu machen. In Paris, das auch hier die Maßstäbe setzt, übertrumpfen die Familien der guten Gesellschaft einander darin, das Lever, den großen morgendlichen Empfang, der ursprünglich gegen 11 Uhr vormittags stattgefunden hatte, immer später anzusetzen, bis der Gipfel der Eleganz schließlich in einem Palais erklommen wird, wo man die Frühstücksschokolade um Mitternacht serviert.

Solche Exzesse lassen erkennen, daß Übertreibungen selbst dann kaum möglich wären, wenn man sie bewußt gesucht hätte: auch die «Mariage» genannte Kreation hat Goldoni nicht erfunden. In den *Memoiren* teilt er mit, wie in Venedig die jeweils neueste französische Mode bekanntgemacht wurde. *Zu Anfang jeder Jahreszeit sieht man zu Venedig in der Kaufmannsstraße eine gekleidete Figur, die man die «französische Puppe» nennt. Sie ist das Vorbild, nach dem alle Frauenzimmer sich richten, und jede Ausschweifung, die von diesem Original kopiert ist, gilt für schön. […] Die Schneider, die Stickerinnen, die Modehändler haben ihren guten Profit dabei, und wenn Frankreich nicht genug Moden liefert, so sind die Putzhändlerinnen von Venedig schlau genug, selbst Veränderungen mit der Puppe vorzunehmen und ihre Erfindungen für Pariser Moden auszugeben.* «Mariage» ist wohl eine der letzten Moden, die Goldoni noch in Venedig sieht, bevor er, ein Jahr später, nach Paris übersiedelt. Als er sich dort erkundigt, ob die von ihm literarisch verwertete Kreation noch existiere, wundert man sich über ihn. *Niemand wollte etwas davon wissen, sie hatte niemals existiert, man fand sie sogar lächerlich und machte sich über mich lustig.*[208]

Wovon diese Menschen leben? So wenig sich das von dem Geschwisterpaar Vittoria und Leonardo angeben läßt, so unbestimmbar bleiben in dieser Hinsicht auch die anderen Figuren; Guglielmo ist zwar weniger verschwenderisch als Leonardo, und Giacinta kann notfalls auf ihren vermögenden Vater zurückgreifen, dafür jedoch können sie nicht einmal mehr jenes Interesse beanspruchen, das Menschen, die gerade dabei sind, sich zu ruinieren, immerhin noch entgegengebracht wird. Filippo, Giacintas Vater, ist kein Pantalone mehr. Er interessiert sich nur noch für die Erzeugnisse der Küche, kümmert sich um nichts und hat schon fast vergessen, daß er auch noch ein Landgut bei Genua besitzt, von dessen ungetreuem Pächter er sich durch einige Sendungen Makkaroni abspeisen läßt. Fulgenzio, der andere Alte, ist zwar insofern das genaue Gegenteil von ihm, als er der einzige ist, der noch rechnen und Pläne zur Rettung des unglückseligen Leonardo entwickeln kann. Andererseits aber ist es gerade seine geduldige Uneigennützigkeit, die ihn in diesem Kreis fremd, konstruiert, wie ein bloßer dramatisch-technischer Notbehelf erscheinen läßt. Wenn die Bühne nur noch, wie es hier der Fall ist, von Mitgiftjägern, Modehyänen, Trotteln, lüsternen alten Weibern, aufdringlichen Schmarotzern, zynischen Geizhälsen und ungetreuen Dienern bevölkert ist, dann fällt es schließlich nicht mehr leicht zu sagen, Fulgenzio sei der einzige, der ‹menschlich› handle. Sind nicht die anderen die wahren Menschen, und ist Fulgenzio nicht eine Art Vernunft-Automat, Überbleibsel einer längst vergangenen Mode, deren Kreationen «Humanität» und «Aufklärung» geheißen hatten?

Wenn es sich aber so verhält, wenn die Korrektur von Untugenden das Ziel der Komödie sein soll, dann ist die Trilogie keine Komödie mehr. Gewiß gibt es auch hier genau umrissene Laster: die verhängnisvolle Leidenschaft des Glücksspiels, jener Zwang, der die eigentliche Seelenkrankheit des Jahrhunderts ist. Der «cicisbeismo»[209], das – häufig bereits im Ehevertrag geregelte – Recht der verheirateten Frau, sich einen «cavalier servente» zu halten, der sie von morgens bis in den späten Abend umsorgt und ihr bei allen Verrichtungen behilflich zu sein hat wie ein Lakai; ein Recht, das zugleich eine Pflicht ist, denn eine Dame, die sich von ihrem Ehemann begleiten ließe oder mit ihm eine Abendgesellschaft («conversazione») aufsuchen wollte, würde sich zum Gespött der guten Gesellschaft machen, ganz abgesehen davon, daß der Ehemann hierzu nicht die Zeit fände, denn er ist seinerseits ganztägig damit beschäftigt, einer anderen Dame als «cicisbeo» zu dienen. Im übrigen ist es in dieser Gesellschaft zwar ziemlich egal, wer es mit wem treibt, aber es gilt als ausgesprochen unfein – zumindest ist es nicht üblich –, den «cicisbeo» auch zum Liebhaber zu machen, was diesem, nach einem langen, mit strapaziösen Dienstleistungen angefüllten Tag, wohl ganz recht gewesen sein mag. Als geradezu ehrenrührig aber wird es gewertet, wenn eine Dame den «cicisbeo» ohne triftigen Grund auswechseln will: hier, und nur hier, gilt noch das Gebot der unverbrüchlichen Treue. Das dritte große Laster schließlich hat der Trilogie den Namen gegeben: die zum gesellschaftlichen Zwang gewordene Mode, den Aufenthalt auf dem Lande immer länger und immer aufwendiger werden zu lassen, wobei es vor allem auch darauf ankommt, alle anderen durch eine möglichst große Zahl von freigehaltenen Gästen zu übertrumpfen; die altägyptische Heuschreckenplage nimmt sich harmlos aus gegen die Zahl der Schmarotzer, die bei jedem Landaufenthalt einfallen. Nur die Alten, Fulgenzio und Filippo, erinnern sich noch daran, daß der Landaufenthalt einmal mit bestimmten Anlässen innerhalb des natürlichen Jahresrhythmus verbunden war: Aussaat, Ernte, Weinlese. Im Unterschied aber zu früheren Stücken Goldonis geht in der Trilogie die Kritik an diesen Lastern ins Leere, weil es nicht eine einzige Gestalt in allen drei Stücken gibt, die auch nur entfernt auf den Gedanken käme, die eigene Lebensweise zu ändern. In der allerersten Szene bereits intoniert Leonardo das Leitmotiv, das im weiteren Verlauf der Trilogie von allen Gestalten immer wieder aufgenommen wird: *Die anderen. – Ja, es ist leider wahr, wer in der Gesellschaft etwas darstellen will, der muß tun, was die anderen tun.* Während Goldoni sonst geneigt war, seinen Frauengestalten, alles in allem, mehr Urteilskraft und Vernunft zuzubilligen als den Männern, verhält es sich in der Trilogie eher umgekehrt:

VITTORIA *Mein Bruder ruiniert sich also.*

PAOLO *Wenn man nicht Abhilfe schafft.*

VITTORIA *Und wie könnte das aussehen?*

PAOLO *Die Ausgaben einschränken. Die ganze Lebenshaltung ändern. Vor allem den Landaufenthalt bleiben lassen.*

VITTORIA *Den Landaufenthalt bleiben lassen? Da sieht man, daß du keine Lebensart hast. [...] Der Landaufenthalt muß sein, auch wir müssen dabei sein, und zwar so großartig wie immer, und mit dem üblichen Aufwand.*

PAOLO *Glauben Sie, daß das noch lange so gehen kann?*

VITTORIA *Solange jedenfalls, als ich dabei bin. Meine Mitgift ist sicher angelegt, und ich hoffe, daß ich bald heiraten werde.*

Die Figuren, die Goldoni in der Trilogie auf die Bühne bringt, kennen nur noch zwei Verhaltensweisen: die Angleichung an gesellschaftliche Konventionen, die so weit geht, daß die Persönlichkeit sich in ihnen auflöst, und zugleich den Rückzug auf einen egoistischen Kern, der sich so unvermittelt und brutal äußert, daß er individueller Psychologie ebenfalls entgleitet.

An diesem Defekt, einem Zerfall der Person in eine äußere Hülle, in der das Ich sich gleichsam in die Gesellschaft aufgelöst hat, und in einen Kern, der zwar unnachgiebig, im Grunde genommen aber genauso unpersönlich ist, leiden die meisten Gestalten der Trilogie; so rücksichtslos sie gegen andere sind, so sehr müssen sie es auch gegen sich selbst sein: das dürfte der eigentliche Grund des rätselhaften Zwanges sein, der schließlich dazu führt, daß mit Vittoria und Guglielmo, Leonardo und Giacinta zwei Verbindungen geschlossen werden, die, wie alle Beteiligten wissen, verkehrt sind. Sehenden Auges gehen sie in ihr Verhängnis. Auch Giacinta bildet keine Ausnahme, obwohl sie zunächst selbständiger, jedenfalls nicht ganz so durchschnittlich wie die anderen wirkt; am Ende des ersten Stückes noch kühl bis ins Innerste, einzig daran interessiert, die Ehe mit Leonardo zu schließen, um endlich den Status einer Dame der Gesellschaft mit den entsprechenden Freiheiten zu erlangen, scheint sie im zweiten Teil der Trilogie plötzlich, nachdem sie ihre Liebe zu Guglielmo entdeckt hat, eine seelische Tiefe aufzuweisen, die sie von den anderen Personen unterscheidet. Vor allem macht sie es sich nicht so einfach wie die anderen, die sich grundsätzlich für die Konventionen und den Weg des geringsten Widerstandes entscheiden:

GIACINTA *Was soll ich tun? Mein Wort brechen? Den Vertrag zerreißen? Ich habe unterschrieben. [...] Was würde man von mir sagen? Und schlimmer noch: Wenn meine Leidenschaft für den anderen entdeckt würde, müßte dann nicht jeder sagen, [...] ich hätte die Stirn gehabt, obwohl mein Herz schon vergeben war, einen Heiratsantrag zu unter-*

zeichnen, den Liebhaber an der Seite? Nein. Hier geht es um den guten Ruf. Schon der bloße Gedanke daran läßt mich erschauern.[210] Tatsächlich geht es in diesem Konflikt nicht nur um den *guten Ruf*: «es geht um die Unterminierung eines der Grundpfeiler bürgerlichen Selbstbewußtseins», um Vertragstreue.[211] Aber das Beharren auf einem geregelten und fixierten Zustand verliert seinen Wert und wird schließlich destruktiv, wenn es nicht ständig konfrontiert wird mit den Kräften der Erneuerung, die sich – und auch das ist bürgerlich! – in der Stimme des «Herzens» zu Wort melden: «Sie» – Tellheim – «müssen wissen, was in Ihrem Herzen vorgeht.»[212] Handelt das Individuum nicht mehr in Übereinstimmung mit seinem Herzen, so verliert es nicht nur sich selbst, sondern bald auch das Gespür für die Dynamik der Geschichte. Giacinta zerrt an ihren Ketten, aber sie vermag sie sowenig zu sprengen wie das venezianische Bürgertum, dem sie entstammt, noch die Kraft zur Erneuerung aufbringt. In dieser historischen Konstellation ist der Hauch von Tragik begründet, von dem die Gestalt der Giacinta umgeben ist.

Giacinta quält sich, und sie macht sich die Entscheidung nicht leicht; am Ende aber fügt sie sich der Konvention und tut, *was die anderen tun.* So kommt es, daß das Verhängnis seinen Lauf nimmt, obwohl der Zuschauer buchstäblich bis zum letzten Augenblick die Hoffnung nicht aufgibt, es werde sich noch alles zum Besseren wenden. Aber Goldoni, den alle nur den «guten Goldoni» nennen, meint es dieses Mal nicht gut mit seinen Figuren. Der Niedergang Venedigs hat im Jahre 1761 auch ihn selbst und seine Gestalten eingeholt. Der Rückzug auf das Land hatte die meereskundigen Venezianer unsicher gemacht: auf dem Lande, in feudalen Verhältnissen, die ihnen immer fremd gewesen waren, haben sie den Orientierungssinn verloren. Goldoni ist es müde, für eine Sache, die er einmal für richtig hielt, in einer Stadt einzutreten, die nicht mehr die richtige ist.

Über die Rückreise von Rom nach Venedig im Sommer 1759 schreibt Goldoni in den *Memoiren,* er habe damals begonnen, sich *von Italien zu verabschieden, ohne schon zu wissen,* daß er *das Land für immer verlassen* werde.[213] Natürlich läßt sich nicht mehr mit Bestimmtheit sagen, ob er tatsächlich schon während der Reise eine Art Abschiedsstimmung empfand oder ob diese sich nicht doch erst im Rückblick eingestellt habe, im Bewußtsein der drei Jahre später vollzogenen Trennung von der Heimat. Für die großen Komödien, die zwischen der Rückkehr aus Rom und der Abreise nach Paris entstehen, hat ein ähnlicher Vorbehalt zu gelten. Verfehlt wäre es, sie ausschließlich im Lichte einer Entwicklung sehen zu wollen, die erst später eintrat und die für Goldoni so auch nicht voraussehbar war. Andererseits aber ist nicht zu leugnen, daß die großen Komödien der Jahre 1759 bis 1762, in denen seine produktive Kraft zu ihrem Höhepunkt gelangt, wie von selbst zu einer Konfiguration zusammentreten, die einer umfassenden Bilanz seiner bisherigen Arbeit zumindest nahekommt.

Die Trilogie und auch *La casa nova* lassen erkennen, daß Goldoni von dem venezianischen Bürgertum seiner Zeit für die Zukunft nichts mehr erwartet. Da die Klasse, durch die der geschichtliche Fortschritt sich eigentlich hätte realisieren müssen, ihrer Aufgabe nicht gerecht geworden ist – insbesondere hat sie es versäumt, eine eigenständige bürgerliche Lebensform und eine ihr entsprechende Moral auszubilden –, bleibt, sofern die Suche nach einer verläßlichen Orientierung nicht überhaupt aufgegeben werden soll, nichts anderes übrig, als sich der Vergangenheit zuzuwenden. Mit der im venezianischen Dialekt geschriebenen Komödie *I rusteghi (Die Grobiane)*, die am 16. Februar 1760 uraufgeführt wird, versucht Goldoni, den Anachronismus in den Dienst der Gegenwart zu stellen. Ein *rustego*, wie es im Vorwort heißt, ist ein *harter, ungehobelter Mann, der von Höflichkeit, Kultur und gepflegter Konversation nichts hält*[214]. Dieser Charakter, den Goldoni in vier verschiedenen Gestalten auf die Bühne bringt, um ihn in allen seinen Eigenarten vorzuführen, ist das genaue Gegenteil der degenerierten Tagediebe, die das Personal der Trilogie ausmachen. Während dort alle Beteiligten einander ständig mit einer Flut von ebenso übertriebenen wie nichtigen Höflichkeitsfloskeln und Komplimenten bedenken – allen voran natürlich die *besten Freundinnen*, die sich am liebsten gegenseitig massakrieren würden –, hat der «rustego» Lunardo noch nicht einmal ein Wort des Grußes für Frau und Tochter, die sich brav erheben, als er das Zimmer betritt. Hält es die «jeunesse dorée» der Trilogie nicht eine Stunde länger zu Hause als unbedingt notwendig, so schließen die Grobiane sich und ihre Familien in den eigenen vier Wänden ein, selbst in der Zeit des Karnevals. Für die Bürger à la mode ist die jeweils neueste Mode von existentieller Bedeutung, und zwar für die Herren nicht weniger als für die Damen, wobei vorausgesetzt wird, daß nur ausländische Erzeugnisse als wirklich fein gelten können; dagegen brüsten sich die «Grobiane», aus ihren Familien Seidenstoffe sowie allen Putz und Schmuck verbannt zu haben und nur einheimische Wollprodukte zuzulassen. Und während der Landaufenthalt angefüllt ist mit Gesellschaften und kostspieligen Theateraufführungen, sind in der Welt der «rusteghi» Gespräche, Kunst und Phantasie verpönt:

LUNARDO *Meine beiden verheirateten Schwestern habe ich bis jetzt keine zehnmal gesehen.*

SIMON *Ich habe so gut wie nie mit meiner Frau Mutter gesprochen.*

LUNARDO *Und ich weiß bis heute noch nicht, was eine Oper oder eine Komödie ist.*

SIMON *Als sie mich einmal mit Gewalt in die Oper geschleppt haben, habe ich den ganzen Abend geschlafen.*

LUNARDO *In meiner Kindheit hat mich mein Vater manchmal gefragt: Willst du das Diorama sehen oder zwei Soldi haben? Ich habe immer das Geld genommen.*[215]

Angesichts einer solcherart versteinerten Denkungsart mag es in der Tat schwerfallen, den vier Haustyrannen doch noch so etwas wie moralischen Kredit einzuräumen, zumal, wie sich herausstellt, Maurizio und Lunardo in ihrer menschen- und lebensfeindlichen Verbohrtheit nun sogar so weit gehen, ihre Kinder Filipetto und Lucietta miteinander verheiraten zu wollen, ohne ihnen zu gestatten, sich vor Abschluß des Vertrags einander ein einziges Mal zu sehen. So scheint es auf den ersten Blick kaum möglich zu sein, der Einschätzung des Stückes, die sich in der Einleitung zu einer neueren Ausgabe der Komödien findet, zu widersprechen. Goldoni, heißt es hier, nehme in den *Rusteghi* eine «deutlich polemische Stellung ein gegen den verhärteten Konservativismus der Klasse, der er selbst angehört und in die er lange Zeit blind vertraut hatte. Der kluge und erfahrene Kaufmann, der, in der Gestalt des Pantalone, viele Jahre lang den Idealtypus eines in gesellschaftlicher Hinsicht verantwortungsbewußten [...], aufgeschlossenen und aufgeklärten Individuums verkörpert hatte, ist nun zu einer Karikatur seiner selbst verkommen. [...] Canciano, Lunardo, Simon und Maurizio, dieses Quartett von misanthropischen Reaktionären und verbissenen Lobrednern einer vergangenen Zeit, die nach Goldonis Auffassung keinerlei Recht hat wiederzukehren, müssen am Ende zwar, unter dem Druck der Ehefrauen und der jungen Leute, vor einem neuen Verständnis des Lebens zurückweichen, aber es ist ganz klar, daß diese Übereinkunft nur ein Theaterschluß ist, der nicht einmal Goldoni selbst überzeugt.»[216] Es ist der bare Unsinn, Resultat einer durch marxistische Denkschablonen zwangsweise vereinfachten Weltsicht. Die Abrechnung mit der Klasse, der Goldoni «selbst angehört», findet nicht in den *Rusteghi* statt, sondern in der Trilogie; daß Pantalone, dessen Aufgabe in den Jahren der «Reform» es war, die Erfahrung und Einsichten der älteren Generation an die jüngere weiterzugeben, hier nicht mehr auftritt, ist in der Tat ein Zeichen von Resignation. Keineswegs jedoch ist der «rustego» ein heruntergekommener, reaktionär gewordener Pantalone, vielmehr gehört er einer historischen Schicht an, die älter ist und als «venezianisches Urgestein» zu bezeichnen wäre, wenn die Metapher bei einer auf Holzpfählen errichteten Stadt nicht unzulässig wäre. Die «rusteghi» verkörpern die altvenezianischen Tugenden, die die Republik einst reich und mächtig gemacht hatten: Nüchternheit, Fleiß, Familiensinn, Ehre, allerdings in einer extrem erstarrten und dogmatisierten Form. Gerade jedoch die Tatsache, daß Goldoni diese Tugenden nur in verzerrter Gestalt auf die Bühne bringt, läßt darauf schließen, daß er sich des Anachronismus bewußt ist, an den er sich hier gewagt hat. Die alten Werte und Bindungen unverändert wiederkehren zu lassen wäre nicht nur eine vergebliche Mühe, sondern liefe auch darauf hinaus, der Gegenwart das eigene Recht zu nehmen. Das zu verhindern, ist aber gerade der eigentliche Sinn der Komödie und ihrer Handlung: Es geht in ihr darum, den bis zur Unkenntlichkeit entstellten Wahrheitskern des Anachronismus wieder freizulegen, ohne es bei einer ohnmächtigen Beschwörung des Vergangenen bewenden zu lassen. Von entscheidender Bedeutung hierbei sind die Frauen, allerdings nicht schon dadurch, daß sie eine Intrige einfädeln, die den jungen Leuten doch noch Gelegenheit geben soll, einander kennenzulernen; wären sie mit dieser Taktik erfolgreich, dann handelte es sich in der Tat nur um einen «Theaterschluß», der mehr oder weniger zufällig und willkürlich bliebe. Eine ganz andere Perspektive eröffnet sich, als die Frauen nach dem Scheitern ihrer Intrige von dem komödientypischen Konfrontationskurs der Geschlechter abgehen: möglich ist das, weil die «rusteghi» trotz ihrer Neigung zu starken Worten und wüsten Drohungen letzten Endes doch vor Gewaltakten zurückschrecken. Schon in der fünften Szene des zweiten Aktes hatte eine Bemerkung aufhorchen lassen. Simon und Lunardo liefern hier einander die Stichworte, mit denen sie ihre Überlegenheit über die Frauen bekräftigen, bis Lunardo sich schließlich zu dem Ausspruch hinreißen läßt: *Wer eine Frau hat, hat auch den Schaden* – er bedient sich dabei eines nicht übersetzbaren Wortspiels *(donna – danno)* aus dem Repertoire des ewigen Spießers. Der lärmende Beifall von seiten Simons scheint ihm dann aber doch unangenehm zu sein, denn er setzt, einen Augenblick lang innehaltend, hinzu: *Trotzdem habe ich sie, um die Wahrheit zu sagen, nicht ungern gesehen.* So geringfügig diese Bemerkung ist, sie läßt immerhin erkennen, daß die Auseinandersetzungen zwischen den Geschlechtern vielleicht doch nicht auf die Spitze getrieben werden sollen; zugleich ist damit die Voraussetzung dafür gegeben, daß der Versuch der Frauen, nach der gescheiterten Intrige ihre Männer nicht zu überlisten, sondern zu überzeugen, nicht von vornherein zum Scheitern verurteilt ist. Gewiß sind auch die Ziele der Frauen alles andere als revolutionär; nur die Exzesse der patriarchalischen Ordnung wollen sie beseitigen, nicht diese selbst. Darauf aber kommt es hier nicht an, entscheidend ist, daß die Vernunft wieder in ihre Rechte eingesetzt wird. Als das Stück zu Ende geht, sieht es ganz so aus, als sei dieses Ziel auch erreicht worden. *Seid ein wenig kultivierter, umgänglicher, menschlicher,* sagt Felice in ihrem abschließenden Appell. *Überlegt euch, ob das, was eure Frauen tun, ehrenwert sei, und wenn das der Fall ist, dann gebt auch einmal nach oder nehmt etwas hin.* Canciano jedenfalls – er war von Anfang an am wenigsten dogmatisch fixiert – ist beeindruckt:

CANCIANO *Ich muß schon sagen: allen Respekt vor meiner Frau!*
SIMON *Sind Sie überzeugt, Herr Lunardo?*
LUNARDO *Und Sie?*
SIMON *Ich ja. [...]*
MARINA *(zu Filippetto) Und Sie, mein Herr Neffe, wie gedenken Sie Ihre zukünftige Frau zu behandeln?*
FILIPPETTO *Genau so, wie Frau Felice gesagt hat.*[217]

Das entscheidende Wort ist *persuaso, überzeugt.* Der gute Ausgang der Komödie beruht auf Überzeugung und Übereinkunft, nicht auf List und

Intrige: von einem bloß aufgesetzten «Theaterschluß» kann daher nicht die Rede sein. Im Gegenteil. Ist erst einmal das vernünftige Argument an die Stelle des Dogmas getreten, dann gibt es auch wieder Hoffnung, daß für schablonenhaftes, der Wirklichkeit entfremdetes Denken in Zukunft immer weniger Raum bleiben wird. Ein Anfang jedenfalls ist gemacht.

Eine Hoffnung, nicht mehr, und vermutlich nur eine schwache. Denn die vier «rusteghi» kultivieren zwar die auf Haus und Familie gerichteten altvenezianischen Tugenden, von einer republikanischen, auf das Gemeinwesen bezogenen Gesinnung aber kann bei ihnen nicht die Rede sein; auch die Frauen denken nicht über den privaten Bereich hinaus. Insofern ist es nicht überraschend, daß schon in *Sior Todero Brontolon,* einer zwei Jahre später (1762) aufgeführten Komödie mit vergleichbarer Handlung, wieder die skeptischen, am Ende sogar düsteren Töne überwiegen. Zwar gelingt es auch hier zwei überlegen taktierenden Frauen, den alten, verstockten und geizigen Kaufmann Sior Todero außer Gefecht zu setzen, aber sie verdanken ihren Erfolg wieder ausschließlich dem traditionellen, durchaus fragwürdigen und zweideutigen Mittel der List; von dem aufklärerischen, kommunikativen *persuaso,* das für den Schluß der *Rusteghi* charakteristisch war, ist keine Rede mehr. Sior Todero ist am Schluß so unleidlich und verabscheuungswürdig wie er es von Anfang an war. Hatten die vier «rusteghi» noch die Möglichkeit, in den anderen sich selbst wiederzuerkennen und sich dadurch, wenn auch nur ansatzweise, von sich selbst zu distanzieren, so bleibt der isolierte Sior Todero in seinen Obsessionen blind befangen. Wenn er alles zu kontrollieren versucht, selbst den Verbrauch von Zucker und Kaffee in seinem Hause, dann kann von erstarrten altvenezianischen Tugenden beim besten Willen nicht mehr die Rede sein, nur noch von Geiz, einer Seelenkrankheit, die eigentlich geschichtslos ist, jedenfalls nicht gebunden an einen bestimmten Ort und an eine historisch bestimmbare Epoche. Zweifellos ist Goldoni auch in *Sior Todero* auf der Höhe seiner Fähigkeit, durch ihre Sprache die Gestalten bis in die kleinste Regung hinein zu charakterisieren: «Seine Charaktere sind derart wahrheitsgetreu gezeichnet, daß sie keine Erfindungen, sondern tatsächlich vorhanden zu sein scheinen», hatte Gasparo Gozzi schon zwei Jahre zuvor über die in venezianischem Dialekt geschriebenen Komödien geschrieben.[218] Dieser Realismus der Sprache geht hier jedoch auf eigentümliche Weise ins Leere.

Obwohl Goldoni sich zeitlebens als Reformator des Theaters, nicht der Gesellschaft versteht und auch nicht geneigt ist, die Bedeutung des Theaters in der Gesellschaft zu überschätzen, kann wohl doch erst von der unmittelbar vor der Abreise nach Paris aufgeführten Komödie *Le baruffe chiozzotte* gesagt werden, daß sie tatsächlich nichts mehr, in welcher Weise auch immer, bewirken will. Zwar gibt es hier keinen Protagonisten mehr, nur noch eine kollektive dramatis persona, das «Volk»,

Carlo Goldoni: Krach in Chiozza. Szenenfoto aus einer Aufführung des Volkstheaters Frankfurt, 1992; Inszenierung: Wolfgang Kaus

aber es wäre ganz verfehlt, *Le baruffe chiozzotte* deshalb für die «erste, vielleicht die einzige ‹politische› Komödie Goldonis»[219] zu halten, wenn der Begriff des Politischen nicht jeden spezifischen Inhalt verlieren soll. Als Goethe bei seinem Besuch in Venedig das Stück sieht und den Jubel des Publikums erlebt, stellt er fest, daß die Handlung eigentlich «nichts» sei. Goldonis letzte Komödie – was noch folgt, sind mehr oder weniger geglückte Rückgriffe auf bewährte Formen und Inhalte – ist reine Gegenwart, die in der Aufnahme durch das Publikum zur erfüllten Gegenwart wird.

Epilog

Durch seinen Freund und Gönner, den Marchese Francesco Albergati Capacelli, erhält Goldoni im Sommer 1760 Kenntnis von den Versen, die Voltaire zu seinen Ehren verfaßt hat, sowie von einem Brief, in dem er ihn als «Sohn und Maler der Natur» bezeichnet. Goldoni ist unendlich geschmeichelt über dieses Lob von allerhöchster Stelle, und der klügste und treueste seiner Anhänger, Graf Gasparo Gozzi, sorgt durch seine «Gazzetta veneta» für die sofortige Verbreitung in der Öffentlichkeit. – Am 22. April 1762 reist Goldoni in Begleitung seiner Frau und seines Neffen von Venedig ab, um, zunächst für die Dauer von zwei Jahren, einen Ruf an die Comédie Italienne in Paris anzunehmen.

Beide Ereignisse stehen in keiner unmittelbaren Beziehung zueinander, aber sie haben wohl doch miteinander zu tun. Nach trüben Jahren am Theater San Luca und dem Mißerfolg in Rom ist die einem offiziellen Akt gleichende Anerkennung von seiten Voltaires für Goldoni die entscheidende Bestätigung dafür, daß er nicht nur in Italien, wo er schon seit einiger Zeit auf eine stattliche Zahl einflußreicher Freunde und Parteigänger verweisen kann, sondern auch im Ausland als ein Autor von unbezweifelbarem Rang angesehen wird. Das schafft ihm Rückhalt angesichts der Mißhelligkeiten in Venedig, verstärkt aber wohl auch seine Neigung, notfalls die Heimat zu verlassen und noch einmal einen neuen Anfang zu wagen. Vermutlich ist es tatsächlich ein trügerisches Gefühl von Sicherheit, das schließlich den Ausschlag zu der verhängnisvollen Entscheidung gibt: das Vertrauen darauf, daß ein Autor seiner Reputation auch im Ausland nicht mehr aus der Bahn geworfen werden könne. Gewiß scheint erstmals im Jahre 1761 die «Reform» ernsthaft bedroht durch eine mögliche Wiederkehr der Commedia dell'arte: Nach der Rückkehr des berühmten Truffaldino Sacchi nach Venedig ist es kein Geringerer als Graf Carlo Gozzi, der für ihn die ersten seiner «fiabe» schreibt, versponnene Märchenspiele, die die Phantasie des Publikums in ganz anderer Weise beschäftigen als etwa die unfreundliche Trilogie, die es nicht erlaubt, der bedenklichen Gegenwart wenigstens vorübergehend zu entfliehen. Im übrigen aber sind Gozzis «fiabe», obwohl in ihnen die vertrauten Masken zurückkehren, alles andere als eine bloße Nachahmung der Commedia dell'arte, auch von Improvisation ist keine Rede mehr: hinter diese Grundsätze der Reform Goldonis gibt es kein Zurück mehr. Nach den triumphalen Erfolgen der Märchenspiele «L'Amore delle tre melarance» (25. Februar 1761) und «Il corvo» (24. Oktober 1761) hat zwar der Abate Chiari beim Publikum keine Chance mehr – wenige Monate später, 1762, verläßt er Venedig, wo er sich seit 1747 aufgehalten hatte –, aber das heißt noch lange nicht, daß auch Goldoni vor dem neuen Gegner kapitulieren müßte. Außerdem ist er sich über die Tragweite eines solchen Entschlusses im klaren: *Ich sah voraus, daß es mich Mühe kosten würde, in mein Vaterland zurückzukehren, wenn ich es einmal verlassen hätte.* Angesichts der schwankenden Haltung des Publikums aber scheint es ihm nun doch an der Zeit zu sein, einige Vorsorge für die Zukunft zu treffen: *Ich fürchtete die traurigen Tage des Alters, wo die Kräfte ab- und die Bedürfnisse zunehmen.* Er beginnt seine Chancen zu sondieren, in ein öffentliches Amt berufen zu werden, wobei er niemals hinzuzufügen vergißt, daß er in diesem Falle selbstverständlich in Venedig bleiben würde. Obwohl jeder einzelne, mit dem er spricht, Verständnis bekundet und Unterstützung verspricht, muß er erkennen, daß seine Sache keine Aussicht hat, die zuständigen Gremien zu passieren: *In einem republikanischen Staat, hieß es, werden alle Gnadenbezeugungen nur durch die Mehrheit der Stimmen vergeben. Die Bewerber müssen sich also lange vorher, ehe über sie ballotiert wird, darum bemühen, und was die Pensionen betrifft, so erhalten die nützlichen Künste, wenn sich Konkurrenten finden, immer vor den bloß angenehmen Künsten den Vorzug.*[220] Daß «in Gremien, auch bei subjektiv gutem Willen der Mitglieder, das Mindere sich durchsetzt»[221], ist eine Erfahrung, die schon Goldoni nicht erspart bleibt. Erst als für ihn feststeht, daß er in Venedig auch weiterhin nur dann sein Auskommen finden wird, wenn er ständig bis zur Erschöpfung arbeitet, nimmt er die Einladung nach Paris an. Im Februar 1762 verabschiedet er sich von seinem Publikum mit der Komödie *Una delle ultime sere di carnovale*, in der er den nach Moskau berufenen Kunsthandwerker Anzoletto Worte des Abschieds sagen läßt, die zugleich seine eigenen sind: *Venedig sollte ich vergessen können? […] Ich verlasse die Stadt ja nicht zum erstenmal, aber wo ich mich auch aufgehalten habe, immer habe ich ihren Namen im Herzen bewahrt. […] Ich gestehe, und ich schwöre es bei meiner Ehre, daß dieser Abschied mir das Herz zerreißt; und daß es für mich künftig kein Glück mehr geben kann, das ein Ausgleich wäre für den Kummer, denen, die mich lieben, fern zu sein.* Aber bei allem Abschiedsschmerz findet Anzoletto auch die stolzen Worte, die einen Augenblick lang durchblicken lassen, welche Hoffnung Goldoni mit seiner zukünftigen Arbeit verbindet: *Ich will beweisen, daß eine italienische Hand, die nach dem Geschmack der Moskowiter zeichnet, etwas hervorbringen kann, was beiden Nationen gefällt. Die Sache ist nicht einfach, aber unmöglich ist sie nicht.*[222]

Antoine Watteau: Die italienische Komödie. Ölgemälde, 1734

Das ist ein Traum, der erkennen läßt, wieviel Schwung Goldoni noch
hat, trotz aller Plackerei und aller Anfeindungen; aber auch eine verhängnisvolle Illusion, für deren Folgen er selbst verantwortlich ist. Trotz
seiner Erfahrungen mit dem römischen Theater und ungeachtet der kritischen Situation in Venedig ist es ihm nicht in den Sinn gekommen, sich
zu erkundigen, in welchem Zustande sich die Comédie Italienne in Paris
befindet. Ebensowenig hat es ihm zu denken gegeben, daß die Einladung
auf Betreiben des Schauspielers Zanuzzi, der seinerzeit das Manuskript
von *Le fils d'Arlequin perdu et retrouvé* nach Paris mitgenommen hatte,
zustande gekommen ist. Das ist lange her. Der Gedanke liegt nahe, daß
für die italienischen Schauspieler in Paris Goldoni nicht eine europäische, von Voltaire gesalbte Berühmtheit ist, sondern der geschickte Ver-
fertiger anspruchsloser kleiner Klamaukstücke im Stil der Commedia
dell'arte, die man in Frankreich noch immer für typisch italienisch hält.
Was sein Gehalt betrifft, so merkt Goldoni erst in Paris, daß er mit 6000
Francs im Jahr schlechter bezahlt wird als die Chargen: von neun Schauspielern der Comédie Italienne verdienen fünf 12 000 bis 15 000 Francs,
zwei 9000 bis 10 000, zwei weitere 6000 bis 7000 Francs. Vor allem aber
scheint er bis zu seiner Ankunft keine klare Vorstellung davon zu haben,

in welcher Funktion er eigentlich an der Italienischen Komödie tätig werden soll; im September 1761 behauptet er, er korrespondiere mit der Comédie Italienne, *um ihre Leitung zu übernehmen, das heißt, sie mit Stücken zu versorgen, die nach dem dortigen Geschmack seien.*[223] Pointiert ließe sich sagen, das Elend von Goldonis letztem Lebensdrittel sei bereits angelegt in der mit unbegreiflicher Leichtfertigkeit gebrauchten Wendung *das heißt*. Wie sich alsbald herausstellen wird, hat der Neuankömmling am Theater nichts zu sagen; als er die Schauspieler mit der Zumutung konfrontiert, schriftlich fixierte Rollen zu lernen, berufen sie eine Versammlung ein und finden sich schließlich sogar bereit, auf die seltsame Grille ihres exotischen Landsmannes zunächst einmal einzugehen. *Ich war zufrieden, aber ich sah voraus, daß die Schauspieler, die aus der Gewohnheit gekommen waren, ihre Rollen auswendig zu lernen, mir, auch ohne Bosheit und bösen Willen, schlechte Dienste leisten würden. Ich sah mich also gezwungen, innerhalb der Mittelmäßigkeit des Sujets zu bleiben und kein Werk zu wagen, das eine größere Genauigkeit in der Arbeit erforderte. Doch schmeichelte ich mir, sie nach und nach zu der Reform zu bringen, die mir bei meinen Schauspielern in Italien gelungen war.*[224] Die Komödie, die auf diese Weise zustande kommt – *L'amore paterno* –, ist völlig verfehlt und muß nach vier Vorstellungen abgesetzt werden. Da die Schauspieler natürlich nicht daran denken, sich eine Reform aufdrängen zu lassen, die sie nicht interessiert, bemüht Goldoni sich, ihnen soweit wie möglich entgegenzukommen, indem er ein Stück schreibt, das aus lauter kurzen, bewegten, handlungsbetonten Szenen besteht; das Ganze ist eine Art Schnitzeljagd nach einem Fächer, der dadurch für Verwirrung sorgt, daß er schneller von Hand zu Hand geht, als seinen Verfolgern zu erfassen möglich ist. Hauptsache: *Alle sind beschäftigt.*[225] *Der Fächer (Il ventaglio)* zählt zu den bekanntesten, aber nicht zu den besten Stücken Goldonis, der das Werk in den *Memoiren* nicht erwähnt. Er mag es nicht, da es der aktionistischen Commedia dell'arte nahesteht, obwohl noch alle Rollen ausgeschrieben sind.

Da Goldoni sich für zwei Jahre verpflichtet hat, bleibt ihm schließlich jedoch keine Wahl, als den Forderungen der Schauspieler und den Erwartungen des Publikums zu entsprechen. Als er sich endlich daranmacht, nur noch den Handlungsverlauf der Stücke zu skizzieren und den Rest den Schaupielern und ihrem sogenannten Improvisieren überläßt, stellt der Erfolg sich augenblicklich wieder ein: *aber ich erkenne mich selbst nicht mehr, und […] ich ärgere mich, wenn man mir applaudiert.*[226] Seine eigenen Produkte auf der Bühne zu sehen ist ihm zuwider, er zieht den Besuch der Comédie Française vor. Nach Ablauf des Vertrags beendet er seine Tätigkeit für die Comédie Italienne und übersiedelt nach Versailles, um die Töchter Ludwigs XV. in der italienischen Sprache zu unterrichten: obwohl man ihm ein festes Gehalt nicht zugesagt hat, stehen seine Chancen nicht schlecht, die lange ersehnte finanzielle Sicherheit doch noch zu erlangen, denn er genießt nicht nur die Protektion der Dauphine, sondern er ist auch wohlgelitten bei dem neuen venezianischen Botschafter, Gradenigo, der wiederum mit dem mächtigen Duc de Choiseul befreundet ist. Mit seiner bisherigen Tätigkeit als dramatischer Dichter hat die neue Stelle zwar nur noch insofern zu tun, als er die hochgestellten Schülerinnen aus seinen Komödien übersetzen läßt, dennoch ist Goldoni nicht unzufrieden; immerhin fällt in diesem Zusammenhang zum erstenmal der Satz, der zum Leitmotiv für seine Aufenthalte in Versailles wird: *Ich war am Hofe, aber kein Höfling*[227]. Ein Höfling ist, wer das Leben bei Hofe als Selbstzweck betreibt und ohne Unterlaß sich selbst und den anderen demonstriert, daß es eine eigene Existenz für ihn außerhalb der höfischen Sphäre nicht gibt: «Dem Hofe sich nur für einen Augenblick entziehen, heißt schon, auf ihn zu verzichten: der Höfling, der am Morgen den Hof gesehen hat, sieht ihn des Abends, um ihn tags darauf wiederzuerkennen, oder um dort selbst erkannt zu werden.»[228] Goldoni, der an bürgerliche, das heißt, vertraglich geregelte Verhältnisse gewöhnt ist, irrt sich, wenn er meint, es genüge, seinen Pflichten nachzukommen, um in angemessener Weise entschädigt zu werden. Als nach dem Tode des Dauphin (20. Dezember 1765) und seiner Witwe (13. März 1767) die Machtverhältnisse bei Hofe grundlegend verändert sind und von weiteren Lektionen nicht mehr die Rede ist, hat Goldoni immerhin das Glück, daß seine ehemaligen Schülerinnen sich für ihn energisch einsetzen und *Titel und Einkünfte eines Lehrers der italienischen Sprache für die Königliche Familie* für ihn verlangen. Der Minister erhebt zunächst Einwendungen, da er – ein Höfling, der in höfischen Kategorien denkt – zunächst der Meinung ist, es handele sich darum, *ein neues Hofamt* zu schaffen. Es bedarf einer erneuten Intervention der Prinzessinnen, um mit dem Hinweis, hier gehe es darum, *einen Mann zu belohnen, der schon gedient habe,* Goldoni endlich in den Genuß einer schmalen Rente von 4000 Francs zu bringen, von der die Staatskasse zehn Prozent einbehält. *Mit sechstausend Franken kann man nicht auskommen,* hatte er im Februar 1764 an Albergati Capacelli geschrieben.[229]

Nach dem Scheitern seiner Arbeit an der Comédie Italienne und dem enttäuschenden Aufenthalt im Umkreis der königlichen Familie muß es wie das Eingeständnis einer Niederlage wirken, wenn Goldoni im Jahre 1769 Versailles verläßt, um sich erneut in Paris niederzulassen. Tatsächlich jedoch handelt es sich hierbei nicht nur um einen Akt der Resignation, sondern um den außerordentlich mutigen Versuch, ein weiteres Mal neu anzufangen; nicht mehr als Repräsentant des italienischen Theaters, sondern als französischer Autor. Jean-Jacques Rousseau, den Goldoni in Paris aufsucht, hält den Versuch, ein Lustspiel in französischer Sprache zu schreiben, für verlorene Zeit und ist daher sehr überrascht, als er erfährt, daß die Aufführung der Komödie *Le bourru bienfaisant (Der herzensgute Unwirsch,* wie die zeitgenössische Übersetzung lautet) durch die Comédie Française unmittelbar bevorstehe. Goldoni erlebt seinen letzten großen Triumph, der sich in Fontainebleau, wo das Stück unmittelbar nach der Pariser Uraufführung vor der königlichen Familie gegeben wird, wiederholt. Die Bewunderung für die Leistung des als typisch italienisch geltenden Autors ist allgemein, und Goldoni selbst betont nachdrücklich, daß er seine Komödie von Anfang an, auch in sprachlicher Hinsicht, französisch konzipiert habe; als Beispiel nennt er die Anrede *jeune homme*, die eben nicht einfach mit *giovine* oder *giovinetto* übersetzt werden könne: *[...] um sie zu übersetzen, müßte man sich einer Paraphrase bedienen, wodurch aber der nur angedeutete Sinn dieser Wendung überdeutlich würde, so daß die Szene verdorben wäre.*[230] Obwohl Goldoni die sprachlichen Probleme bravourös gemeistert hat und auch die Konstruktion der Handlung seine Könnerschaft und Erfahrung verrät, gelingt es ihm doch nicht, für den im Mittelpunkt stehenden «Charakter» ein wirkliches Interesse zu erwecken. Hier wirkt sich eine Erfahrung aus, die Goldoni schon wenige Monate nach seiner Ankunft in Paris gemacht hatte: *Die Höflichkeit macht den Charakter dieser Nation aus. Gewiß sind nicht alle aufrichtig, aber dafür gibt es auch keinen, der unfreundlich wäre. Was das Leben und die Lebensart betrifft, so herrscht hier eine gewisse Einförmigkeit vor, die einen der Mühe, aber auch des Vergnügens enthebt, besondere Beobachtungen zu machen: hier ist kein einziges komisches Original zu entdecken.*[231] Obwohl der «herzensgute Unwirsch» als Charakter dem «rustego» nahe verwandt ist, wirkt er im Vergleich mit dem venezianischen Original wie eine Abstraktion, die in allen möglichen Zeiten und Zusammenhängen auftreten könnte und gerade deshalb auf kein besonderes Interesse mehr trifft. Das gilt erst recht für *L'avare fastueux (Der verschwenderische Geizige)*, die zweite große Komödie, die Goldoni in französischer Sprache schreibt: Im Grunde handelt es sich hier um die Wiederkehr eines jener bizarren, nur mit Mühe zusammengefügten Charaktere, wie sie für die ersten Jahre seiner Tätigkeit am Teatro San Luca kennzeichnend waren. Goldoni, der im Jahre 1775 nach Versailles zurückgekehrt ist, um die Schwestern des neuen Königs, Ludwigs XVI., in seiner Muttersprache zu unterrichten, muß erleben, daß die Aufführung auf den Vorabend der Abreise des Hofes aus Fontainebleau festgesetzt wird. Die Schauspieler sind unkonzentriert, das Theater ist so schlecht besucht, daß den spärlichen Reaktionen der wenigen Zuschauer nicht zu entnehmen ist, ob es sich bei der Aufführung um einen Erfolg oder einen Mißerfolg handelt. *Ich ging nach Hause; ich sah niemanden; jedermann war beschäftigt einzupacken, ich packte auch ein; jedermann machte sich auf den Weg, ich machte mich auch auf den Weg.*[232]

Dieser Weg ist noch lang und beschwerlich. Daß die Comédie Italienne, die seit langem mit der Opéra comique zusammengelegt ist, zunehmend verfällt und schließlich (1780) geschlossen wird, kümmert ihn wenig. Umso

Der Aufstieg von Jean-François Pilâtre de Rozier und
des Marquis d'Arlandes im Heißluftballon am 21. November 1783.
Zeitgenössische Radierung von Claude Louis Desrais

mehr freut er sich auf das bevorstehende Gastspiel einer italienischen
Operntruppe; bis ins Detail malt er sich aus, wie er den Landsleuten helfen
werde, ihre komischen Opern nach dem französischen Geschmack einzurichten. *Niemand konnte sich bei dieser Gelegenheit nützlicher machen als
ich.*[233] Auch über das Honorar macht er sich Gedanken; er werde viel
verlangen, falls man mit ihm zu handeln versuchen sollte; aber wenn man
ihn um seine Hilfe bitte, dann werde er sich auch, trotz seiner beengten
Verhältnisse, mit der Ehre zufriedengeben. Daß man ihn schließlich über-

haupt nicht fragt, ist eine der bittersten Erfahrungen seiner späten Jahre. Auch bei Hofe gerät er allmählich in Vergessenheit, für seine Tätigkeit wird er so schlecht bezahlt, daß er gezwungen ist, seine Bibliothek zu verkaufen, um von Versailles nach Paris zurückkehren zu können (1780).

Über Goldonis letzte Lebensjahre ist wenig bekannt.[234] Seine *Memoiren*, die er im Jahre 1783 zu schreiben begonnen hat, widmet er dem König; sie erscheinen zwei Jahre vor Ausbruch der Revolution. Um seine finanzielle Situation etwas zu verbessern, übersetzt er den Roman «Istoria di Miss Jenny» der Madame Riccoboni. Die Nationalversammlung streicht Goldonis Pension, vermutlich weil sie in ihr die Belohnung für eine monarchische Gesinnung sieht, macht aber, auf Betreiben von Joseph Marie Chénier, der den alten Dichter nachträglich zum glühenden Republikaner stilisiert, den Beschluß rückgängig. Am 21. Januar 1793 wird der König guillotiniert. Am 6. Februar 1793 stirbt Carlo Goldoni. Am 9. Januar 1795 folgt ihm die getreue Nicoletta.

Inmitten einer nach vielen Tausenden zählenden Menge war Goldoni Zeuge, als am 21. November 1783 Jean-François Pilâtre de Rozier und der Marquis d'Arlandes sich ihrem Heißluftballon anvertrauten.[235] *Die Kugel stieg so hoch, daß man sie schließlich aus den Augen verlor, sie flog, wie es den Winden gefiel, und sie hielt sich, bis die Flamme erlosch, von der sie ihre Nahrung bezog.* Goldoni bewundert den Mut der Männer, aber er fragt nicht, was sie sehen und wie die Perspektive beschaffen sein mag, in der die Welt sich ihnen darbietet. *Wozu dieses Risiko und dieser Mut?* Da das Unternehmen auch keinen erkennbaren Nutzen hat, kommt er zu dem Schluß, es sei nichts anderes als ein *Spiel*.

Anmerkungen

Bei allen Zitaten aus Goldonis Werken sowie aus allen anderen fremdsprachigen Quellen handelt es sich, sofern nicht anders angegeben, um Übersetzungen des Autors. Goldonis (in französischer Sprache verfaßte) *Mémoires* werden im Text als *Memoiren* (in den Anmerkungen: M) aufgeführt und in der Regel nach der zeitgenössischen Übersetzung von G. Schaz zitiert (s. Bibliographie); gelegentliche Änderungen des Wortlauts der deutschen Fassung sind nicht einzeln nachgewiesen. Die Sigle PP steht für *Prefazioni Pasquali*, die autobiographischen Vorworte zu der von dem Verleger Pasquali veranstalteten Werkausgabe. Nachweise ohne Zusatz beziehen sich auf die von Ortolani herausgegebene vierzigbändige italienische Werkausgabe (s. Bibliographie).

1 Montesquieu: Voyage de Gratz à la Haye. In: Œuvres complètes. Hg. von R. Caillois, Bd. I, Paris 1985, S. 559. Als Urheber der von ihm zitierten Bemerkung gibt Montesquieu Gorgi an.

2 Jean-Jacques Rousseau: Vom Gesellschaftsvertrag. Sozialphilosophische und politische Schriften. München 1981, S. 327

3 Philipp Monnier: Venedig im achtzehnten Jahrhundert. München 1927, S. 235

4 Johann Caspar Goethe: Reise durch Italien im Jahre 1740. München ³1988, S. 72 f.

5 Charles de Brosses: Lettres d'Italie. Hg. von F. d'Agay, Bd. I, Paris 1986, S. 195

6 J. C. Goethe, op. cit., S. 75 f.

7 Johann Wolfgang Goethe: Italienische Reise. In: Hamburger Ausgabe, Bd. 11, Hg. v. G. v. Einem, E. Trunz, 1964, S. 31–33

8 J. W. Goethe, op. cit., S. 93, S. 70, S. 94–96

9 A. W. Schlegel: Kritische Schriften und Briefe. Hg. von E. Lohner, Bd. V, Stuttgart, Berlin, Köln, Mainz 1966, S. 247

10 F. de Sanctis: Storia della letteratura italiana. Firenze 1965, S. 720 f.

11 Stendhal: Journal. In: Œuvres intimes. Hg. von H. Martineau, Paris 1961, S. 469

12 Stendhal: Vie de Henry Brulard. In: Œuvres intimes, S. 315 f., S. 339, S. 385, S. 195

13 Stendhal: Promenades dans Rome. In: Voyages en Italie. Hg. von V. Del Litto, Paris 1973, S. 621 f.

14 M II, 37, S. 416 f.

15 Giuliano Procacci: Geschichte Italiens und der Italiener. München 1983, S. 109

16 De Brosses, op. cit., Bd. I, S. 191

17 Harald Keller: Die Kunstlandschaften Italiens. München 1965, S. 782 f.

18 Heinrich Kretschmayr: Geschichte von Venedig. Bd. I, Gotha 1905 (2. Neudruck Aalen 1986), S. 282

19 Fernand Braudel: Sozialgeschichte

des 15.–18. Jahrhunderts. Aufbruch zur Weltwirtschaft. München 1990, S. 127

20 Braudel, op. cit., S. 128
21 Braudel, op. cit., S. 133
22 Zitiert nach: Braudel, op. cit., S. 28
23 Procacci, op. cit., S. 97
24 Procacci, op. cit., S. 149; Braudel, op. cit., S. 152
25 Cf. Keller, op. cit., S. 805
26 Deutsche Übersetzung zitiert in: Teresio Pignatti: Die Stadt Carpaccios. In: Albert Skira (Hg.): Venedig. Genf, Paris, New York 1956, S. 50
27 Zedlers Universal-Lexikon, Bd. 46, Halle und Leipzig 1745, col. 1203
28 Cf. Norbert Elias: Der Prozeß der Zivilisation. 2 Bde., Bern, München ²1969
29 J. W. Goethe, op. cit., S. 106
30 Cf. Franco Valsecchi: L'Italia nel Seicento e nel Settecento. Turin ²1986, S. 294–296
31 Von dieser Unsitte berichten viele Reisende, z. B. J. C. Goethe, op. cit., S. 25
32 Cf. de Brosses, op. cit., Bd. II, S. 124
33 Montesquieu, op. cit., S. 548, S. 559
34 Cf. Jean-Jacques Rousseau: Les Confessions. In: Œuvres complètes. Bd. I, Paris 1976, S. 300
35 Carlo Gozzi: Memorie inutili. Bd. I, Bari 1910, S. 48 f.
36 Über die Messe von Senigallia cf. Montesquieu, op. cit., S. 565 f.
37 Gasparo Gozzi, zit. nach: Massimo Petrocchi: Il tramonto della Repubblica di Venezia e l'assolutismo illuminato. Venezia 1950, S. 53
38 M I, Préface, S. 31
39 Rousseau, op. cit., S. 3
40 M I, 16, S. 91
41 M I, 23, S. 126
42 PP VII, S. 23
43 M I, 1, S. 35–37
44 Rousseau, op. cit., S. 7
45 Carlo Gozzi, op. cit., S. 103
46 M I, 2, S. 39; 6, S. 55

47 M I, 2, S. 39
48 IV, 95
49 PP V, S. 18 f. Auch Franco Fido weist auf diese Stelle hin, gibt seiner Deutung allerdings einen anderen Akzent (I *Mémoires* e la lettura autobiografica del Settecento. In: Ders.: Da Venezia all'Europa. Prospettiva sull'ultimo Goldoni. Rom 1984, S. 143)
50 Cf. Rousseau, op. cit., S. 323
51 M I, 7, S. 57
52 PP VII, S. 24; VI, S. 21
53 M I, 4, S. 46; 6, S. 54; 5, S. 48 f.
54 Cf. PP V, S. 17
55 M I, 20, S. 115 f.
56 Cf. Hartmut Scheible: «Qu'on porte à Monsieur du chocolat!» Versuch über Giacomo Casanova. Nachwort zu Casanova: Das Duell. München 1988, S. 94 ff.
57 Immanuel Kant: Kritik der Urteilskraft, § 42
58 M I, 32, S. 169
59 M I, 9, S. 65; 9, S. 66; M I, 11, S. 73; 13, S. 79; 13, S. 80
60 PP IX, S. 45 f.
61 Gastone Geron: Goldoni libertino, Mailand 1979, S. 47
62 M I, 18, S. 106 f.
63 Ortolani im Kommentar zu dieser Stelle
64 Geron, op. cit., S. 47
65 Albino Luciani: Illustrissimi
66 M I, 2, S. 10; 14, S. 85; 15, S. 87; 18, S. 105 (Die Szene mit den Juden fehlt in der Übersetzung von Schaz); 18, S. 107
67 M II, 36, S. 413 f.; 37, S. 415 f.
68 Robert Held: Inquisition und das Verbrechen der Todesstrafe. Kehl 1992, S. 94
69 M I, 19, S. 109 f.; 19, S. 110; PP IX, S. 46 f.
70 M I, 21, S. 120
71 M I, 22, S. 123 f.
72 PP X, S. 61
73 M I, 3, S. 43; 8, S. 64; PP III, S. 10
74 De Brosses, op. cit., Bd. II, S. 287.

Zur italienischen Komödie des 18. Jahrhunderts cf. Roberta Turchi: La commedia italiana del Settecento. Florenz 1985

75 M I, 20, S. 117; PP X, S. 64 f.; M I, 25, S. 136; PP X, S. 65–68
76 Prefazione dell'edizione Bettinelli di Venezia (1750–1752). L'autore a chi legge. XXXIX, S. 412
77 M I, 28, S. 148–150
78 M III, 40, S. 175
79 PP XI, S. 76
80 M I, 29, S. 153; cf. PP XI, S. 78
81 PP XI, S. 80
82 PP XI, S. 83
83 M I, 29, S. 155 f.
84 M I, 31, S. 163
85 PP XII, S. 91 f.
86 M I, 33, S. 174
87 l.c.
88 l.c.
89 M I, 34, S. 177; PP XII, S. 93 f.
90 XXVI, S. 305
91 Giuseppe Ortolani: Della vita e dell'arte di Carlo Goldoni. Venedig 1907, S. 25
92 M I, 36, S. 183
93 l.c.
94 XXVI, S. 79 f.
95 Montesquieu, op. cit., S. 568; cf. S. 554
96 PP XIII, S. 106
97 XXVI, S. 137, S. 141, S. 155
98 XXVI, S. 227, S. 299, S. 287, S. 312
99 Cf. Ortolani: Nota Storica, XXIII, S. 357
100 L'autore a chi legge, S. 273–276; M I, 39, S. 196 f.
101 Tirso de Molina: El burlador de Sevilla y convidado de piedra. Hg. von Joaquín Casalduero, Madrid 1986, v. 905 und passim
102 Cf. Georges Gendarme de Bévotte: La Légende de Don Juan. Paris 1906, S. 96–139
103 Zitiert nach: Georges Gendarme de Bévotte: Le Festin de Pierre avant Molière. Paris 1907, S. 349 ff. Cf. auch: Dietmar Rieger: «In Italia seicento e quaranta». Goldonis Tragikomödie «Don Giovanni Tenorio» und ihre Stellung in der Don Juan-Stoffgeschichte. In: Italienische Studien, H. 11, Wien 1988, S. 21–38
104 Charles Rabany: Carlo Goldoni. Le théâtre et la vie en Italie en XVIIIe siècle. Paris, Nancy 1896, S. 267
105 Cf. Scheible: Casanova, S. 125 ff.
106 Molière: Œuvres complètes. Hg. von Maurice Rat, Bd. I, Paris 1962, S. 801, S. 827
107 XXIII, S. 292, S. 324, S. 335
108 PP XIV, S. 111; M 38, S. 192; PP XIV, S. 111–120
109 J. W. Goethe, op. cit., S. 85
110 M I, 38, S. 194; PP XIV, S. 117
111 Cf. M I, 39, S. 198
112 PP VII, S. 105 f.
113 X, S. 352
114 PP XV, S. 122
115 M I, 39, S. 200 f.
116 XIV, S. 99–101
117 An Mlle De Sylvestre, Fontainebleau, 15. X. 1765, in: XXXIX, S. 141
118 M I, 40, S. 205
119 I, S. 162
120 Cf. Hermann Schreiber: Das Schiff aus Stein. Venedig und die Venezianer. München 1981, S. 160 f.
121 I, S. 203
122 I, S. 198, S. 217, S. 218, S. 229, S. 233
123 I, S. 252 und passim
124 XXXVIII, S. 16
125 PP XVI, S. 133
126 18. III. 1741, XXXVIII, S. 25
127 5. I. 1743, XXXVIII, S. 157
128 M I, 42, S. 212
129 I, S. 363
130 I, S. 414
131 Cf. XXXVII, 294
132 Cf. PP XVII, S. 141
133 M I, 44, S. 222; PP XVII, S. 146
134 M I, 48, S. 237
135 M I, 53, S. 256 f.
136 M I, 49, S. 242
137 M I, 52, S. 252

138 M I, 52, S. 254, S. 255
139 M II, 7, S. 287
140 IV, S. 19 f., S. 60 f., S. 62
141 I, S. 432, S. 447, S. 490 ff.
142 Cf. Gastone Geron. op. cit., S. 152
143 II, S. 302, S. 315, S. 339
144 Cf. Hartmut Scheible: Wahrheit und Subjekt. Ästhetik im bürgerlichen Zeitalter. Reinbek bei Hamburg 1988
145 II, S. 548, S. 557
146 II, S. 415, S. 407–409, S. 425, S. 412 f, S. 428, S. 447
147 II, S. 521–523, S. 618, S. 604, S. 601 f., S. 602, S. 606, S. 621
148 Cf. Sergio Torresani: Invito alla lettura di Carlo Goldoni. Mailand 1990, S. 93
149 II, S. 528
150 III, S. 300 (L'autore a chi legge)
151 III, S. 311, S. 316, S. 309, S. 335 f, S. 354, S. 397–381, S. 389
152 II, S. 282, S. 284, S. 285, S. 286
153 IV, S. 22, S. 40
154 II, S. 494; IV, S. 150, S. 143, S. 130
155 IV, S. 228
156 J. W. Goethe, op. cit., S. 107
157 V, S. 28, S. 61 f.
158 V, S. 13
159 M II 9, S. 296
160 V, S. 97
161 V, S. 13
162 V, S. 353, S. 397, S. 382 f., S. 383
163 Egon Friedell über Hebbel. In: Ders.: Kulturgeschichte der Neuzeit. München o. J., S. 1121
164 III, S. 469
165 M II, S. 314
166 XXIV, S. 123
167 M II, S. 399; J. W. Goethe, Torquato Tasso, II, 1
168 M II, S. 321
169 Schlegel, op. cit., S. 248
170 M II, S. 322 f., S. 330
171 IX, S. 195
172 IX, S. 195 f.
173 J. W. Goethe, in: Weimarer Ausgabe I, 47, S. 272 f.
174 IX, S. 209, S. 199

175 Georg Simmel: Philosophie des Geldes. München, Leipzig 1930, S. 483
176 l.c.
177 IX, S. 211. S. 208
178 Mario Baratto: Nota sulla «Locandiera». In: Ders.: La Letteratura teatrale del Settecento in Italia. S. 125–135; S. 130
179 I. Kant: Kritik der reinen Vernunft, A 126; cf. H. Scheible: Wahrheit und Subjekt, S. 114
180 Simmel, op. cit., S. 492
181 IX, S. 203, S. 233, S. 234 f.
182 IX, S. 195
183 IX, S. 244
184 Cf. Erich Köhler; «Je ne sais quoi». Ein Kapitel aus der Begriffsgeschichte des Unbegreiflichen. In: Ders.: Esprit und arkadische Freiheit. München 1984, S. 230–286
185 IX, S. 264 f.
186 IX, S. 272 f., S. 282
187 M II, S. 335 f.
188 Cf. Torresani, op. cit., S. 127
189 Jean Starobinski: Die Erfindung der Freiheit. 1700–1789. Genf 1964, S. 56
190 M II, S. 339
191 Correspondance littéraire, 1. X. 1772. Zitiert nach: «Nota storica» zu «La sposa persiana». XXIV, S. 215
192 M II, S. 352
193 Luigi Carrer: Vita di Carlo Goldoni. Bd. III, Venedig 1825. Zitiert nach: Nota storica, XXIV, S. 217
194 M II, S. 354 f.
195 XII, S. 122
196 Übersetzung nach Monnier, op. cit., S. 162 (in der ausgezeichneten deutschen Fassung von Dr. R. Engel)
197 M II, S. 356
198 M II, S. 357
199 M II, S. 421
200 M II, S. 421 (nicht in der Übersetzung von Schaz)
201 XXXVIII, S. 391, S. 332, S. 388, S. 405, S. 348

202 XXXVIII, S. 335

203 XXXVIII, S. 333

204 XXXVIII, S. 340, S. 343

205 Wolfgang Schivelbusch: Das Paradies, der Geschmack und die Vernunft. Eine Geschichte der Genußmittel. München 1980, S. 47

206 Luigi Valmaggi: I Cicisbei. Turin 1927, S. 61

207 XIX, S. 26; XIX, S. 22

208 M III, S. 162 f.

209 Cf. Valmaggi, op. cit.; Rabany, op. cit., S. 98–105

210 XIX, S. 39 f.; XIX, S. 123

211 Cf. Hans-Jürgen Drescher: Die Reise ans Ende der Vernunft. Wege der Sprache – Carlo Goldonis «Trilogie der Ferienzeit». Programmheft des Nationaltheaters Mannheim 1990, S. 57–66, S. 61

212 Gotthold Ephraim Lessings sämtliche Schriften. Hg. von Karl Lachmann, Bd. II, Stuttgart ³1886, S. 204

213 M II, S. 426

214 XVIII, S. 17

215 XVIII, S. 25, S. 60

216 Guido Davico Bonino: Carlo Goldoni. (=Einleitung zu: Goldoni: Commedie). Bd. I, Mailand 1988, S. XLV f.

217 XVIII, S. 62, S. 95, S. 96

218 La Gazzetta Veneta, 13. XII. 1760; zitiert nach: Torresani, op. cit., S. 159

219 Bonino, op. cit., S. XLVIII, S. 159

220 M II, S. 438, S. 439

221 Theodor W. Adorno: Negative Dialektik. Frankfurt a. M. 1966, S. 300

222 XX, 217, S. 162

223 XXXIX, S. 26

224 M III, S. 22

225 XXXIX, S. 64

226 XXXIX, S. 72

227 M III, S. 36 und passim

228 La Bruyère: Les Caractères. In: Œuvres complètes. Paris 1957, S. 215

229 M III, S. 47 f.

230 M III, S. 78

231 XXXIX, 53

232 M III, S. 104 f.

233 M III, S. 120

234 Indirekte Schlüsse sind möglich durch das amtliche Verzeichnis von Goldonis Hinterlassenschaft; cf. Birgit Weichmann, Inventario del lascito Goldoniano presso l'Archivio Nazionale di Parigi. Romanische Forschungen 103 (1991), S. 253–258

235 M III, S. 142

Zeittafel

1545–63	Konzil von Trient. Beginn der Gegenreformation (Barock), Italien weitgehend unter spanischer Herrschaft
1690	Gründung der Gesellschaft der Arcadier
1707	25. Februar: Carlo Goldoni in Venedig geboren
1712–16	Nach der Geburt eines weiteren Sohnes trennt sich der Vater Giulio Goldoni vorübergehend von seiner Familie und studiert Medizin in Rom, angeblich Promotion zum Dr. med.
1713–14	Ende des Spanischen Erbfolgekrieges. Friedensschlüsse von Rastatt und Aachen, Ende der spanischen, Beginn der österreichischen Herrschaft in Italien
1719	In Perugia unternimmt Goldoni mit seinem Vater diverse Krankenbesuche
1720	Rimini. Philosophiestudien bei den Dominikanern
1721	Flucht aus Rimini mit einer Komödiantentruppe
1723	Besuch des päpstlichen Collegio Ghislieri in Pavia
1725	Goldoni wird aus dem Collegio relegiert
1728	Ernennung zum Aushilfs-Koadjutor des Kriminalkanzlers in Chioggia
1729	Stellvertretender Kriminalkanzler in Feltre
1731	29. Januar Tod des Vaters. Promotion zum Doktor beider Rechte in Pavia
1732	Rechtsanwalt in Venedig. Opernlibretto *L'Amalasunta*
1734	Theaterdichter bei Giuseppe Imer
1736	Eheschließung mit Nicoletta Connio
1738	Komödie *Momolo cortesan* (späterer Titel *Der Mann von Welt*). Die Rolle des Protagonisten ist ausgeschrieben
1740	Goldoni wird Konsul der Republik Genua in Venedig (bis 1743)
1743	Flucht aus Venedig. *La donna di garbo (Die geschickte Frau)*
1745–48	Rechtsanwalt in Pisa. Goldoni wird Mitglied der Gesellschaft der Arcadier mit dem Schäfernamen Polisseno Fegejo
1750–51	Das Jahr der «16 Komödien», beginnend mit *Il teatro comico (Das komische Theater)*
1753	Goldoni wechselt zum Theater San Luca. *La Locandiera (Mirandolina)*, *La sposa persiana (Die persische Braut)*
1754	Tod der Mutter
1758–59	Aufenthalt in Rom
1760	Voltaire nennt Goldoni einen «Sohn und getreuen Schilderer der Natur»

1762	22. April Abreise nach Paris. Goldoni soll die Comédie Italienne unterstützen
1765	Goldoni stellt seine Arbeit für die Italienische Komödie ein und unterrichtet die Töchter Ludwigs XV. in der italienischen Sprache. Er erhält eine Wohnung im Schloß Versailles.
1769	Nach dem Tod des Dauphin endet die Tätigkeit bei Hofe. Goldoni erhält eine jährliche Pension von 4000 Francs und zieht nach Paris
1775	Rückkehr nach Versailles, Sprachunterricht für die Schwestern Ludwigs XVI.
1780	Goldoni muß seine Bibliothek verkaufen.
1784–87	Goldoni schreibt seine *Memoiren*
1792	Die französische Nationalversammlung entzieht Goldoni die Rente
1793	6. Februar: Goldoni stirbt in Paris
1795	Januar: Nicoletta Goldoni stirbt

Zeugnisse

Voltaire
Ich erwarte den lieben Goldoni. Je mehr ich seine Komödien lese, desto mehr liebe ich ihn; er ist wirklich ein guter Mensch, ein guter Charakter; ganz Natur, ganz Wahrheit.
Brief an den Marchese Francesco Albergati Capacelli, 15. Februar 1760

Johann Georg Hamann
Goldoni ist ein Schmierhanns, der nicht weniger als 30 Bände Comödien herausgegeben. Sein Hauptendzweck ist immer Gaukeley und Lermen gewesen, womit er die Ohren des Pöbels übertäubt, und ihre Herzen erobert hat, besonders aber der Gondelfahrer zu Venedig, denen er so manche feine Complimente in sehr vielen seiner Schauspiele gemacht, und ihre erstaunenden Einsichten, Geschmack und Sittlichkeit so sehr gelobt, daß sie lange Zeit seine besten Freunde gewesen sind. Seine Sprache ist ein so eckler Mischmasch von Wörtern und Redensarten, die aus sehr verschiedenen welschen Dialecten hergenommen und auf eine höchst lächerliche Art toscanisirt und überdem mit einer Menge von Gallicismen gespickt und gewürzt sind. Kurz Goldoni besitzt weder Kunst noch Wissenschaft.
Kritische Wälder, Beylage zum 23. Stück, 19. März 1770

Giacomo Casanova
«Und was sagen Sie von Goldoni?»
«Was man von ihm sagen kann: Goldoni ist der italienische Molière.»
Geschichte meines Lebens. München 1985, Bd. 6

David Veit
Den Abend wurde in Weimar der *Diener zweier Herren* zu meiner Verwunderung recht hübsch gespielt; besonders gefiel mir das Emsemble des Spiels, und die sichtliche Einigkeit der Schauspieler unter einander. Goethe war auch im Theater, und zwar, wie immer, auf dem Platz des Adels.
Brief an Rahel Varnhagen von Ense, 1794

Benedetto Croce
Von der Commedia dell'arte hebt Goldoni sich ab durch seine beständige und naive Ehrbarkeit und Gutmütigkeit. Zur Poesie im eigentlichen Sinne gelangt er freilich nicht; dennoch sind viele seiner Komödien ganz ausgezeichnet.
Conversazioni critiche – 5. Folge

Heinrich Mann
La Bottega del Caffè des Settecento-Venezianers Goldoni, es gibt kein gleiches Wunder der Anmut, außer Mozart.

Albino Luciani (Papst Johannes Paul I.)
Lieber Goldoni, Ende August dieses Jahres (1974) hatte ich Gelegenheit, Ihre «Rusteghi» zu sehen, und, wenig später, «Der Widerspenstigen Zähmung» von Shakespeare. Dabei ist mir spontan der Gegensatz aufgefallen: Shakespeare ist ein «Antifeminist», Sie ein «Feminist».

Bibliographie

1. Werkausgaben

Opere complete di Carlo Goldoni. Hg. von Cesare Musatti, Edgardo Maddalena, Giuseppe Ortolani, 40 Bde., Venedig 1907–1960, Edizione del Municipio di Venezia
Tutte le opere di Carlo Goldoni. Hg. von Giuseppe Ortolani, 14 Bde., Mailand 1935–1956
Mémoires de Monsieur Goldoni. Hg. von Paul de Roux, Paris 1965

2. Übersetzungen

Lustspiele. 4 Teile in 2 Bänden, übers. und hg. von Lola Lorme, Berlin, Wien 1957 bis 1959 (Auswahl)
Komödien. Übers. und hg. von Heinz Riedt, München 1965 (Auswahl)
Geschichte meines Lebens und meines Theaters. Übers. von G. Schaz, München, Zürich 1988

3. Bibliographien

Della Torre, Arnaldo: Saggio di una bibliografia delle opere intorno a Carlo Goldoni (1793–1907). Florenz 1908
Mangini, Nicola: Bibliografia goldoniana (1908–1957). 2 Bde., Venedig, Rom 1960
–: Bibliografia goldoniana (1958–1987). In: Studi goldoniani, 1, 3, 7, 8, Venezia 1968, 1970, 1985, 1988

4. Venedig

Kretschmayr, Heinrich: Geschichte von Venedig in drei Bänden. 2. Neudruck der Ausgabe Gotha 1905, Aalen 1986
Monnier, Philipp: Venedig im achtzehnten Jahrhundert. München 1928 (zuerst erschienen Paris 1907)
Petrocchi, Massimo: Il tramonto della Repubblica di Venezia e l'assolutismo illuminato. Venedig 1950
Schreiber, Hermann: Das Schiff aus Stein. Venedig und die Venezianer. München 1981

Valsecchi, Franco: L'Italia nel Seicento e nel Settecento. Turin 1967

Zorzi, Alvise: Venedig: eine Stadt, eine Republik, ein Weltreich. München 1981

5. Forschungsliteratur

Baratto, Mario: «Mondo» e «Teatro» nella poetica del Goldoni. Venedig 1957; auch in: Ders.: Tre studi sul teatro, Venedig 1964

–: La letteratura teatrale del Settecento in Italia. Studie e letture su C. Goldoni. Vicenza 1985

Binni, Walter: La misura umana di Goldoni. In: La Rassegna della letterature italiana, VII/2, 1961, S. 258–269, auch in: Ders.: Classicismo e neoclassicismo nella letteratura del Settecento. Florenz 1963, S. 239–259

Bosisio, P.: Carlo Gozzi e Goldoni. Florenz 1979

Chatfield-Taylor, H. C.: Goldoni. A Biography. New York 1914

Cavallini, G.: La dimensione civile e sociale del quotidiano nel teatro comico di Carlo Goldoni. Rom 1986

Dazzi, Manlio: Carlo Goldoni e la sua poetica sociale. Turin 1957

Della Corte, Andrea: Il libretto e l'influenza di Goldoni. In: Studi goldoniani, 1960, II, S. 567–570

Dieckmann, Herbert: Diderot und Goldoni. Krefeld 1961

Dzivelegov, A. K.: Carlo Goldoni e le sue commedie. In: Rassegna sovietica, IV/9, 1953, 9–32

Ferrante, L.: I comici goldoniani (1721–1960). Bologna 1961

Ferrone, Siro: Carlo Goldoni. Vita, opere, critica, messinscena. Florenz [2]1990

Fido, Franco: Guida a Goldoni. Teatro e società nel Settecento. Turin 1977

–: Da Venezia all'Europa. Prospettive sull'ultimo Goldoni. Rom 1984

Folena, Gianfranco: L'italiano in Europa. Turin 1983

Fubini, Mario: Dall'Arcadia all'illuminismo (1935). In: Ders.:Dal Muratori al Baretti. Bari 1946, [3]1968

Geron, Gastone: Carlo Goldoni: Cronista mondano. Costume e moda nel Settecento a Venezia. Venedig 1972

–: Goldoni libertino, Mailand 1979

Gimmelli, Enzo: La poesia di Goldoni. Pisa 1941

Joly, J.: L'altro Goldoni. Pisa 1989

Jonard, Norbert: Introduzione a Goldoni. Rom, Bari 1990

Mangini, Nicola: La fortuna di Carlo Goldoni. Florenz 1965, S. 139–173

–: I teatri di Venezia. Mailand 1974

Marchini-Capasso, Olga: Carlo Goldoni e la Commedia dell'arte. Bergamo 1907, Neapel [2]1912

Maurer, Arnold E.: Carlo Goldoni. Seine Komödien und ihre Verbreitung im deutschen Sprachraum des 18. Jahrhunderts. Bonn 1982

Momo, Arnaldo: Goldoni e i militari. 2 Bde, Padua 1973

Momogliano, Attilio: Saggi goldoniani. Hg. von V. Branca, Venedig, Rom 1959

Nicastro, G.: Goldoni riformatore. Catania 1983

Ortiz, Maria: Commedie esotiche del Goldoni. Neapel 1905

Ortolani, Giuseppe: Della vita e dell'arte di Carlo Goldoni, Venedig 1907

–: Voci e visioni del Settecento. Bologna 1926

–: La riforma del teatro nel Settecento e altri scritti. Venedig, Rom 1962

Petrini, M.: Le commedie popolari del Goldoni. Padua 1976

Petronio, Giuseppe (Hg.): Il punto su: Goldoni. Rom, Bari 1986

Rabany, Charles: Carlo Goldoni. Le théâtre et la vie en Italie au 18e siècle. Paris, Nancy 1896

Ringger, Kurt: Ambienti ed intrecci nelle commedie di Carlo Goldoni. Bern 1965

Schulz, Karlheinz: Goethes und Goldonis Torquato Tasso. Frankfurt a. M., Bern, New York 1986

Theile, Wolfgang: Goldoni. Darmstadt 1977 (= Erträge der Forschung, Bd. 78)

–: Goldoni und Molière. Zur Verwirklichung einer dramatisierten Poetik. In: Beiträge zur vergleichenden Literaturgeschichte. Festschrift für Kurt Wais, hg. von J. Hösle, Tübingen 1972, S. 89–116

–: Komödienstruktur und Wirklichkeitsbewußtsein im Theater Carlo Goldonis. In: RF, 89/1, 1977, S. 66–87

Torresani, Sergio: Invito alla lettura di Carlo Goldoni. Mailand 1990

Turchi, Roberta: La commedia italiana del Settecento. Florenz 1985

Namenregister

Die kursiv gesetzten Zahlen bezeichnen die Abbildungen

Über den Autor

Hartmut Scheible ist Professor am Institut für Deutsche Sprache und Literatur I der Johann Wolfgang Goethe-Universität in Frankfurt am Main.

Buchveröffentlichungen: «Joseph Roth. Mit einem Essay über Gustave Flaubert», Stuttgart 1971; «Arthur Schnitzler», Reinbek 1976 (Rowohlt-Monographie Nr. 235); «Arthur Schnitzler und die Aufklärung», München 1977; «Arthur Schnitzler in neuer Sicht» (Hg.), München 1981; «Wahrheit und Subjekt. Ästhetik im bürgerlichen Zeitalter», Bern, München 1984 und Reinbek 1988 (Rowohlts Enzyklopädie Nr. 468); «Literarischer Jugendstil in Wien», München, Zürich 1984; Giacomo Casanova, «Das Duell». Herausgegeben, aus dem Italienischen übertragen und mit einem Nachwort von Hartmut Scheible, München 1988; «Theodor W. Adorno», Reinbek 1989 (Rowohlt-Monographie Nr. 400). Aufsätze, z. B. über Andy Warhol, Goethe und Mozart. Zuletzt erschien: Was ist eigentlich «rettende Kritik»? Bemerkungen zu Berg, Benjamin und Adorno. In: Rowohlt Literaturmagazin, 31 (April 1993).

Quellenverzeichnis der Abbildungen

Aus: Carlo Goldoni: Il Teatro Illustrato. Nelle Edizioni del Settecento. Venedig 1981: 2, 49

Historia-Photo, Hamburg: 6

Museo Correr, Venedig: 10/11

Städelsches Kunstinstitut und Städtische Galerie, Frankfurt a. M. : 14/15, 60/61 (Fotos: © Ursula Edelmann, Frankfurt a. M.)

Reproduced by courtesy of the Trustees, The National Gallery, London: 23

Aus: Claudio Pescio: Wunderschönes Venedig. Florenz 1978: 24

Aus: Francesco Colonna: Hypnerotomachia Poliphili. Venedig 1499, Druck von Aldus Manutius: 28

Archiv für Kunst und Geschichte, Berlin: 30, 82, 93, 174/175

Sammlung des Autors: 33

Aus: Philipp Monnier: Venedig im achtzehnten Jahrhundert. München 1928: 41

Aus: David Esrig: Commedia dell'Arte. Nördlingen 1985: 62, 86

Aus: Friedrich Dieckmann: Die Geschichte Don Giovannis. Werdegang eines erotischen Anarchisten. Frankfurt a. M. und Leipzig 1991: 73 (Staatliche Bücher- und Kupferstichsammlung Greiz)

Aus: Nicola Mangini: I Teatri di Venezia. Milano 1974: 84, 99

Aus: Friedrich Blume (Hg.): Die Musik in Geschichte und Gegenwart. Kassel und Basel 1955: 85

Aus: Allardyce Nicoll: The World of Harlequin. A Critical Study of the Commedia dell'Arte. Cambridge 1963: 88 (McGill University Library)

Deutsches Theatermuseum, früher Clara-Ziegler-Stiftung, München: 98 (Archiv: Madeline Winkler-Betzendahl), 143

Aus: Carmelo Alberti (Hg.): Pietro Chiari e il Teatro Europeo del Settecento. Vicenza 1986: 121

SCALA, Florenz: 131 (Museo Correr, Venedig)

Aus: Harenberg Lexikon der Weltliteratur. Bd. 3. Dortmund 1989: 158

Foto: Stu Gra Pho: 167

Gemäldegalerie Staatliche Museen Preußischer Kulturbesitz, Berlin: 170